AI战略

企业的数字化
转型之路

Enterprise Artificial
Intelligence Transformation

［美］拉希德·哈克（Rashed Haq）/著

高月红 张 欣 刘奕彤/译

人民邮电出版社

北京

图书在版编目（C I P）数据

AI战略：企业的数字化转型之路 ／（美）拉希德·哈克（Rashed Haq）著；高月红，张欣，刘奕彤译. --北京：人民邮电出版社，2023.1
ISBN 978-7-115-60336-4

Ⅰ. ①A… Ⅱ. ①拉… ②高… ③张… ④刘… Ⅲ. ①人工智能－应用－企业管理－研究 Ⅳ. ①F272-39

中国版本图书馆CIP数据核字(2022)第201034号

版权声明

内容提要

本书共分为五部分。第一部分讨论了人工智能的不同类型，并建立了它们如何工作的知识框架。第二部分介绍了人工智能在银行业、制造业等各个行业中的用例。第三部分主要介绍如何定义和实现企业级人工智能战略，以及如何在这种战略下实现一个成功的人工智能项目。第四部分用一个详细的例子对人工智能的架构、多种应用的技术模式及人工智能模型如何工作进行深入探讨。第五部分聚焦人工智能的未来及它对社会和工作的意义。

本书适合人工智能的从业者、数据分析师，以及想要利用人工智能技术解决商业问题的企业管理者阅读。

◆ 著　　　　［美］拉希德·哈克（Rashed Haq）
　　译　　　　高月红　张　欣　刘奕彤
　　责任编辑　李　强
　　责任印制　马振武
◆ 人民邮电出版社出版发行　　北京市丰台区成寿寺路 11 号
　　邮编　100164　　电子邮件　315@ptpress.com.cn
　　网址　https://www.ptpress.com.cn
　　北京七彩京通数码快印有限公司印刷
◆ 开本：700×1000　1/16
　　印张：15.25　　　　　　　　　2023 年 1 月第 1 版
　　字数：241 千字　　　　　　　 2025 年 4 月北京第 9 次印刷
　　　　　著作权合同登记号　图字：01-2020-7265 号

定价：99.80 元
读者服务热线：(010)53913866　印装质量热线：(010)81055316
反盗版热线：(010)81055315

我们正处于向算法型企业转变的关键时刻。今天的商业和技术领导者可以通过为每个企业加速应用人工智能而对人类产生变革性的影响。

作者简介

拉希德·哈克（Rashed Haq）是一位美国技术专家、科学家和艺术家。他现为克鲁斯机器人公司的副总裁，该公司是一家全球领先的自动驾驶汽车公司。在此之前，他曾任阳狮集团的全球人工智能和数据部门主管以及集团副总裁。作为一名有远见的专业数据分析师，在过去的20年里，他使用创新性的人工智能应用、动态最优化、高级分析法和大数据工程来帮助许多企业转型及创造可持续的竞争优势。着眼于科技、商业、数据和算法在未来的可能交叉点，拉希德使用高级分析法来帮助那些企业创新产品和服务、提升利润、削减成本和降低风险。

拉希德拥有理论物理和数学领域的高等学位。在去阳狮集团任职之前，他在洛斯阿拉莫斯国家实验室（Los Alamos National Laboratory）和理论科学研究所进行物理学研究。同时，他也在和硅谷的企业共同进行复杂算法设计的工作，并实现了基于互联网的首个网络翻译应用。

作为一名有才华的作家和广受欢迎的演讲家，拉希德经常撰写关于人工智能在商业中实际应用的文章，并在全球会议上发表关于安全人工智能和分析的演讲。他是美国计算机行业协会人工智能顾问委员会成员。

拉希德和他的妻子以及两个孩子住在休斯敦。在关注商业、技术和科学的未来之外，拉希德喜欢艺术并乐于创作，北美的许多画展中都展出过他的作品。

献词

这本书献给鼓励我追求梦想的 Abbu 和 Ammi、一生深情地支持我的 Tayyba，以及 Darius 和 Athena，他们是我无尽的灵感来源。

致谢

多年来，很多人在工作和生活中激励着我，进而直接或间接地促成了这本书的出版。

我很感谢 Randall Orbon 和 Adriana Miller，他们的热情使这本书的出版成为可能。

非常感谢所有帮助过我的编辑：Kevin Harreld、Elisha Benjamin、Pilar Patton、Bill Kozel 和 Louise Gikow。他们帮助我完善想法、提炼语言，并创作出更吸引人的内容。

如果没有我的同行、团队、客户和合作伙伴 Publicis Sapie 公司的支持，没有在我受教育过程中帮助我和分享观点的人们，这本书也无法顺利出版。为此，我要感谢 SrayAgarwal、Nitin Agrawal、Genevera Allen 教授、Hilding Anderson、Rohit Arora、Irakli Beridze、Kanishka Bhattacharya、Bill Braun、Hugh Connett，Art Crosby、Rodney Coutinho、Milind Godbole、Steve Guggenheimer、Shahed Haq、Catherine Havasi 教授、Jeremy Howard、Chris Jermaine 教授、Cassie Kozyrkov、Dan Lambright、Tim Lawless、Burton McFarland、Hugo Manessi、David Murphy、Andrew Ng、Satyendra Pal、Ankit Patel 教授、David Poole、Amit Singh、Ahsan Sohail、Josh Sutton、Cobus Theunissen、Kevin Troyanos、Ashish Tyagi、Bob Van Beber 和 Ray Velez。

感谢点燃我最初对模型和算法兴趣的人们，他们是：Masud Haq、Nandini Ramachandran、Saly Kutty Joseph、Tayyba Kanwal、Farhad Faisal、Joseph Eberly、Joseph Niesendorfer、Stephen Hawking、John Archibald Wheeler、Roger Penrose、Howard Carmichael 和 Jim Isenberg。他们将继续鼓舞着我前行。

感谢我的母亲 Raushan Hasina Haq，她向我描述了许多事情，包括实际撰写一本书是可能的。

最后，我深深地感谢我的家人，Athena Haq、Darius Haq 和 Tayyba Kanwal，感谢他们在过去的两年里能够乐观地对待我因撰写此书而导致的缺席。

序：人工智能与新一代技术构件

在过去的几年里，我很幸运地与来自世界各地的大型公司高级管理人员以及刚开始从事该领域的开发人员和企业家讨论了人工智能（AI）。这些互动给我留下的深刻印象在于，即使企业中的人工智能技术仍处于起步阶段，关于它的对话也能够迅速成为企业高管间的常见话题。当你阅读本书时，我希望你认识到，在未来的几十年中，我们将处在一个不可思议的时代，以及拥有模仿认知能力的计算机将带来怎样的变革。随着组织迁移到云中，数字化转型已成为一种商品交易，企业领导者必须计划并利用一套新的技术构件来帮助其公司脱颖而出。在我看来，其中最大的一种影响将来自人工智能。

在我 25 年前进入软件行业时，我们构建的一切都围绕着 3 个核心要素：计算、存储和网络，它们都在以惊人的速度演进。

（1）计算：从 286、386、486 到 Pentium 等。

（2）存储：从 5.25 英寸软盘到 3.5 英寸软盘，到 iOmega 硬盘驱动器，再到 USB 闪存驱动器等。

（3）网络：从企业网络到拨号调制解调器，到 DSL（数字用户线），再到 2G、3G、4G、5G 等。

这些构件的演进创造了新的计算基础架构模式（从客户端计算到客户端 - 服务器、互联网、云和移动计算，再到当今的智能云和智能边缘），使得技术可以更好地支持业务和用户需求。在过去的 30 年中，我们所依赖的核心计算范式和基础结构模型持续升级，这使我们踏上了如何在商业和个人生活中使用计算机技术的旅程。今天的对话已经从传统的技术基础架构转移到了数字化转型及其对每个企业和行业的意义上。数字转型的主干是基于计算、存储和网络的，而下一代则是从一套全新的构件开始的。

这些新构件包括我们每天了解的以及在我们的组织中以各种方式使用的内容：物联网（IoT）、区块链、混合现实、人工智能，以及在将来的某个时刻引入的量子计算。下一代员工将自然而然更熟悉这些构件，并能够利用它们更广泛、更显著地重新定义每个行业。未来的变化完全有可能超越计算机、移动设备以及当前这一轮云驱动的数字化转型。

尽管这些构件功能强大，但 AI 提供了影响企业和行业的最有潜力的工具。与应用于明确定义的使用模式的其他构件不同，AI 可以应用于业务的每个领域，包括产品开发、财务、运营、员工管理及对供应商、合作伙伴、渠道的调整。AI 既可用于影响顶线增长和底线效率，也可用于业务或产品生命周期的任何时间点。考虑到机遇的广泛性及在组织的 AI 历程中采取平衡方法的重要性，本书为企业领导者提供了有关如何考虑企业及个人 AI 计划的重要参考。

每个组织都将根据其业务战略和需求开启自己的 AI 旅程。就像互联网首次出现时一样，人工智能也是一个令人兴奋且充满活力的领域，其前景无限。我们仍处于 AI 实施的起步阶段，如何接近这一领域需要更加深思熟虑和谨慎。此外，人工智能所需的工具和数据也在不断丰富，并以惊人的速度不断发展。

向生产就绪型 AI 迈进的过程基于 3 项核心要素。

（1）全球规模的基础架构。基于云的大规模计算、存储和联网，最终使全球任何地方的任何开发人员或数据科学家都能够使用实现 AI 解决方案所需的数据和工具。

（2）数据。机器和设备（如计算机、电话、IoT 传感器等）驱动的原始数据以及人工生成（如网络搜索、社交媒体等）的数据的增长为创建 AI 模型提供了动力。

（3）可重用算法。用于基本认知功能（语音、理解、视觉、自然语言处理等）的可重用模型或算法的进步促进了 AI 的使用。

通过大规模组合这 3 个要素，任何组织或开发人员都可以使用 AI。企业可以选择在最基础的层次上工作，以创建自己的模型和算法，也可以利用预先构建的模型或工具进行构建。因此，挑战就变成了从哪里开始以及应该关注什么。

今天，我们看到一系列模式开始出现在各行各业的组织内部，包括以下几点。

（1）虚拟代理，代表公司与员工、客户和合作伙伴进行交互。这些代理可以帮助回答问题、提供支持，并随着时间的推移成为公司和品牌的正面代表。

（2）环境智能，关注跟踪物理空间中的人和物体。在许多方面，这是使用AI将物理空间中的活动映射到数字空间，然后允许在数字图形的顶部进行操作。许多人会以"提货并离开"的零售购物体验作为主要用例，但这种模式也适用于安全、制造、施工场景、商务会议等。

（3）AI辅助，可用于帮助几乎所有专业人员提高效率。例如，它可以帮助财务部门进行预测，帮助律师撰写合同，帮助销售人员提供营销机会等。我们还看到AI在基因研究和公共卫生等领域为医生提供帮助。

（4）知识管理，它采用一组自定义的信息集（如公司的知识库）并创建一个自定义图表，利用该图表可以像上网一样浏览数据。人们将获得针对其问题的自定义答案，而不是一组指向数据的链接。对于企业来说，这是一个强大的工具。

（5）自主系统，既包括自动驾驶汽车，又包括机器人流程自动化和入侵检测。由于网络受到威胁时可能很难被识别，且响应之前的滞后可能会导致相当大的破坏，因此利用AI可以让网络在受到威胁时自动做出响应，以使风险最小化，从而让团队拥有更多的时间专注于其他任务。

尽管这些模式正在发展，并且不适用于所有业务或行业，但必须注意的是，人工智能已在各种业务场景中得以使用。那么，作为一名商业领袖，你该从哪里开始呢？本书的目的和作用在于帮助企业领导者回答这一问题以及许多其他重要的问题。在本书中，拉希德·哈克基于其20多年来帮助企业应对大规模的人工智能和分析转换的经验，帮助你规划流程并确定应该将精力花在哪里。

阅读本书时，请记住以下注意事项。首先，数据是人工智能的推动力。没有数据就没有人工智能，因此你必须考虑，你的组织拥有哪些唯一的数据资产，该数据是否可访问且管理得当，你是否有未来的数据来源？并且你是否将数据视为企业中的资产？其次，需要记住的是人工智能是一种工具，并且像其他工具一样，它也应被用于可以帮助你的企业独树一帜的领域，而不是仅仅因为它可以构建虚拟代理或知识管理系统，你就一定要这样做。你必须考虑，这项工作会有助于你实现核心差异化吗？你在数据、机器学习或人工智能方面有哪些独特技能？你应该如何将独特的数据和技能相结合来增强组织的差异化？同时，你是否应该寻找合作伙伴或软件提供商将其解决方案与人工智能融合在一起，以便将精力集中在自己独特的事情上？如果你认为自己拥有基于人工智能或数据的新商机，那么请仔细考虑它们，并考虑是否可以有效地利用它们。最后，你对人工智能伦理有何对策？你是否考虑过员工、合作伙伴和客户将向你提出的问题？

　　人工智能机会既是实实在在的，也是当前和未来计划中至关重要的部分。同时，它仍然是一个快速发展的领域，并将在未来 5 ～ 10 年中发生巨大变化。这意味着作为业务领导者了解人工智能基础知识、了解它提供的机会以及向你的团队和合作伙伴提出正确的问题是至关重要的。这本书为你提供了所需的背景知识，以帮助你理解更广阔的人工智能历程并开辟自己的道路。

　　当你开始更深入地思考人工智能和企业的发展历程时，请牢记一个简单的想法：现在一切都来得及，现在什么都不做则为时晚矣。因此，请充分利用这本书来帮助你明白从哪里开始！

史蒂夫·古根海默（Steve Guggenheimer）

微软公司 AI 副总裁

前言

越来越多的商业领导者开始意识到在他们的企业内部使用人工智能并进而拥有敏锐洞察力的价值：在这种状态下，他们可以预先评估自身企业或市场环境中可能出现的情况，并决定如何更好地应对。采用人工智能来改造现有的业务进而帮助顾客和供应商的潜力是巨大的，并且毫无疑问的是，人工智能已成为商业战略中一个越来越重要的工具。我们正处在创建"算法型企业"的状态中：算法型企业是一个将数据和复杂的数学算法（如那些用在人工智能模型中的算法）以工业化的形式加以使用的组织，其通过优化商业决策、创造新的生产线和服务以及使生产流程自动化，最终获得竞争优势。

但是，人工智能的整个领域不仅非常复杂，而且还在不断地发展。许多企业在将人工智能运用到现有运营模型时都遇到了挑战。这些挑战以各种形式出现——管理方式的改变、技术和算法方面的问题、招聘和人才管理以及其他组织方面的挑战。正在出台的法律法规旨在同时保护数据隐私性和算法公平使用，进而阻止人工智能解决方案的部署可能带来的对少数族裔、女性或其他个人的歧视。

由于存在这些障碍，很少有企业能够成功地将人工智能发展为企业级应用，大部分企业都没有越过概念验证的阶段。扩展人工智能是一个很重要的命题。尽管如此，人工智能仍然正在成为一个主流的商业工具。许多新兴企业和大型科技企业正在利用人工智能创造新的范例、商业模式及产品来惠及每个人。然而，只有当大多数大中型企业都完成了人工智能转型，并提升了数以百万计顾客的生活质量的时候，人工智能最大的影响才能得以显现。对当今时代的商业和技术领导者而言，目前正处于一个令人振奋的时代，因为如果他们可以应对大量挑战并在企业中领导变革，则最终会给人类带来质变。

我有幸与许多大型企业的领导者一起工作和交谈，而他们正在探索如何将人工智能融入自身企业。他们遇到的挑战和那些做数字业务出身的企业遇到的挑战完全不一样，因为后者有着成功且完善的组织架构、销售渠道、供应链及相关的文化。我发现在这些组织中，人们普遍渴望获得与应用人工智能相关的有用信息，但是很少有文献为构建企业级人工智能能力及潜在的商业应用提供清晰、实用的指南。没有任何一本攻略书可以指导企业理解并抓住人工智能的机遇。因此，我决定写这本书，以便让当今时代的企业领导者们了解建立一个可扩展的、企业级的人工智能战略所需的合理和必要的步骤，并且在转型过程中避免遇到前文提到的挑战。这本书可以帮助你了解人工智能领域、制定战略和进行竞争。这些知识不仅能让你参与其中，还能使你主导企业的人工智能转型过程。

对于那些迫切想要使用人工智能技术来解决现实中大规模商业问题的企业领导者和科技领导者而言，这本书是一本实践指南。首席执行官、董事会成员、运营经理、产品经理、商业战略经理、项目经理、其他企业的领导者以及任何对这个正在成长的、令人兴奋的领域有兴趣的人都会从本书中获益。本书不要求读者具备关于人工智能的预备知识。本书同样适用于人工智能的从业者、专家学者、数据分析师、数据科学家等，可以帮助他们了解如何将人工智能解决方案应用到商业世界以及在此过程中将会面对怎样的挑战。

我将本书分为五部分。

在第一部分"人工智能简介"中，我讨论了人工智能的不同类型，例如机器学习、深度学习和语义推理，并建立了一个它们如何工作的知识框架。此部分也包含人工智能的历史及与当今人工智能的不同之处。

在第二部分"企业中的人工智能"中，我介绍了人工智能在银行业、制造业等各个行业中的用例。这些例子将会帮助你了解如今人工智能是如何工作、如何影响不同业务功能的，以及哪些例子可以应用到你的企业中来获得更多的收益。但这并不是人工智能在这些行业所有潜在应用的完整蓝图，也不是未来可能发生场景的设想。

在第三部分"建立企业的 AI 能力"中，你将学习到如何定义和实现一个企业级人工智能战略，以及如何在这种战略下领导一个成功的人工智能项目。此部分包括建立一个强健的数据战略、了解人工智能的生命周期、了解优秀的人工智能平台架构的构成因素、管理人工智能模型风险和偏差的方法以及建立一个卓越的人工智能中心。

第四部分"深入研究 AI 架构和建模"将用一个详细的例子对人工智能的架构、多种应用的技术模式及人工智能模型如何工作进行深入探讨，这些内容将有助于你进一步研究其具体实现过程。

第五部分"展望未来"将聚焦于人工智能的未来以及它对于社会和工作的意义。

你可以根据需要自由地挑选所需的部分进行阅读。例如，如果你已经很熟悉人工智能并且已了解了你的用例，则可以从第三部分开始阅读。如果你在寻找关于用例的一些想法，那么请参见第二部分。当你已经准备好去实现自己的第一个项目时，则可以来到第四部分。

当你的企业已经具备路线图时，将人工智能引入要比想象的容易，这本书将会提供给你成功所需要的正确信息。

目录

第一部分
人工智能简介

第一章

制造业的一场革命

"一台计算机是否可以思考"这个问题就像"一艘潜水艇是否能够游泳"一样无趣。

——艾兹格·W·迪科斯彻（Edsger W. Dijkstra）
德克萨斯大学计算机科学教授

自 20 世纪 40 年代以来，一系列重大的技术突破不仅使计算机成为我们生活中不可或缺的部分，也使得现代人工智能（AI）的发展成为可能——事实上，这是大势所趋。人工智能被应用于我们周围的各种场合，并从根本上影响着我们处理事务的方式。它能够帮助我们节省大量的金钱、时间甚至拯救我们的生命。人工智能很可能会深刻影响每个企业与客户互动的方式。建立一个高效的人工智能战略已经成为全世界各行各业最迫切的任务。

Siri 和 Alexa 这样的数字个人助手的成功，促使企业将声控语音助手应用到我们生活的方方面面，例如路灯和冰箱。很多企业已经构建了多种多样的人工智能应用，广泛影响着诸如自动排列照片以及人工智能驱动的、突破性的、已衍生出了个体化基因疗法的基因研究等领域。人工智能已经变得如此重要，以至于世界经济论坛[1]称其为第四次工业革命。

🅰️ 四次工业革命的影响

前三次工业革命不仅影响了我们的工作环境，更重塑了我们的生活地点、生活方式和工作方式，并在很大程度上改变了我们的思维方式。世界经济论坛认为第四次工业革命将同样影响巨大。

在 18 世纪至 19 世纪的第一次工业革命期间，工厂代替了从衣服到马车行业的所有个人制造者，并开创了有组织的架构体系。蒸汽机被用来扩大这些工厂的规模，开启了大规模城镇化的进程，使得大部分人从以农耕为主的生活方式转变为以工业为主的生活方式。

在 19 世纪后期到 20 世纪初的第二次工业革命中，已有的工业迅速成长，工厂也过渡到使用电力来提高生产力。在这个时期中，钢铁和石油工业的崛起也促进了城镇化和交通运输行业的发展，同时原油代替煤炭成为全球航海业的能源。

第三次工业革命（即数字革命）诞生于技术从模拟和机械向数字和电子转变的时代。这种转变开始于 20 世纪 50 年代并仍在持续。新兴技术包括大型计算机和个人计算机、互联网以及智能手机。数字革命推动了制造业的自动化、大众通信的产生及全球服务业规模的扩张。

将重点从标准信息科技（IT）转向人工智能可能会对社会产生更加重大的影响。第四次工业革命包括技术的融合，它模糊了物理学、数字化、生物领域[2]之间的界限，并以这些领域的突破为特点，包括机器人技术、人工智能、区块链技术、纳米技术、量子计算、生物科技、物联网、3D 打印、自动驾驶，以及能够将多重技术应用到复杂商业解决方案中的组合创新方法[3]。正如电子和信息技术一样，人工智能也被认为是一种通用目标技术——即一种能够被广泛应用于各种场合并将彻底影响整个经济体系的技术。

世界经济论坛的创始人兼执行主席克劳斯·施瓦布（Klaus Schwab）在其撰写的《第四次工业革命》（*The Fourth Industrial Revolution*）一书中提到："在我

们当前面对的多种引人注目的挑战中，最富吸引力的也最重要的是如何去理解和塑造新的技术革命，这种技术革命导致的是人类的转变。和人类以往经历过的任何一次变革相比，我认为第四次工业革命的规模、范围和复杂性都截然不同[4]"。第四次工业革命正在创造一个全新的模式，它将极大地改变我们生活和工作的方式，包括从预订餐厅到探索宇宙边界等一切事情。

第四次工业革命也显著地改变了企业经营模式。过去 10 年的变化已经让这种转变成为必然。企业需要积极主动地保持竞争力，缺少竞争力的企业将面临比以往更大的障碍。事情发生得比大多数人意料到的要快。每次工业革命的速度都比前一次大幅加快，AI 革命也不例外。即使是 Google 这样引领了"移动至上"世界的企业，为了保持领先也大幅度地转变了方向。就像 Google 首席执行官桑达尔·皮查伊（Sundar Pichai）所宣布的那样："我们将会从一个移动至上的世界转变成一个 AI 至上的世界[5]。"

耶鲁大学管理学院的理查德·福斯特（Richard Foster）说，因为新技术的出现，大约每两周就会有一家 S&P（Stand & Poors，标准普尔）公司被替代，并且在过去的半个世纪中，S&P 公司的平均生存时间缩短了 75%，降至 15 年[6]。令人不解的是，无论一家公司曾经多么出色，它先前的成功都不能为其他提供任何保护，除非它能抓住当今时代的技术创新。

与此类似，麦肯锡（McKinsey）公司发现那些快速成长的 B2B 公司"正在使用先进的分析方法来从根本上提升其销售效率，也在使其销售团队基础成本和附加成本最小化增加的同时推动两位数的销售增长[7]"。麦肯锡在一份报告中提到，预计到 2025 年，人工智能应用市场总值将达到 1270 亿美元，并且这个数字还会不断增加[8]。麦肯锡公司给出了这一现象的原因：已有证据表明 AI 可以为认真使用它的人带来真正的价值，并且可以成为一股强大的颠覆力量[9]。这项研究还指出，更早采用 AI 的公司利润率更高，而且在未来，它们和那些没有在全企业范围内采用 AI 的企业之间的差距将会变得更大。

所有这些对于那些崇尚创新的企业而言都是好消息。向 AI 驱动的商业环境转变将会使得这些愿意拥抱 AI 革命的企业成为大赢家。

(AI) 人工智能的神话和现实

对于大多数人来说，人工智能几乎是超自然的。至少目前看来，尽管它能力范围广泛，但仍然具有一定的局限性。目前，计算机科学家将人工智能分成两类：弱（或狭义）人工智能和强人工智能 [也称为通用人工智能（AGI）]。AGI 的定义是，能够完整复制人类的所有认知能力，并可以将智能应用于任何给定的问题（而不仅仅是一个问题）的人工智能。狭义的人工智能仅能聚焦于一个特定的、狭义的问题。

在史蒂文·斯皮尔伯格（Steven Spielberg）导演的电影《人工智能》中，他创造了类人机器人，这种机器人几乎可以做所有人类能做的事。在某些情况下，它们完全取代了人类。目前，这种类型的 AGI 还只是假设，并且我们尚不清楚是否会开发以及何时才会开发出这种人工智能。科学家们甚至在争论 AGI 是否能够真正实现，以及机器和人类智能之间的鸿沟是否能够真正填补。推理、规划、自我意识——这些是人类两三岁就已经具有的特征，但却是现代计算机的终极目标。

现有的计算机都还不能像人类一样思考，并且在不久的将来，计算机仍无法这么做 [10]。一方面，尽管社交媒体都在关注，但我们仍然没有理由认为一台名为"哈尔 9000"的电脑 [来自斯坦利·库布里克（Stanley Kubrick）的电影《2001太空漫游》][11] 会让你的公司发生天翻地覆的改变。另一方面，人工智能已经不再是科幻小说中的东西了，现在已经有了很多成功并且实用的人工智能应用，其中一些会在本书第二部分提及。这些应用中的大部分属于狭义人工智能，有些勉强称得上广义人工智能。我们将广义人工智能定义为多个狭义人工智能解决方案的组合，这种组合具备更强的能力，例如自动驾驶车辆，而这些都不是AGI 应用。

所以，企业要如何使用人工智能才能在千变万化的世界中取得成功呢？

(AI) 数据和算法的良性循环

越来越多的企业开始意识到，在当今不断变化的商业环境中，他们的价值不仅体现在现有的业务上，还将体现在他们所拥有的数据和对数据的算法使用上。算法赋予数据外在价值，有时甚至是内在价值——例如，在拥有庞大数据的物联网中，如果不应用复杂的算法，那么它将不具备内在价值。

在第一个农民向他的第一个顾客出售或者交换第一捆谷物时，人类就开始了数据分析。在前三次工业革命中，个人和企业就在不断使用数据。在 1980 年前后，企业开始使用他们的数据来优化日常业务流程，这使得用数据分析来改善日常业务成为工作中不可或缺的一部分。在 20 世纪 80 年代后期，企业开始衡量大多数的业务和工程流程。这启发了摩托罗拉的工程师比尔·史密斯（Bill Smith），他在 1986 年创造了一个正式的测量技术，这一技术被称作"六西格玛"（Six Sigma）。

企业使用六西格玛技术来识别和优化生产制造及业务中涉及的变量，以提升整个过程的输出质量。通过分析所采集到的与运行相关的数据来确定因果关系，进而使用数据分析来优化流程。虽然使用六西格玛技术意味着要收集大量数据，但是仍然有许多公司乐于使用它。在 20 世纪 90 年代，美国通用电气公司将六西格玛技术引入核心商业战略，并且在短短几年时间内，世界 500 强企业中有 2/3 实施了六西格玛战略。

数据越多，想要使用它来优化业务流程的人也就越多。数据越有帮助，也就会有越多的人想要去收集数据。这个反馈循环是一个良性循环。这种良性循环就是人工智能在一个数据驱动业务中的工作方式——收集数据、建立模型并给出建议，然后使用这些建议来优化业务。提升后的公司乐于采集更多的数据——例如，被优化的业务会吸引更多的顾客以及产生更多的交易，这就需要更加复杂和精确的人工智能模型，这种模型又会进一步优化业务。

🅰️ 正在进行的革命——为什么是现在

即使人工智能在 20 世纪 50 年代就已经存在，但是直到最近几年，它才开始在商业中产生有意义的影响。这是互联网驱动的数据、专用计算硬件和成熟算法共同作业的结果。

通过广域网连接计算机的想法诞生于 20 世纪 50 年代，与电子计算机同时产生。在 20 世纪 60 年代，美国国防部资助和开发了其中一个广域网，并在美国各地大学的计算机实验室中进行了优化改进。1969 年，第一条网络信息通过"阿帕网"（ARPANET）[12]，从加利福尼亚大学洛杉矶分校传输到了斯坦福大学。在 20 世纪 80 年代后期，互联网服务提供商开始出现。在 20 世纪 80 年代和 90 年代，万维网（WWW）所使用的协议逐渐发展起来。1995 年，万维网开始投入使用，电子商务也随之出现。尽管网络公司还不懂得如何分析、利用数据，但他们已经开始着手对数据的收集。

企业曾经一直使用内部产生的数据来进行数据分析。但是，随着互联网、家庭宽带以及社交媒体和智能手机的出现，数字交互的规模呈指数级增长，这也开创了用户产生数据的时代。越来越多的传感器贡献了这类数据，例如可以测量工业环境中机器振动的传感器，以及测量咖啡机等消费品中温度的传感器。据估计，现在用于收集数据的传感器数量已超过每人 100 个。这些数据就是我们所说的大数据。

大数据包含了大量的数字信息，这些信息以计算机可用的形式进行采集，例如图片、视频、消费记录、社交网络信息、浏览记录以及声音和音乐文件等。这些庞大的数据集来自于其他过程的数字化，例如社交媒体互动和数字营销。为了处理互联网中的这些数据，必须开发新的技术方法。Google 在 2004 年首次使用 MapReduce，雅虎在 2006 年使用了 Hadoop，二者均用来储存和处理这些巨大的数据集。使用这些数据集来训练 AI 模型能够让我们快速获取一些有意义的见解，同时也极大地提升了 AI 解决方案的潜力。

尽管可获得的数据量激增，但是数据存储成本却下降了，这满足了 AI 进行复杂预测的所有前提条件。在 21 世纪初期，Amazon 推出了云计算和云存储，为许多企业的 IT 部门提供了针对大型数据集的高性能计算。到 2005 年，存储数据的成本在 10 年内降低到最初的 1/300，即从每千兆字节约 300 美元下降到 1 美元左右。2010 年，Microsoft 和 Google 发布的云计算和存储产品——Microsoft Azure 和 Google 云平台，进一步扩大了数据的存储容量。

20 世纪 60 年代，Intel 公司联合创始人戈登·摩尔（Gordon Moore）预测，计算机芯片的处理能力大约每年将翻一倍。这被称为摩尔定律，它指的是计算机计算能力的指数增长。在 20 世纪 90 年代，硬件的突破，例如图形处理单元

（GPU）的发展，让计算处理能力提高了一百万倍[13]，并具备了并行计算处理的能力。GPU 最初用于图像渲染，后来也应用于训练和运行需要大量数据集的复杂 AI 算法。最近，Google 引进了张量处理单元（TPU），这是一种用于深度学习计算的 AI 加速芯片。

除了硬件之外，并行计算的优势也被用于 AI 模型的训练。由 Amazon、Microsoft 和 Google 提供的云服务可以让任何一个有需要的企业更轻易地进入并行计算的领域，因为没有这项服务的话，这些企业就要自己构建大规模并行处理所需的基础设施。

自 20 世纪 50 年代以来，随着早期研究加速进行，人工智能领域的突破性技术一直在出现[14]。一种类似于人类大脑工作方式的理论模型被提出，即神经网络，同时人们还提出了许多通过经验自动改进计算机算法的想法。这种机器学习（ML）算法[15]使得计算机可以从数据中识别模式并基于这些模式做出预测，这与复杂度不断增加的多层次神经网络（即深度学习[16]）所做的事情相同。另一个突破出现在 20 世纪 80 年代，当反向传播算法被应用于训练人工神经网络时，可以让网络在没有人工干涉的情况下进行自我优化。在 20 世纪 90 年代至 21 世纪初期，科学家们开发了更多方法来构建神经网络以解决各种问题，例如图像识别、语音识别、天气预报等。

2009 年，在 Google 和斯坦福大学任职的美国科学家吴恩达（Andrew Ng）使用 GPU 训练了一个具有一亿个参数的神经网络，证明了那些在 CPU 上可能需要耗费数周的工作在 GPU 上仅仅需要数天。这项实验表明，在专用硬件的支持下，使用强大的算法对大型数据集中的数据进行处理是可行的，进而可训练更为复杂的机器学习和深度学习算法。

算法和技术的不断进步，使得计算机在应对复杂问题时展现出惊人的优势，例如 AlphaGo 程序在 2016 年打败了围棋世界冠军[17]。围棋的规则非常简单，但是其中的变化比象棋更加复杂，棋盘中棋子的所有可能位置数量极多。这种复杂性导致在决定棋子的下一步移动策略时，无法使用决策树或者穷举规则来给 AlphaGo 编程。为了获胜，AlphaGo 不得不通过观察专业比赛和与自己对弈来进行学习。

语音识别的棘手问题源于另一个难以解决的需求。人类的口音和音色千变万化，这使得许多让计算机理解语音的尝试最终都失败了。然而，工程师们并没有为每一个可能的场景进行编程，而是将兆字节级的数据（如语音样本）输入支持高级语音识别算法的网络，然后机器就可以使用这些例子将语音转录下来了。在这种实现方式上已有了很多突破成果，例如 Goolge 的翻译软件目前可以翻译超过 100 种语言。Goolge 还发布了能够实时翻译 40 种语言的头戴式耳机。

除了语音识别，企业也"教会"了计算机如何确定一个人需要什么并满足他的这个需求，Amazon 公司的智能语音助手 Alexa 能够理解你想要听的是布莱恩·亚当斯（Bryan Adams）的歌曲而不是瑞恩·亚当斯（Ryan Adams）的，或者能够区分两个澳大利亚乐队 Dead Letter Circus 和 Dead Letter Chorus。这样的虚拟助手变得越来越有用，它可以做任何事情，包括在医生和患者沟通时帮忙做记录、整理大量研究数据及推荐治疗方案。

即使科技迅速发展，现有的 AI 技术依旧能够持续提供卓越的价值，一些令人兴奋的新技术也被开发出来用以解决各种问题，例如图像分析。数码相机和智能手机摄像头使人们能够很容易地将图像上传到社交网络中，例如脸书（Facebook）、品趣志（Pinterest）和照片墙（Instagram）。这些图像在大数据中所占的比例越来越大。斯坦福大学的计算机科学教授、Google 云计算公司机器学习部门的负责人李飞飞最近所做的研究证明了这一点。

李飞飞从事计算机视觉和机器学习相关的研究，她创建了一个有标签的数据库 ImageNet。在 2017 年，她仅根据街道上停放的车辆，就利用标签数据准确预测了不同社区的投票情况[18]。为了做到这一点，她从汽车销售网站获取了有标签的汽车图像，并使用 Google 街景教会计算机识别哪些车辆停在哪些街道。通过与美国社区调查和总统选举数据相比较，她和她的同事找到了汽车、人口特征及政治派别之间的预测相关性。

AI 及其应用的研究正在呈指数级增长。各个大学和大型科技公司做了大量研究用于提升 AI 的能力以及探索 AI 可以工作得这么好的原因。学习 AI 技术的学生人数也相应地增加了，甚至企业也设立了 AI 研究小组以及多年实习项目，例如壳牌公司的 AI 实习计划[19]。这些投资都会持续推动 AI 的发展。

这场变革并没有放慢脚步。在过去的 5 年中，AI 模型的计算能力提高了 30 万倍[20]。这种以指数级增长的速度超过了摩尔定律，即使摩尔定律本身就是以指数级增长的。同时，这场革命已经不仅限于在学术界和一些大型企业之中了，从研究到应用的转变也正在进行。当前计算能力的整合、互联网存储的大量数据、多种免费且开源的编程框架以及 Google、Microsoft 和 Amazon 等公司提供的易于使用的软件都在鼓励越来越多的企业去探索 AI。

🅰️ 人工智能：你的竞争优势

从 AI 中获取价值不仅仅在于先进的模型或者强大的算法，也在于有效地部署这些算法和在企业范围内使用它们。AI 还不是一种即插即用的技术。虽然数据是一个丰富的资源，但是从它们中提取出价值是一项耗资巨大的任务。企业必须支付数据收集、存储、清洗和维护所需的成本。为了获取更好的数据以及解决诸如黑客入侵风险等方面的困扰，企业必须向数据工程师、AI 科学家、分析师、律师和安全专家支付薪水。即使如此，这么做的好处仍是巨大的。

在 AI 出现之前，电话公司常常关注安装一条专用线路所需的时间等指标。医院需要评估他们有多少永远都收不回来的账单。任何一家销售产品的公司都要研究他们的销售周期——例如，每一个推销员完成一笔交易需要多长时间？通过使用 AI，企业可以用不同的方式来看待这些数据。那些过去常常问"我们平均销售周期是多少？"的公司现在可以问"那些销售周期较短的销售员或者他们的顾客有怎样的特点？面对特定的顾客，我们如何预测销售周期？"这种深度带来了许多商业优势。

毫无疑问，广泛使用 AI 应用同样会有潜在的负面影响。构建一个 AI 应用是复杂的，而且在许多的使用中，人们并没有真正理解 AI 应用到底是如何做出决策的。由于缺乏透明度（这也被称为"黑盒"问题），很难确定一个 AI 引擎是否做出了正确且公正的判断。目前，黑盒问题主要出现在那些基于 AI 的经营决策中，这些决策似乎在处理关于种族或性别的问题时有失公允。

一项来自 ProPublica 公司的调查显示 [21]，一种用于预测监狱犯人是否会再犯（重复犯罪）的算法认为黑人囚犯比白人囚犯更可能被标记为具有更高再犯率。但是，当将这些数字与两年内佛罗里达州布劳沃德县的真实数据进行比较时，发现这个算法是错误的。这种差异指出了一个真实存在的问题：算法可能做出错误的预测，且算法的不透明还会导致无法确定错误的原因。因此如何问责也成了一个问题。人们很容易相信，如果一个信息来自计算机，那么这个信息就是正确的。同时，如果一个 AI 算法做出了错误的决定，那么这是谁的错呢？此外，如果你认为它的结果是不公平或者不准确的，那么又该如何解决呢？在从 AI 获益的同时，我们必须解决上述这些问题。

摩根大通集团（JP Morgan）对 AI 的使用深度展示了 AI 的效率。这家金融巨头使用 AI 软件来执行一些任务，例如解释商业贷款协议，执行一些简单、重复的工作，授权访问软件系统及响应 IT 的请求，并且该公司还计划实现复杂法律文件的自动化处理。据《彭博市场》（Bloomberg Markets）透露 [22]，这个软件"能在几秒内完成一个律师 36 万小时的工作"。

此外，跨国贸易公司嘉吉（Cargill）开始将人工智能纳入他们的商业战略。2018 年初，《金融时报》（Financial Times）报道嘉吉公司聘请数据科学家来研究如何更好地利用日益增多的可用数据。根据《泰晤士报》（Times）的报道，"从天气情况到船只移动等在内的广泛可用的数据降低了大宗商品市场内幕信息的价值 [23]"。

嘉吉公司的做法说明了两个关键点。一是即使还没有找到实现方法，你的商业战略也可能已经从使用 AI 中受益。二是考虑到已经有大量可用的数据、现有的和正在发展的复杂 AI 算法以及使用 AI 后取得成功的公司的轨迹，现在是制定你的 AI 战略并开始实施它的最好时机。这本书就是要帮助你做这两件事。首先，我们将讨论 AI 是什么以及 AI 算法是如何工作的。

🆎 注释

1. 世界经济论坛（WEF）是瑞士的一个非营利性基金会，每年召开一次会议。在会议中，数以千计的商业与政治领袖、学者、名人和记者聚集在一起，讨论世界面临的最紧迫的问题。

2. 来自 World Economic Forum。

3. 来自 McKinsey & Company（麦肯锡公司）。

4. 来自 World Economic Forum。

5．来自 VentureBeat。

6．来自 Innosight（创见研究所）。

7．来自 McKinsey & Company。

8．来自 McKinsey & Company。

9．来自 *Computer Weekly*（计算机周刊）。

10．来自 VentureBeat。

11．顺便说一句，HAL 是对 IBM 的引用。HAL 这个名字的每一个字母都在著名科技公司—IBM 的字母前面。

12．高级研究项目代理网络。

13．来自 Soft Computing 15（软计算第 15 卷），no. 8：1657—1669。

14．美国科学家 John McCarthy 在 1955 年创造了这个术语。

15．美国科学家 Arthur Samuel 在 1958 年创造了这个术语。

16．美国科学家 Rina Dechter 于 1986 年在机器学习的背景下创造了这个术语。

17．纪录片《AlphaGo》记录了两支队伍在首尔进行的为期 7 天的比赛。

18．来自斯坦福新闻。

19．来自 Shell（壳牌）。

20．来自 OpenAI Blog（OpenAI 博客）。

21．来自 ProPublica（一家总部设在美国纽约市的非营利性公司）。

22．来自 Bloomberg（彭博）。

23．来自 *Financial Times*（《金融时报》）。

第二章

人工智能是什么，它是怎样工作的

早期阶段的人工智能主要基于逻辑学。人们试图让计算机可以像人脑一样
具有推理能力。第二阶段的人工智能主要基于生物学：人们尝试计算机能像动物
一样感知、行动和适应环境。

——杰弗里·辛顿（Geoffrey Hinton）
多伦多大学计算机科学教授

人工智能的概念并不新奇。自古以来，人类就设想过可以进行计算的机器，
这种想法一直延续到中世纪之后。1804 年，约瑟夫·玛丽·雅卡尔（Josef - Marie
Jacquard）发明了一种可"编程"的织布机，可以使用 2000 余张打孔卡织造织物。
这种机器不仅能取代织布工，而且可以在短时间内做出需要人工数月才能完成
的图案，并支持图案的完美复制。

然而，直到 20 世纪末，人工智能才开始看起来像是一个可以实现的目标。
即使在今天，人工智能也不是一个定义精确的术语。《福布斯》在 2018 年 2 月
14 日发表的一篇文章中给出了人工智能的 6 个定义，第一个源自《英国牛津生

活词典》："人工智能是计算机系统的理论和发展，能够执行以往需要人类智能参与而完成的任务，如视觉感知、语音识别、制定决策和语言翻译 [1]。"我们从这个定义开始讲起，是因为这个定义中的例子是当前我们正在使用的人工智能类型：弱人工智能（狭义人工智能）。

🔲 狭义人工智能的发展

　　计算机是由算法驱动的：用设计好的代码编写逻辑步骤，以产生预期的结果。最早的"智能计算机"使用一种被称为专家系统的算法。专家系统是基于特定领域内的专家如何找出给定问题的答案，再由算法遵循的一系列规则所生成的系统。从 1959 年到 20 世纪 80 年代，计算机科学家专注于开发专家系统（今天仍然在使用其中的一部分），这是他们围绕不同领域专家创建的该领域特有的知识构建专家系统。只要待解决的问题涉及表达相对简单的形式逻辑规则，专家系统就足以胜任该工作。

　　IBM 著名的国际象棋计算机"深蓝"就是一个专家系统，它的成功得益于国际象棋本身的特性。优秀的棋手会考虑给定情况下的每一步可能的走法，并试着在脑海中尽可能深入地演练这些选择。"如果我移动这颗棋子，我的对手下一步会怎么做？接下来的五步她要做什么呢？"从本质上来说，这就是"深蓝"程序所要做的事情。专业棋手"教"会了"深蓝"的程序员国际象棋的走法和取胜的策略。

　　在 1996 年和 1997 年，专家系统是那个时期的主流，在此期间，"深蓝"对阵俄罗斯国际象棋大师加里·卡斯帕罗夫（Gary Kasparov），并赢得了两场比赛中的第二场。但是仍有很多事情是专家系统做不到的，比如理解语言和视觉信息或对物理世界进行推理。这些任务远没有那么结构化，要完成它们可能非常困难，甚至不可能被描述或编纂成逻辑上的步骤。要让它们真正可以和人类"竞争"，计算机必须做两件更复杂的事情：从经验中学习以及建立直觉。这两件事人类做起来容易，但对计算机来说却很难。

　　直觉不仅仅是一种感觉。它是人类大脑已经掌握的一个过程，用于理解世界上每天呈现的大量不寻常的和令人困惑的细节。当我们看到一只鸟，无论它是红色还是蓝色，是大是小，是抬头还是跷脚，我们如何确定它是一只鸟呢？是因为它用两条腿站立，而不是用四条腿吗？可人类也是两条腿站立的。是因为它下蛋吗？可海龟也下蛋。是因为它能飞吗？可飞机也能飞。

人类是如何把大脑中关于鸟类的所有信息（比如不同的大小、颜色、喙形、习性和飞行方式）转变到能够做出决定，让我们知道某一特定生物属于鸟类的呢？两岁的孩子就可以做到这一点。但对于计算机来说，这却是一项极具挑战性的任务：要创建一套规则来让计算机知道自己在看的是一幅鸟的图片并不容易。

人们往往会低估在计算机中实现类似人类行为所需的知识量，以及系统可以得出的近似结果。有些任务是人类可以高效完成的，有些任务是机器擅长的，这两种任务的类型往往截然不同。科学或技术任务通常有一套严格的（甚至可能是复杂的）规则来指导行为。这种类型的知识相对容易编码；这就是为什么早在 40 多年前就已经有一些专家系统被投入使用了。

计算机也有处理大量数据的能力。这种能力让科学家们想知道：如果有了足够的数据，是否能找到一种方法，可以让计算机仅根据这些信息得出结论，而不再需要人类的直觉。在不需要专家指导的情况下，计算机能从"经验"中收集并分类尽可能多的知识吗？计算机能从例子中自我学习吗？

万维网有助于帮助科学家们得到答案，也让科学家们突然间拥有了可以利用的庞大的在线数据流。如果计算机能像人类一样思考，从所有这些数据中学习并得出结论，那么接近人工智能的东西就有可能实现。然而，这方面的发展十分有限。虽然目前 AI 领域内已经有一些方法可以应用于各种问题，但在过去 10 年里，机器学习还是其中最流行的方法。在过去 5 年里，深度神经网络（DNN）——一种复杂得多的机器学习技术——已经开始在图像识别等许多领域超越了人类的能力。这些神经网络最终可能成为强人工智能的组成部分。

🆔 第一个神经网络

最初，人工智能受到逻辑的启发：如果是这样，那么接下来就那样。然而，逻辑是人类后来才学会的。例如，3 岁的孩子没有清晰的逻辑思维，他们通过观察来学习。我们尚未精确地了解大脑运转的所有方面，特别是大脑的早期发育。但是，已经有人提出了一些相关的理论模型，并且计算机科学家认为其中一个模型也许可以作为比逻辑更好的人工智能范例。这就是人工神经网络的诞生。

当今的神经科学理论认为，神经元（人类的脑细胞和计算机程序中的节点）是按层排列的，信息首先通过"底层"，然后是上一层，以此类推。这些信息在传递过程中不断得到改进。早在 20 世纪 40 年代，人们就构想出一种简单的人工神经网络（ANN）。在 1957 年，康奈尔大学的弗兰克·罗森布拉特（Frank Rosenblatt）构造了一个名为感知器（Perceptron）的人工神经网络原型。它仅仅由两层神经元组成——输入层和输出层，但它学会了区分左边或者右边做了标记的卡片。这是最早的一种学习算法。

在 1958 年，计算机科学和人工智能领域的先驱亚瑟·塞缪尔（Arthur Samuel）提出了"机器学习"一词，用于涵盖计算机可以学习的各种方式，包括使用感知器。从那时起，这个词就被用来指代各种从经验中学习的人工智能技术。

🅰 机器学习

机器学习具有可以从数据中学习的算法，其不需要明确特定的领域，也不需要明确编程的规则，即不是为专门解决特定问题而设计的编程。没有人为计算机编写明确的程序或编写任何逻辑代码，使其能够完成特定的任务。算法的设计目的是确定或估计一个函数，该函数可以根据一组给定的输入预测输出结果。当有足够多和足够准确的有代表性的可用数据时，以及当对该领域知识进行手动建模太困难或成本过高时，机器学习是一种有效的方法。与通过模拟人类知识来直接"教会"一个系统的方式不同，这类系统是从数据中学习。

机器学习的目标是从大量的历史输入值及其对应的输出值中观察、学习该函数，并在给定未来输入值的情况下准确预测未来的输出值。这个过程听起来相对简单，但这些函数可能非常复杂，往往复杂到人们无法进行直接推导。被估计的函数可以来自于任何过程，如图 2-1 所示。例如，这个过程可以是将一个输入数字乘以 2，然后得出一个输出数字。或者，这个过程可以是将贷款申请（数据）作为输入，通过做出贷款决策，给出"同意"或"拒绝"标签作为输出。再或者，这个过程可以是在头脑中出现的任何事情，比如将一幅图片作为输入，将为图片打上"是猫"或"不是猫"的标签作为输出。基于这些输入和输出，机器学习算法可以估计出一个将误差优化到最小的函数，用于模拟这个过程。

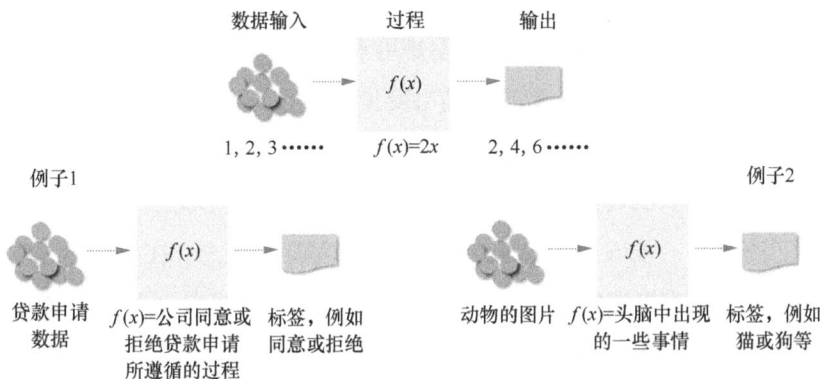

图 2-1　可以使用机器学习来估计其输入输出数据集的函数 $f(x)$

我们再举一个例子。假设你拥有某个客户行为的历史数据，这些数据可能包括他们打客户服务电话的次数，他们在订阅你的产品或服务上花了多少钱等。我们将这些行为设为 $x_1\cdots\cdots x_n$。假设你还知道这些客户中哪些关闭了账户并离开了（客户流失）或者哪些留了下来，我们将某设为 y。

机器学习从数据中提取规律，并从 $x_1\cdots\cdots x_n$ 中寻找一个能准确预测 y 的函数 f。这个函数将是误差最小的估计函数，比如，函数（f）可以带来最小的假阳性和假阴性的百分比。这个就是你的机器学习模型，如图 2-2 所示。当你从新客户处获得信息 $x_1\cdots\cdots x_n$ 时，将该信息传递给（f），它可以预测该客户（在某个置信区间内）是否可能离开，如图 2-3 所示。在第十三章中，我们会逐步搭建一个详细的人工智能模型来解决这样的客户流失问题。

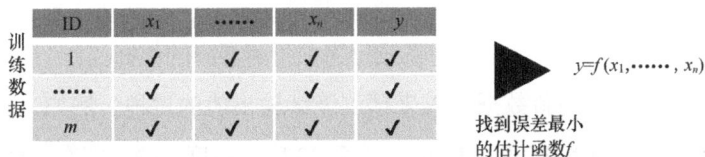

图 2-2　使用客户 1 到 m 的数据作为训练数据来估计给定 $x_1\cdots\cdots x_n$ 时预测 y 的函数 $f(x)$

ID	x_1	...	x_n				ID	$y_{实际}$	$y_{预测}$
$m+1$	✓	✓	✓		$f(x_1, \cdots\cdots, x_n)$		$m+1$	?	✓

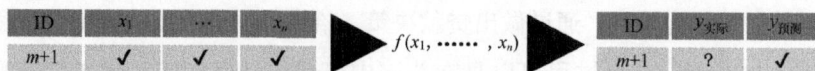

图 2-3　使用机器学习模型 $f(x)$ 来预测第 $m+1$ 个客户是否会流失

　　我在这里描述的是一种基于统计回归的极简模型，这种回归由弗朗西斯·高尔顿（Francis Galton）于 1889 年提出，并一直沿用至今。人们常常对机器学习与统计或统计建模的区别感到困惑。机器学习是统计学习的一种形式，但它们之间有一个关键的区别：机器学习模型是用来预测未来（未知的）数据的，而统计模型是用来解释历史输入数据和结果变量之间的关系的（它们之间的关系应该是可描述的，其并不用于预测未来的数据集）。统计模型回顾过去，而机器学习模型面向未来。二者的相似之处源于它们都利用了概率论的基本概念。我们将在第八章探讨"能够预测未来结果的未知数据"的概念。在神经网络中，机器学习通常也具有极端的非线性。在前面的例子中，如果以一个具有 100000 个参数的深度神经网络替换之前的用于优化，则其就是深度学习。值得一提的是，$x_1\cdots\cdots x_n$ 可以是任何数据，比如自动驾驶汽车摄像头中每个像素的强度，而 y 可以是"停车标志"这类标签。

机器学习的各种用途

　　机器学习使用户能够有效地组织他们手中的数据，并从中做出预测。机器学习能够有效解决的绝大多数问题可以分为以下 3 类。

　　分类是从一组预先确定的类别中，为给定的新数据输入预测最佳类别的过程。如果输出由一组固定的类别组成，那么就可以使用分类——例如将贷款申请划分为应该被批准和不应该被批准两个类别。通过模型训练将新的输入划分到两个类别中的一个。

　　聚类是在数据中寻找组或结构的过程，将数据划分为有特定属性的集群，这些属性不是来自预先确定的集合，而是源自数据本身。该方法常用于细分客户类型，从客户的个人资料信息和在线行为中了解客户的偏好。

　　回归是通过给定的新数据输入来预测连续输出值的过程。例如，预测明天的温度，可能是闷热的 36 度、37 度，甚至 38 度。温度预测可能有无数种结果。与分类不同，回归的关键不是预测新数据属于什么类别。

机器学习算法的类型

为了实现分类、聚类和回归，机器学习使用了各种技术或算法。下面的示例只是目前可用方法中的几种而已。对于管理人员而言，了解某些算法的基础知识用于直观理解建模的过程比成为每种算法的专家更有意义。这有助于根据模型的输出进行决策，因为你很清楚地知道模型是如何得出结果的。新算法持续不断地涌现，这也正是组织机构中人工智能科学家需要与时俱进的地方。

决策树是一种分析数据流的算法，这种方法会创建一个分支系统，该分支系统的节点通常将数据划分为两个桶：比如喜欢某个电影的人和不喜欢该电影的人。后续的节点也用同样的方法分割数据，树的规模随着分支的增加而增长。甚至还有一种叫作数据桩的算法，只依据一个问题来处理数据。决策树的一个变种是随机森林，它由许多决策树组成，不同决策树之间使用加权平均。

逻辑回归用于分类（而不是用于回归）。假设你的某个案例具有两个特性，比如客户投诉的次数和他们的平均每月账单金额。使用逻辑回归的一种方法是，首先在一个图上绘制数据点，其中一个坐标轴是投诉量，另一个坐标轴是账单金额，然后找到一条直线将数据点划分到两个桶内，线的同一侧的点属于同一类，比如一侧是"可能流失的用户"，另一侧是"不太可能流失的用户"。划分两组的线的位置越好，分类就越准确。如果案例有两个以上的特性，则概念仍然是相似的，使用更多的维度即可。

支持向量机也是寻找在二维空间中将数据分成两类的线，但这些线不一定是直的；在三维或更多维度中，这种视觉呈现会变得更加复杂，但概念仍然是相似的。

集成模型方法是一种将多个模型一起训练和使用的算法。使用集成模型的一种简单方法是训练稍微不同的多个模型，并对给定的输入使用所有模型输出的平均值。这种集成性通常可以为新数据提供更高的平均精度。当然，还有其他方法来构建集成模型，包括套袋法和提升法。套袋法在不同的数据子集上训练相同的算法（如随机森林算法），并将这些算法给出的模型集成后推广到整个数据集。提升法是使用一个接一个的模型进行训练；每一个后续的模型都着重于从之前模型的缺点中进行学习。例如，第二个模型将重点关注第一个模型中输出错误的那些输入数据。在第十三章中，我们将看到从逻辑回归模型转换到一种极端梯度提升模型时，它所带来的准确性的提升。

　　深度学习是弗兰克·罗森布拉特（Frank Rosenblatt）感知器的一种深化。感知器只有一层神经元。人工智能的先驱马文·明斯基（Marvin Minsky）在 1969 年指出，有些实用的功能是感知器永远学不到的。他认为多层的，或者说是深层的神经网络可能有更好的效果，因此便诞生了多层感知器（MLP）。多伦多大学的两位研究人员杰弗里·辛顿（Geoffrey Hinton）和杨立昆（Yann LeCun）同意明斯基的理论。在 20 世纪 80 年代，他们提出更多的神经节点层是加深感知水平的关键。

　　深度学习中的"深度"不是指计算机对数据（或数据包含的领域知识）真正理解的深度，而是指人工神经网络本身的结构。在深度神经网络中，输入节点和输出节点之间有更多的节点层，如图 2-4 所示。在某些情况下，可能有数百层。深度学习的优势在于它具有极高的表现力，这意味着它可以通过训练学习非常复杂的功能。

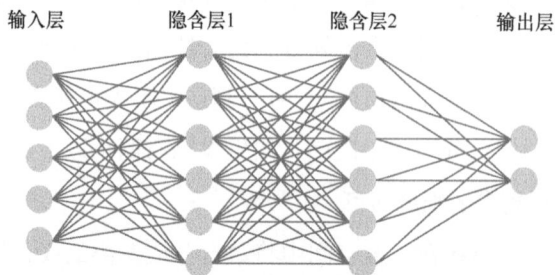

输入层　　　　隐含层1　　　　隐含层2　　　　输出层

图 2-4　一个深度神经网络的例子

　　为了理解深度神经网络和深度学习是如何工作的，让我们来看一个判断图像是否是鸟的例子。假设到达神经网络的第一层（即输入层）的信息是可视的，也就是不同颜色和亮度的像素集合。神经网络的下一层可能会检测每幅图像的边缘，找出一边较暗而另一边较亮的部分。这个过程可以给出图片中形状的粗略轮廓。

　　下一层神经元会接收第一层的输出，并学会检测更复杂的内容，比如那些轮廓相交形成特定角度的位置。尽管神经网络并不知道它看到的是一个"喙"；但这些神经元中的某一组可能会对鸟喙的角度做出强烈反应，神经元只会识别这种特定的模式。

下一层可能会找到更复杂的配置，例如循环排列的一组边缘。当这些神经元被激活时，它们可能会对鸟的弯曲头部做出反应，尽管神经网络同样不知道头部的概念。在更高的层中，神经元可能会检测到鸟喙状的角度在头部曲线附近反复出现，这将是一个强烈的信号，表明网络正在"注视"鸟的头部。

类似地，接下来每一层的神经元对更复杂和更抽象的概念做出反应，从基础的形状识别进化到例如识别羽毛轮廓这样的复杂工作。最后，最高层的神经元（即输出层）形成"是鸟"或"不是鸟"的标签。在输出层中，只有一个标签会根据先前层中的触发信号而被激活。

然而，如果神经网络想要学习，那么它不仅要向上层发送信息，还必须确定贴上标签后的数据在顶层得到的结果是正确的。如果不正确，则神经网络必须将消息发回之前的所有层中，以便这些层修正它们的输出来改进结果。你可以把这看作一种由于没有能够为输入的鸟图像匹配"鸟"标签而进行的惩罚。这种惩罚根据输入图像来调整前面层中的节点触发与否，直到输出层给出的结果与标签匹配，训练就完成了。如果没有匹配，则网络会再次调整，以此类推，直到输出的标签与输入的图像匹配为止。

因此，神经网络越深，也就是层数越多，结果就会越好。随着时间的推移，这些系统开始被称为深度神经网络，这个概念也就形成了深度学习的基础。深度神经网络中的多层结构使算法能够发现分层特征，这些特征直接对应着输入，同时也与第一层及其他层元素的特征相关。这种多层次的表示方式使得深度学习网络能够更好地解决更多类型的问题。

辛顿和他的两位同事写了一篇论文，提出了一种减少神经网络产生错误的算法。他们的方法被称为反向传播，并成为第二波神经网络更加精确的基础。反向传播是一种能更准确校准相邻两层神经元之间连接的方法，从而使系统能够得到更精确的输出。

随着神经网络深度的增加，计算机可以学习更复杂的任务，如语音识别、三维物体识别和自然语言处理。新的深度学习架构不断涌现，新架构中神经网络的节点在不同层间的连接方式不同，因此每种新算法适用于不同类型的问题。例如卷积神经网络（CNN）在图像识别方面表现最好，而递归神经网络（RNN）

最适用于自然语言处理方向。

在许多问题上，深度学习模型比经典（即非深度）机器学习算法好得多。但开发深度学习模型更困难，因为它们不仅需要神经网络结构知识和优化技巧，还需要较强的计算能力和大量的训练数据。对于某些任务来说，使用比深度神经网络更直接的机器学习方法可能更有效或更便宜，尤其是在这些方法已经很好用且不需要再增加模型精度的时候。然而，随着计算成本的下降，深度学习的商业应用也随之增加。例如，如今深度学习系统可以用来实时查找可疑的银行交易，向用户发送非本人网上购物的提醒短信。

🄰 监督式、非监督式和半监督式学习

从 20 世纪 50 年代到 80 年代，随着算法变得越来越强大，计算机能学习越来越多不易被察觉的东西。但问题是，还没有足够的数据用于算法以做出准确的预测。随着 20 世纪 90 年代万维网的出现和业务流程的数字化，可用数据变得越来越多。研究人员开始思考：该如何利用这些新信息，使计算机能够从中学习呢？他们采取的一个方法是给数据贴上标签。

标签数据是已经分类的数据，通常由人工来完成这一步工作。"鸟类"是一个类别，"非鸟类"也是一个类别。为了训练神经网络识别鸟类，你可能会将 1000 幅包含鸟类的图像标记为"鸟类"，而将 1000 幅不包含鸟类的图像标记为"非鸟类"。这两组标记的数据可以用来训练神经网络识别鸟类的图像。

以这种方式标记数据称为监督学习。在监督学习中，提供给系统的训练数据包括输入及输出结论。数据集中会同时涵盖针对某一结论的肯定及否定示例。监督学习目前可以用于很多事情，比如识别癌细胞、识别垃圾邮件等。传统的垃圾邮件过滤器在筛选电子邮件时会考虑很多因素，比如邮件来自哪里以及使用了什么软件等。发垃圾邮件的人习惯使用软件或垃圾邮件引擎，这些软件或引擎可以快速发出大量无法追踪的信息。垃圾邮件过滤器还会搜索电子邮件中对已知垃圾邮件进行分类的字符串。

然而，随着发垃圾邮件的人变得越来越聪明，简单的基于规则的垃圾邮件过滤器逐渐失效。为了解决这个问题，计算机科学家开始使用有监督学习的

机器来区分垃圾邮件和非垃圾邮件。科学家们已经有了大量关于垃圾邮件的数据，这在一定程度上要归功于人工对数据的标记。他们开发了一种算法，利用现有的数据，使程序了解什么是垃圾邮件。即使在今天，当你把电子邮件标记为垃圾邮件时，这个操作也会自动给数据贴上标签，然后再用这些数据来训练算法。

识别癌症与识别垃圾邮件有些不同，但是也可以用监督学习来完成这一任务。当然，我们没有"癌细胞过滤器"这样的东西可以作为算法开发的基础。更重要的是，要检测癌细胞，计算机需要分析图像；而每个细胞的每张图片都由大量的数据点组成。机器需要分析出这些数据点中哪些组合表示细胞出现了异常。幸运的是，人类经过学习可以识别癌细胞，而且我们已经有了大量关于这些异常细胞的数据，因此可以构建一种算法让计算机学会分辨其中的不同。

这一过程的开始阶段是向系统输入大量的细胞图像。与邮件过滤模型相同，在这里也使用两个数据集：一组数据集的图像已被标记为癌变细胞，另一组数据集则是健康细胞，做标记的人最好是医生。通过对这些数据的学习，计算机可以识别之前没见到过的新图像，并将其划分为癌变细胞或非癌变细胞。

关于垃圾邮件和癌细胞识别的算法都属于监督学习的范畴。在这两种情况下，都存储或创建了带标签的数据，计算机可以组织或使用这些数据来识别其中的模式。一般来说，癌症检测等问题过于复杂，计算机无法使用非监督学习进行分析。目前大多数机器学习的应用都依赖于监督学习，但非监督学习在许多情况下也是有用的。

1997年，两位计算机科学家开发了一个使用聚类的非监督学习的具体例子[2]。其初衷是为了帮助授信企业进行新客户预测，即在没有任何关于客户的分类数据和信用历史信息的情况下，如何利用现有客户的数据对新客户做出可靠的信用价值决策。人工智能科学家们创建了一种算法，根据信用卡的使用情况以及他们是否按时还清了信用卡账单等因素，将现有客户分组。有了这些信息，他们可以帮助这些公司创建一个模型。模型可以在不访问任何给定客户的具体信用等级的前提下，在登记时就将客户分为不同的信用等级组。

非监督学习要求将未标注的数据分组，也就是使计算机在没有人事先查看数据的情况下确定类别。在非监督学习中，不提供所需的输出。非监督学习的目标是让计算机发现数据中固有的结构和模式或输入之间的关系。通常，非监督学习用于识别现有数据中的集群，从而能够将新的输入数据分类到这些集群中的一个。非监督学习也用于异常检测，在这种情况下，输入的异常值（即不属于大多数数据所在的组）可以被识别出来。异常检测可用于制造业，来确定一个零件的形状是否符合要求，例如，检查齿轮上的齿是否已经缺损。

另一种技术是监督学习和非监督学习相结合的学习方法，被称为半监督学习。当数据集的标签不完整或容易出错时，通常使用半监督学习。半监督学习像非监督学习一样使用聚类，但也使用一部分带标签的示例数据集。这样，当这些标记的数据集与一个特定的集群吻合时，算法就有了关于该集群性质的额外信息。该算法不能完全确定某样本的分类，但它可以"识别"同一组中其他样本应该被类似标记的可能性。当然，半监督学习需要人工检查和分析，以验证结果是否有效。今天，这种方法被用于反洗钱和欺诈检测程序中。

边注栏：ImageNet

如今，监督式学习和非监督式学习都得到了广泛的应用。这两种方法都已经用于并且未来将继续用于特定的场景，监督学习是人工智能领域的重大发展之一。2009 年，普林斯顿大学计算机科学系的研究人员在网上提供了一个海量的图像数据库[3]。一年后，ImageNet 大型视觉识别挑战赛（ILSVRC）开始了。比赛的目标是看算法能正确地分类多少张照片。猫的图片必须归入猫类别，狗的图片必须归入狗类别，以此类推。

2012 年，斯坦福大学的 4 名计算机科学家参加了比赛（其中两名曾是辛顿的学生），他们将自己开发的深度神经网络架构应用到了 ImageNet 数据库中。他们的软件的物体识别准确率是第二名的两倍。这一进步十分惊人，证明了深度神经网络的效果可以比任何以前的人工智能方法更好。3 年后，在同一场比赛中，斯坦福大学团队的新人工智能算法在识别任务中的表现首次超越了人类的表现。在未来，ImageNet 可能会被认为是计算机视觉领域的现代版罗塞塔（Rosetta）石碑。

在谷歌，斯坦福大学人工智能教授吴恩达参与了另一项开创性的实验。

他们给一个大型神经网络提供了来自 YouTube 的 1000 万张未标记的视频缩略图，然后让算法学习如何在非监督学习的情况下识别猫。当他们用新数据测试该算法时，该算法识别猫的准确率为 74.8%。在此之前，非监督学习从未被用于如此大规模的数据，也从未如此成功。

AI 让数据更有效

计算机的学习能力不仅取决于有多少数据可用，还在很大程度上取决于数据的呈现方式。这意味着计算机要想准确地识别出一只鸟，不管是乌鸦、猫头鹰、鹈鹕、白鹭还是雏鸡，它都必须"知道"它看到的图像是正面朝上还是正面朝下，图像中是否有雾、有雪，是在阳光下还是阴暗处。即使照片里面只展示了鸟的一部分，比如鸟喙，计算机也必须准确识别。它还必须能够排除任何看起来像鸟而不是鸟的照片，比如带羽毛的头饰或鸡毛掸子。这种分析并不容易，这就是为什么（到目前为止）网络在线的真人识别验证中，仍在使用各种不完整的汽车、路标等图片。

为了克服计算机在数据表示方面所面临的一些难题，计算机科学家开发了特征工程。特征是数据的一种属性或特性，计算机基于这些数据进行分析。特征工程的目的是选择数据的最佳特征，寻找数据的最佳呈现方式，以便机器能够更有效地学习。最初，这项任务十分困难且花费较大，主要是因为其必须由人工智能科学家手动完成。目前，有各种各样自动的特征工程方法可以用来减轻处理数据的工作量，在不考虑时间和成本的情况下，这仍是一项重要的工作，因为它是有效使用数据所必需的前置工作。

为了说明特征工程的重要性，我们举一个例子：考虑罗马数字和阿拉伯数字的不同，有罗马数字 X 和阿拉伯数字 10。这里有个问题涉及数字表示，例如添加一列 10，使用哪种表示法更合适呢，是用罗马数字还是阿拉伯数字？哪种表示法更有助于人们来进行计算呢？对于计算机计算来说，将这些数字转换成二进制表示更为方便，所以 10 就是 1010。特征工程帮助机器学习算法以类似的方式创建正确的数据表示，进而使得这些算法可以执行它们的计算学习任务。

　　除了特性工程之外，降维也是一种从所有可用特征中选择最重要特征的方法，它可以忽略那些可能无法预测出结果的特征。例如，有人想预测潜在客户购买新产品的可能性，此时知道客户的名字不会带来有用的结果，而知道他们过去在类似产品上花了多少钱可能会带来有用的结果。

　　深度学习模型不太需要特征工程。深度学习可以自动生成数据表示，使人们不必再手动进行特征工程。这些模型使用大量的训练数据来确定数据中的哪些内容能够利用，并得到正确的答案。值得记住的是，如前面提到的一样，深度学习中使用的特征概念不一定是清晰的或是对人类友好的。例如，识别鸟类图像的深度学习神经网络可能并没有像头和喙这样的特征。如果你问这些系统："你怎么知道这是一张鸟的照片？"它的回答可能不是人们通常理解的鸟类特征。

　　这个答案听起来有些模棱两可，因此企业学习使用这样的系统可能有点棘手。因为你无法解释为什么深度学习模式做出这样的决策，尤其是在受到监管或面对客户的时候，例如当客户想知道她为什么申请抵押贷款被拒绝了的时候。这些系统通常被称为黑盒，它们会导致各种各样的问题（我们将在第十章中介绍如何缓解黑盒问题）。如果一个系统能告诉我们："这张图片是一只猫，是因为它有耳朵、眼睛、尾巴、皮毛和爪子。"那么这样的系统是真正有价值的系统。能够做到这一点的人工智能系统是一种不同于机器学习的人工智能：语义建模和因果推理，简称为语义推理。

🆔 语义推理

　　机器学习模型通过识别输入和输出之间的模式或相关性来得出结论。它们通过学习有标签数据的模式和预测无标签数据的结果回答"在所有的细胞中，哪些是癌变的？"或"在所有电子邮件中，哪些是垃圾邮件？"这样的问题。然而，在某些情况下，这些系统并不理想。机器学习系统需要大量的数据来训练它们的算法，但我们可能并没有这么多的数据。例如，被用来寻找来自不同医疗方案的结果和患者基因异常之间的关系的机器学习模型，需要大量具有基因异常的患者数据来获得有意义的结果，但在实际中可能没有那么多的可用患者数据。语义推理系统可以在一定程度上克服这个困难。

　　语义推理模型不需要机器学习中所需的大量的标记数据，但是需要对所需捕获的信息和规则有深刻理解的专家。语义推理是基于规则的系统，它能够找到有关实体及其关系的特定信息，并利用这些信息进行推理。在语义推理中，整个世界是通过一组概念、概念的解释以及它们之间的关系来描述的。语义推理系统自原因到结果进行推理，从而能够在一组给定的事实和概念中推理出逻辑结果。知识模型和推理引擎可以让系统更精确地将知识建模，并在回答问题时进行更复杂的推理。

　　为了说明其是如何工作的，可以举一个例子。假设有一句话"罗德尼昨天观看了《碟中谍》"，并将其转换为实体或概念、属性和关系的语义模型，如图2-5所示。实体代表现实世界中的某事物，例如人。同样，概念代表的是一种非实体的抽象观念，例如时间、活动等。属性是关于一个实体或概念的一些表示，例如名字、年龄。关系连接不同的实体和概念。

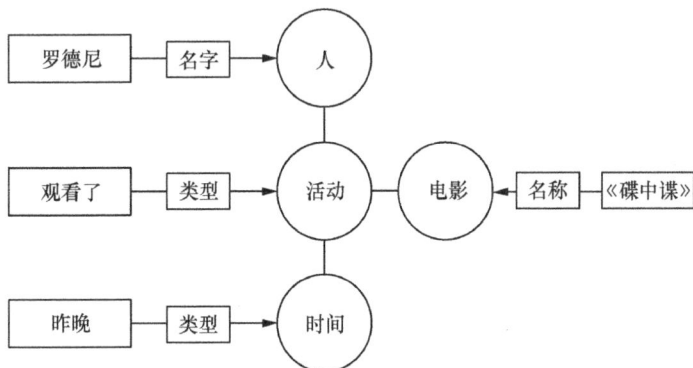

图2-5　一个语义模型的例子

　　语义推理可以推理出收集数据之外的知识。例如，它有猫和哺乳动物的概念，也有"西尔维斯特是一只黑白相间的猫"这样的事实。然后它就可以推理出一些事情，比如西尔维斯特有一条尾巴和两只耳朵。如果想让机器学习模型来识别一件事，比如研究人类基因在什么情况下会关闭（停止表达），从而研究药物防止基因关闭，那么在这种情况下单纯使用机器学习模型是做不到的。因为机器学习是基于识别模式或者相关性的，而不是基于因果关系的，而且这些相关性有时解释起来并不容易。

　　生物通路是一系列分子间的相互作用，可以导致细胞内的变化，例如基因的启动和关闭。机器学习能够分析大量的数据，并找出当某个基因关闭时，哪部分的分子活动最频繁，但不能辨别是哪个相互作用使得基因关闭。机器学习可以发现相关性，但不能发现因果关系。由于有成千上万的相关分子相互作用，而又不知道确切的因果关系，因此仅仅利用机器学习来制造一种药物用于防止基因关闭，其成本上是不可能实现的。基于此，这项工程需要能够进行语义推理的人工智能系统。

由以上的论述可知，教计算机使用语义推理是很有用的。其无须海量的数据或大量的运算时间，因此促成了很多应用，比如基因工程以及如何设计相应的营销活动。现有的机器学习模型无法做到这一点，但能告诉你那些受欢迎的活动和不受欢迎的活动之间是否存在某种模式。还有其他一些领域，使用语义推理可以改善输出结果，比如在执法领域中使用来自犯罪现场及周边地区的位置数据、犯罪发生的背景、复杂的词汇知识和背景知识（例如，arrest 在警察术语中意为逮捕，在医学领域中则为心跳停止）。这些领域中的微小不同得益于语义知识建模[4]。

到目前为止，语义推理只取得了初步的成功。语义推理在 20 世纪 80 年代和 90 年代取得了一些进展，但收效甚微，而最近人工智能的突破进展仍然来自深度学习，这就是为什么这本书的大部分内容仍关注机器学习和深度学习。虽然语义推理通常既不可扩展也不灵活，但研究表明，它或许可以与机器学习和深度学习一起使用，以实现人工智能推理。到目前为止，将深度学习与当前的语义推理相结合可能是最有效的人工智能方法[5]。

今天的系统"对特定领域的现有数据进行预测"方面做得特别好，并已在近期成功应用。例如，在网络安全中，算法研究了计算机中的代码，找出了可能存在的漏洞及修复方法。然而，机器学习系统并不擅长做抽象工作：将它们所学到的知识应用到另一个地方。要做到这一点，研究人员可能不得不采取一种混合的方法。这种方法需要两个关键部分，一部分是相关领域的广泛、深入、高精度的计算机可用模型及相关背景知识（也就是数据），另一部分是能够有效地结合这些知识来回答问题或得出结论的推理（推断）引擎。

目前，尽管可以推断出给定的知识模型的某些方面，但是很多知识内容必须人工进行检出，因此需要不断进行改进，成本非常高。这些模型也可能依赖于个别专家的意见，而这些意见或许是不完整的，甚至是不正确的。可用的语义软件包在表述能力、准确度、知识储备量，以及作为后续知识建模起点所需的数据量等方面各不相同。这些软件包为推理提供了基础，但在表述能力以及必需的领域知识量方面都很受限。

另一条通往语义推理的路可能来自深度学习。虽然我们现在不知道这是否会成功，但其仍是一个活跃的学术研究领域。在过去的几年里，自然语言处理领域取得了重大进展。现在的语言模型不仅比以前的数据挖掘能力更强，而且还能够模拟非常原始的推理过程。《纽约时报》最近报道，一种被称为 Aristo 的人工智能系统首次能够同时通过初二年级和高三年级的科学测试[6]，彰显了这一领域的显著进展。

边注栏：Cyc 和 ConceptNet 知识库

在 20 世纪 90 年代早期，科学家们开始寻找表示数据和数据元素关系的新方法。这些方法叫作表示框架。其范畴的一端是诸如统一建模语言（UML）和网络本体语言（RDF/OWL）之类的语言，它们是基于万维网标准的资源描述框架，该框架是代表性框架之一。每一个通用的开发建模框架都旨在提供一种表示系统设计的标准方法。这些框架可能包括系统的各个组件（可以将其看作是系统的静态视图或者系统名词），以及这些组件如何与其他组件交互（系统的动态视图或者系统中的动词）。

其范畴的另一端是依赖数据的 Cyc 平台（由 Cycorp® 创建的）。Cyc 是世界上存在时间最长的人工智能项目，该项目试图创建有史以来规模最大的数据集，以解释世界是如何运行的，但该数据集收集的数据都是未经书写或者口述记录过的，这意味着这些数据不能作为"标准"数据流。如此规模的数据量应该可以使程序在遇到新的和未知的情况时更加灵活。

Cyc 提供了一个现有的知识库，其中包含通过数万种关系类型相互关联的数十万个概念。它还提供了一个强大而高效的推理引擎，支持向前、向后推理以及演绎、归纳和溯因推理。Cyc 的知识库和推理引擎使其能提供一种高阶逻辑建模语言，支持诸如高对等关系（例如不限于主语-动词-对象的语句表述），以及对其他断言做出声明（或陈述）的能力：这是一种将知识进行上下文联系的强大机制。

另一种为使计算机工作而创造的包含广泛的人类知识的方法是麻省理工学院的 Open Mind 项目，该项目用英语（而不是计算机可用的正式表达方式）汇集了数百万有关世界的事实。其初衷是为了巩固这些数据库中的由麻省理工学院设想的公共知识（我们称之为"常识"），并将它们转化为计算机可用的形式。这些知识从 ConceptNet 中获取（或部分获取）。ConceptNet 是一个由相关概念组成的扩展图，可以支持包括语义搜索在内的一些任务。语义搜索是指通过使用数据空间中术语的上下文意义来理解搜索者的意图，从而提高搜索的准确性。

🅐🅘 人工智能的应用

从高层面上讲，企业如何应用人工智能可以分为 3 个场景。

一些企业使用人工智能为员工消除重复性的任务——把员工从重复性的、乏味的、不需要多少认知能力的任务中解放出来。这种自动化节省了成本，并且提高了数据准确性，通常使用机器人流程自动化（RPA）来完成。RPA 可以依照规则来模拟用户在各种商业应用程序上的键盘操作。

另有一些企业则从结构化和非结构化数据中提取可操作的、有用的，且未知的知识和见解，并将其转化为新的见解。这项工作通常采用机器学习和深度学习来完成。企业采用新的见解并从中获得价值。

还有一些企业通过提供背景知识和技术支持来增强人类的智能，以帮助客户和员工用更加直接和高效的方式完成任务。这通常是通过使用内置于现有应用程序的虚拟助手以及工作流中适当的上下文流程来完成的。

这 3 种人工智能的应用可以看作会执行的机器、会学习的机器和会推理的机器，如图 2-6 所示。今天，除了在一些微小的方面，很少有系统具备良好的推理能力。在过去的 5 年里，机器学习、深度学习和强化学习中的许多创新都应用于商业领域，且大多数企业采用的是会执行的机器（如 RPA）和会学习的机器。

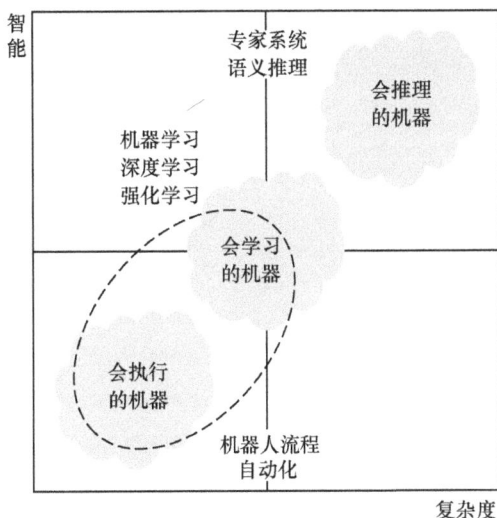

图 2-6　人工智能系统的类型

　　在这本书的第二部分中，我们将关注一些在特定行业中的用例，让大家体会当今人工智能应用的多样性。我们将看到人工智能使用案例背后的行业驱动因素，包括通过任务自动化降低成本、通过更准确的预测降低风险、改善客户服务体验、实现各国和国际法规的一致性以及增加收入等。

AI 注释

1. 来自 Forbes（福布斯）。

2. 来自 AAAI（美国人工智能协会）。

3. 来自 ImageNet：一个大规模的分层图像数据库。

4. 来自 Fern Halper's Data Makes the World Go Round（弗恩·哈珀的数据让世界运转）。

5. 来自 Arxiv.org。

6. 来自 New York Times（《纽约时报》）。

第二部分
企业中的人工智能

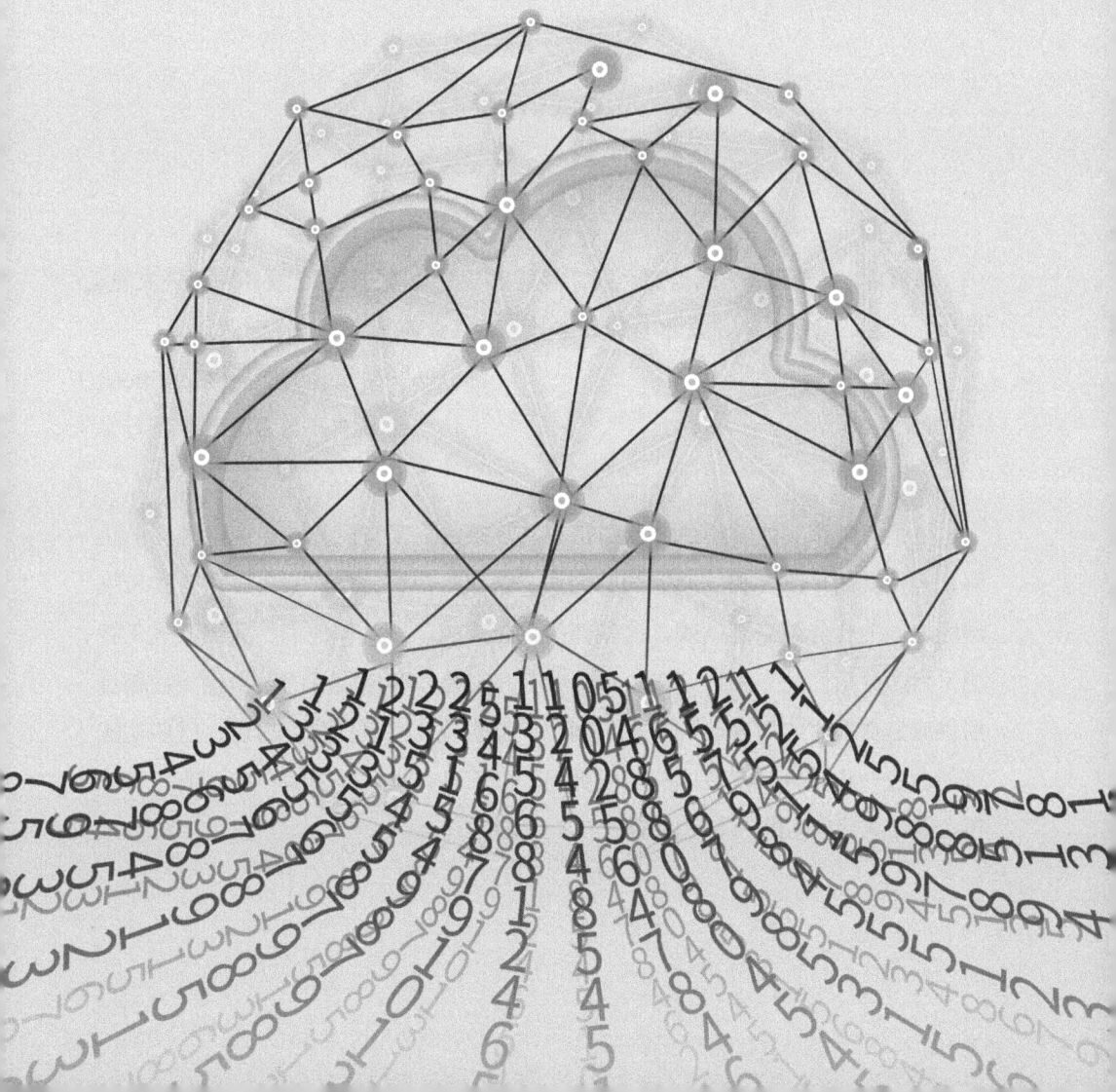

第三章

电子商务和零售业中的人工智能

在商店、电子商务、配送货及人工智能业务的共同支持下，顾客购买洗衣粉、纸张、灯泡、日用品和洗发水等的日常需求将以最简单的方式得到满足。

——董明伦（Doug McMillon）

沃尔玛总裁兼首席执行官

电子商务和实体零售企业目前正在从复杂的人工智能算法中获取独到的见解，并将其用来改善和发展他们的企业。这使得销售、客户服务、广告和市场部门之间的合作越来越高效，这些部门也越来越多地共享他们的数据、人工智能平台和分析团队。来自广告、营销、客户交易和客户服务的数据也将被整合到供应链功能中，用来改进需求预测、产品实现及回报优化。日后，这些功能可能会进一步整合，使整体的功能更强。以下是人工智能模型在电子商务和零售企业中成功应用的一些示例。

🆎 数字广告

数字广告和营销或许是人工智能大规模应用的最成功的领域。2019 年，企业在数字广告和营销上的投入将首次超过在电视、广播和报纸等传统媒体上的投入 [1]。像谷歌、脸书、阿里巴巴和亚马逊一样的巨头广告商给人工智能领域带来了许多创新。人工智能算法帮助企业利用各种形式的数字广告盈利，比如赞助搜索广告、内容关联广告、展示广告和实时竞价拍卖。人工智能可以将客户细分，从而准确而快速地预测广告点击率，这是广告价值的基础。虽然数字广告是关注的焦点，但传统广告也因为人工智能而受益——例如，一些企业正在利用数字广告中基于人工智能的客户细分模型，来为电视广告等传统广告提供信息。

在线广告主要有两种方式：在搜索期间展示广告，以及在网站和移动应用程序上展示广告。当有人使用搜索引擎时，搜索引擎会根据特定的关键字选择一组与该搜索相匹配的广告。然后，拍卖机制选择向该客户展示哪些广告，并确定广告商向搜索引擎支付的价格。人工智能能够预测所显示的广告是否会被点击，这使其成为竞价拍卖的关键，人工智能模型比以前使用的任何方法都具有更好的预测能力。在网站上选择广告的方式与此类似，但内容不是和搜索查询相关，而是针对浏览网站的用户，基于他们的统计数据和其他信息来进行匹配。

实时数字广告的产业链涉及多方参与者：发行商，例如想在其网站上出售广告空间的在线汽车杂志；广告商，例如想要展示汽车贷款广告的银行；以及一系列帮助进行匹配的服务提供商。发行商委托供应方平台（SSP）为广告交易所提供广告空间。广告交易所就像市场一样，在其中进行广告的供求匹配。广告商利用需求方平台（DSP）对可用的广告空间进行竞争和出价，利用人工智能来实现高点击率和转化率。数据管理平台（DMP）提供个人用户档案和销售数据，以支持广告拍卖过程中的决策。

在实时数字广告中，浏览者点击一个网站后几毫秒内，广告位就会被出售。例如，浏览者点击汽车杂志网站，在网页从服务器加载使用时，网站就会向 SSP 请求需要显示广告的空间。SSP 使用广告规范，例如广告位的大小和位置、最低价格、允许显示的广告类型以及任何相关的用户信息来进行广告交易拍卖。

广告交易所判定这个广告位适合哪些需求方平台，并向其发送一个拍卖出价请求，然后由需求方平台决定哪些广告商参与竞拍。它们通常会考虑当前浏览者的所有可用信息，如果有用户的 cookie、设备或其他标识符，那么需求方平台将从数据管理平台中查找关于用户的其他信息，例如用户的兴趣或统计信息，然后把这些信息用于竞标决策。

当广告交易所收到所有的出价后，会选择一个出价最高的作为胜出者。胜出者的需求方平台将承载广告媒体（如图像或视频）的广告服务器位置发送到广告交易所。这些信息随后被发送回网页，此时网页仍在加载中，因为所有这些活动只花了几毫秒。广告服务器为媒体提供服务，并跟踪与广告材料相关的所有后续用户活动。需求方平台还会将这些用户跟踪信息用于之后它们出价的广告中。

使用人工智能模型使广告商能够根据预测用户的反馈来决定是否对一个广告空间出价。这就是为什么大多数在线广告商会使用点击预测系统。预测通常基于客户细分，并使用基于机器学习的聚类算法完成。人工智能在数字广告领域非常有效，因为客户行为非常多样化，但同时也非常稳定，而自适应人工智能算法是唯一可以基于从历史数据学习的模型来预测行为的算法。

🅰 市场营销与用户获取

近年来，零售电子商务业务快速发展，其规模在2018年超过了5000亿美元[2]。这种增长很大程度上要归功于人工智能和大数据。在市场营销中，使用人工智能获取新客户的用例包括人工智能驱动的市场营销活动（用来锁定潜在客户）、增益模型和归因模型（用来优化市场营销支出）。

过去，你只能凭运气确定哪些浏览电子商务网站的潜在客户会转变为真实客户并为网站带来收入。如果潜在客户没有购买就离开了网站，那么就很难使其重新进入购买渠道。通常情况下，零售商的产品广告会通过重定位技术显示给所有与该零售商网站有过互动的用户。而如今，人工智能的"潜在客户感知"技术和人工智能驱动的营销策略使得目标定位和重定位技术更加精确——不仅在零售领域如此，在各个行业领域的电子商务中也是如此。

成功感知潜在客户的关键是收集潜在客户及现有客户的数据，并根据这些数据采取适当行动。如果我们不知道某个用户的身份，但知道他可能是潜在的顾客，那我们就把他称为潜在客户；这里的顾客指的是已经在系统中记录过或曾经从零售商处购买过商品的人。对于潜在客户来说，浏览网站或观看数字广告等大多数在线互动，都是通过移动应用程序上的设备标识符（ID）或其他跟踪资源（如浏览器上的登录标识符、cookie、脚本、像素或图像）来跟踪的。在《纽约时报》的一篇评论文章中，法哈德·曼朱（Farhad Manjoo）讨论了他对网站上数字跟踪情况的研究，他发现"你在网上做的每件事都被详细地记录了下来"，并且表示他"被这种跟踪的规模和细节程度所震惊[3]"。这些跟踪数据由数据科学家纳迪赫·布雷默（Nadieh Bremer）完美诠释。

如果用户已经存在于系统中，那么大多数电子商务公司将在客户数据库中保存跟踪 ID、电子邮件和其他信息。即使客户在浏览时没有登录，他们当前的跟踪 ID 也可以与客户关系管理（CRM）系统中的 ID 匹配，从而知道他们是谁，并且可以根据这些信息对网站或应用程序进行个性化设置。如果该用户是匿名浏览该公司电子商务应用程序或网站的潜在客户，则只能使用与其跟踪 ID 相关联的先前浏览信息来设置。这个跟踪 ID 对于收集数据来学习并预测潜在客户（或现有客户）的行为至关重要。跟踪 ID 还可以用于向潜在客户的设备或浏览器提供数字广告，而不需要任何个人识别信息（PII）。

潜在用户使用应用程序或访问网站时，某些类型的数据将被收集，其中包括用户来自哪里（例如，用户是来自广告还是使用搜索引擎），以及他在网站上做了什么。对于在智能手机上投放的广告，只要用户允许应用程序或浏览器启用跟踪，那么用户的位置信息就会被收集。这些潜在客户中的一部分最终成了消费者，从而为这种角色转换的过程留下了数字痕迹。

转换过程本身，即用户是否进行了消费，可以被看作监督学习的一个标签。企业使用相关数据来制定与每个客户互动的综合时间轴，这被称为客户体验历程。绘制客户体验历程图极大地提高了预测能力，并提供了新的有效方法来应对潜在客户和现有客户——例如，不仅要确定沟通目标，还要确定何时以及通过何种渠道与客户进行沟通。通过体验历程这一思维获取用户的最重要技术是隐藏在动态内容和获得下一次最佳体验背后的人工智能模型。

　　许多公司在人工智能驱动的营销活动中利用这些数据来更准确地预测用户行为，并且使用人工智能模型来创建个性化的信息和报价，从而提高收入和总投资收益率（ROI）。因此，人工智能的强大能力和可用数据的广泛性，使得市场营销正在从面向大众的、全体通用的模式转型为一对一的理想模式。例如，电子商务公司利用上述数据，使用人工智能学习，根据一个新的潜在客户的行为，预测该潜在客户是否可能购买商品。如果潜在客户不太可能购买商品，那么可以避免重定位，以节省营销支出。如果认为潜在客户有可能购买商品，但没有完成交易，则可以用广告更精确地对其进行重定位。通过这种方式，人工智能可以推动潜在客户回到购买过程中。对于尚未成为客户的潜在客户，其追踪主要是通过第三方和个人的广告印象数据实现的，例如前面提到的历史广告的印象。假设一位女士想买大屏幕电视。首先，她访问谷歌，并输入"最佳大屏幕电视"进行搜索查询。谷歌列出了提供电视信息的网站，如 TechRadar 或 CNET。卖电视的零售商在这些网站上发布广告。通过放置广告，可以使用 cookie ID 对潜在用户进行跟踪，如果在移动应用程序上，还可以通过设备 ID 进行跟踪。即使潜在客户没有点击广告进入广告网站，中标投放广告的零售商也会对她有所了解，因为她已经加载并观看过广告了。零售商现在可以在 CNET 或 TechRadar 上投放更多个性化的广告，以便她下次上网时能看到这些。如果她访问了该零售商的电子商务网站，则该零售商可以针对该客户个性化设置自己的网站，以突出显示电视内容，特别是大屏幕电视。

　　在缺乏个人数据或存在其他问题的情况下，许多公司会合并第三方数据，如基于客户的统计数据或天气数据，以及基于邮政编码的平均收入水平等数据。假设一个汽车经销商正在寻找最有可能购买汽车的潜在客户，经销商手里有一些关于老客户的第一手数据，但是没有关于潜在客户的收入或消费习惯的信息。为了能够向城市不同地区的潜在客户发送有针对性的传单，提供最合适的产品，经销商需要获得公开的人口普查数据。他们甚至可能需要其所获得的人口普查数据所在社区的汽车种类数据。这类数据使经销商能够使用人工智能模型来确定附近哪些社区对价格特别敏感，以及居民喜欢驾驶的车型和品牌。然后，经销商可以针对该地区的潜在客户，就特定的车型和品牌进行个性化交易。

阳狮艾司隆（Publicis Epsilon）、安客诚（Acxiom）、链睿（Liveramp）和益博睿（Experian）等公司可以提供如下服务：获取企业的用户数据，并与其他网站的用户数据连接起来，然后将完整的数据集返回给公司，用于提取出其中所有的个人可识别信息。这个经过整合的数据集使零售商能够更多地了解顾客浏览和关注的内容。当然，这个用户的身份可能是不确定的，有些时候只是一个化名而已。但如果在之后出现了该用户的跟踪 ID，则零售商将根据其个人资料发布专门的广告。

在营销中，人工智能也用于提升模型，以优化营销支出。提升模型通过预测特定活动的转化率来决定应该向哪些客户提供服务、不应该向哪些客户提供服务。假设某零售商正在计划一项通过提供产品折扣来提升转化率的营销活动。每位顾客都会获得一个提升分数，表示如果给他一定的折扣，则其购买商品的可能性就会增加。如果顾客已经有了很高的购买可能性，则这时候给予折扣反而会降低零售商的收入，因为不论是否打折，该顾客都有可能购买。相反，如果顾客有很高的提升分数，但目前不太可能购买，则此时的折扣将会增加收入。如果提升分数很低，那么针对他的报价和广告很可能会浪费营销资金。如果客户的提升分数为负，折扣活动可能会让他更不感兴趣，那么再继续针对该特定客户营销会变得不划算，一方面是因为这会让客户变得更反感，另一方面是因为这么做会浪费营销资金。在一些情况中，提升模型也用于定价优化。例如，许多公司给其产品打折。用于这些奖励机制的预算通常是营销预算的 10 倍多，因此对这一部分预算进行优化就显得尤其重要。

管理营销预算的另一个方面是给不同的活动和渠道合理分配资源。要做到这一点，营销人员必须知道过去不同的渠道和活动产生了多少收入，并将产生的收入归因于各自对应属性的数字营销支出。对于许多数字营销团队来说，确定这种营销属性是很困难的。其问题在于，由于跨渠道活动的不同平台相互独立，导致数据位于许多不相关的系统中，因此使得团队很难顺利跟踪投资回报率。在缺乏足够数据的情况下，很难确定属性模型，以及设置客户体验历程中分配给渠道或接触点的权重。在属性模型中，低估一种资源或者高估另一种资源都会导致错误的支出决策和糟糕的营销结果。许多企业使用人工智能分析全渠道的客户体验历程数据，以创建更准确的模型，进而将资源分配到更合理的特定渠道中。

🔲 交叉销售、向上销售和忠诚度

对于已经进行交易的潜在客户，考虑到隐私和法规，可以结合第三方数据获得更多可用的数据。一旦该客户完成交易，则其作为潜在客户所获得的信息就会被复制到现有客户的个人资料中。然后，这些数据被收集到一个称为客户数据平台的数据湖中，人工智能模型就是从这个数据湖中开发出来的。

在过去，对客户的分析不够细致，无法做出高精度的预测。在最好的情况下，也只能做出较粗糙的客户分组。传统情况下，客户分组侧重于将客户群划分为与目标营销相关的具有特定共性的群体，如年龄、性别和位置。现在，随着浏览历史、广告印象和社交媒体等可用数据的激增，企业正在使用人工智能算法来创建更具体的客户分组。然后将这种划分作为其他模型的输入，以提高客户个性化的准确性。

客户终身价值模型是另一种对客户进行分组的方法，这种方法基于客户在关系发展过程中为企业带来的收入或利润。这些模型利用机器学习，并基于历史消费来预测用户未来可能的消费，以便对客户推荐商品和提供折扣。这种方法可以使企业吸引最有价值的客户：即未来会通过交叉销售和向上销售购买更多产品的忠诚客户。

电子商务和零售企业使用人工智能模型来预测客户行为，例如预测购买倾向：根据在特定时期内最能预示购买行为的因素给人们打分。这些预测客户行为的人工智能模型是针对特定行业定制的，然后根据该行业行为、客户购买力、钱包额度和收入进行客户分组。生成的结果用于对客户的个性化、交叉销售和向上销售以及促使客户行动，从而提高销售交易率。购买倾向及其基础数据等模型也可用来扩展和改善其他领域的业务。这不仅可以优化对最有可能购买产品的客户的广告支出，从而提高总投资收益率（ROI），而且可以帮助改善供应链规划中的需求预测。

提高客户参与度的一种方法是使用网站个性化，为每位客户提供独特版本的网站或应用程序。网站的许多元素都是定制的，比如横幅图片或视频、显示的内容或颜色，以及产品或服务推荐；这种称为推荐引擎的算法给每个用户显示个性化内容或个性化产品。大多数推荐引擎使用一种被称为协同过滤的算法技术。这些分析数据的分类主要关注潜在客户和对应产品之间的相似性。如果某几位客户购买了许多相同的产品，或者拥有多个相同的特征，比如统计数据、兴趣和购物历史，那么就认为这几位客户是相似的。类似的，如果客户倾向于一起购买某些商品，比如拖把和地板清洁剂，那么这些产品就会被归类为同类产品。

人工智能模型会寻找扩展的用户个人资料（包括交易、浏览行为和第三方数据）中的哪些方面与其所花时间浏览的内容相匹配。如果没有客户的历史数据（例如网站对新用户设计策略）时，则可以采用分割测试。分割测试，换句话说就是多元测试，是一种比较备选网站（或备选人工智能模型）的方法，其通过随机地向不同的访问者展示不同变量来选择最合适的呈现方式。

尽管使用深度学习的协同过滤算法提高了预测的准确性，但更智能的人工智能算法也出现了，比如 Wide & Deep 模型，其在准确性方面有着更光明的前景。该神经网络模型结合了对用户和产品交互的理解（广泛网络）以及对产品特性的丰富理解（深度网络）。使用基于人工智能的推荐引擎，企业可以预测客户最愿意购买哪些产品，并通过在线渠道或直接发消息推送这些产品。有了正确的算法，就不难确定这位顾客可能对哪些产品感兴趣，举个例子，该算法可以是服装零售商通过观察某位顾客与之前购买过类似商品的客户之间的相似性，从而确定预测结果的一种方法。

增加交叉销售和向上销售机会有许多潜在的好处。利用各种各样的人工智能技术，利用客户意向预测和推荐引擎，零售商可以在销售过程中确定一个可能的最佳步骤，以增加更多的产品销售额。

许多公司正在使用推荐引擎，通过重复实验和探索来创造一个持续改进的良性循环。高质量的数据可以捕捉到用户是否关注公司的产品和推荐；公司利用这些信息来持续增强这种良性循环。由此产生的决策可能包括：公司是否希望对产品进行不同的定价或捆绑销售，或者改进、取消产品的某些功能。这些决策的结果以数据的形式进入循环周期并产生新的改进，以此类推。

人工智能算法也可以帮助企业预测和减少客户流失。算法能及早发现不满意的客户，从而使公司有机会提供奖励措施，鼓励他们留下来。奖励措施可能包括产品升级、增加免费功能或未来数月的服务打折。本书将在第十三章中把客户流失作为一个详细的例子来讲述，其中包括查看客户的历史记录，以及构建机器学习模型来预测新客户的行为。与客户流失密切相关的一个用例是补充模型。这种模型可以预测客户购买的哪些产品可能会用完以及何时用完。在预测这些产品用完之前，用户会收到提醒，以便让他们及时地补充该产品，这样他们就不会购买替代产品或其他零售商的产品了。

🅰 企业与企业之间的客户智能

企业对消费者（B2C）型公司并不是唯一采用人工智能来提高绩效的公司。在企业对企业（B2B）型公司中，从销售产品的公司到金融服务和能源公司，也加入了这一行动。在过去，B2B 销售人员主要依靠直觉，使用有限的数据（通常在电子表格上）手动跟踪客户信息，这是一个耗时的过程。但现在，许多 B2B 公司已经使用 Sales Force 和微软的云解决方案实现了销售数字化。

就像实体零售中的访问一样，每次潜在客户访问卖方的数字财产时，卖方就会获得有关买家的信息。这些信息包括其来自哪里，以及其公司的详细信息，比如公司的名字和规模。确定该访问者所在的公司是通过反向查找访问者的 IP 地址来实现的。卖家还可以通过收集访问者在该网站的不同页面上花费的时间以及访问者在该网站上点击了什么等信息，来跟踪访问者在该网站上做了什么，从而更深入地了解访问者的兴趣和意图。例如，如果他把大部分时间花在比较产品或服务上，那么他很可能研究得很深入，也更有可能购买。甚至他在页面上滚动的距离也能反映出其研究的深度和购买的可能性。

访问该卖方网站的、属于特定公司的每个客户的所有信息都会被收集。如果该公司是现有的 B2B 客户，则信息中将加入该公司的附加信息，如过去的购买情况、使用的服务和产品，客户如何在该应用程序（如果有的话）互动，以及他们之前访问的结果。B2B 公司将这种客户智能按公司进行聚合，使卖方能够从整体上了解给定业务中所有客户的行为。最终的结果给出了对业务环境和客户意图的独特见解，可依此对站点进行个性化设置，从而给客户提供更相关的使用体验。

B2B 公司也会使用其他方法来收集客户公司的数据，比如从新闻网站、招聘启事以及购买的数据中搜集数据，以便对客户公司有更多的了解。从这些数据中获得的了解可能包括招聘热潮信息、投资情况、董事会变动或新的战略方向。将这些数据有效结合在一起，就形成了一个关于公司动向的总览图。基于这些信息，卖方使用人工智能模型来对该公司客户购买其产品和服务的可能性进行评分，如果分数较高，则还要对何时购买进行预测。这种人工智能模型给出的见解让客户关系经理能够专注于最有可能的客户群体和买家。

人工智能算法不仅可以为公司的客户打分，给出最优决策，还可以在买家与销售和市场部门沟通时继续改进此评分，甚至可以用来匹配某特定用户和特定销售，以获得最好的结果。利用人工智能模型，客户经理可以更好地理解客户行为，从而快速确定产品及提供最佳服务，或推送最合适的信息，以提高客户的购买率。这种方法在专业的服务公司、工业产品销售公司、能源公司和其他公司中得到广泛使用。

🆎 动态定价与供应链优化

人工智能系统可以利用买方地区的罢工运动或劳动力短缺等第三方数据进行需求预测。公司利用人工智能来学习前后相关数据，并建立人工智能模型来改善预测效果。像一年中的哪一周或星期几这种数据，还有客户浏览行为和当前的营销活动等信息都可能影响需求，甚至可能影响价格。

比如天气这种变量就对人们的购买方式或购买内容有显著的影响。恶劣的天气对电子商务来说是件好事。相比于冒险去商店，人们更愿意选择待在家里浏览网页，在网上购物。若能提前计算这些信息，并将其与其他数据点结合起来，就能告诉零售商当天的销量是增加还是减少。天气状况也会影响供应链，从而影响仓储，出现库存不足等问题。利用人工智能可以改进需求预测，从而优化零售供应链，其带来的优化效果十分明显。利用这一点，企业能够准确预测在什么季节、在一天或一年的什么时候需要多少产品，进而提高零售商对产品库存的优化，节省存储成本以及减少损耗。

使用人工智能模型进行动态定价可以吸引更多对价格敏感的客户，而不会损失对价格不那么敏感的客户。有了这些数据点，企业就可以在有需求时制定不同的价格。这种认识的一个直接结果就是限时销售的出现，尽管其是在一个高度聚合的层面上来说的。人工智能算法可以在几乎实时的情况下设定最优价格，从而提高企业的收入和利润，而不需要进行限时销售活动。这对于电子商务企业来说更容易，因为交易的所有部分都已经数字化了。这种服务在实体零售公司中也逐渐兴起。这些公司的货架上以迷你屏幕形式动态显示定价标签，用来进行类似的操作。这些价格标签的定价不是针对个人的，而是更多地基于时间和地点，甚至天气等数据信息。

人工智能模型还有助于协助退货环节，这是令许多企业十分头疼的一个问题。据 Statista 估计，2020 年，仅在美国退货的年花费就达到 5500 亿美元 [4]。与实体店购物相比，网上购物的退货率更高，但根据各种调查，免费送货和免费退货是买家更愿意在网上购物的重要原因。为了解决这一矛盾，许多零售商正在使用机器学习模型来研究退货的根本原因，比如商品和预期不匹配、配送服务未按预期完成或者是因为"更衣室效应"。"更衣室效应"指的是这样一种情况：顾客买东西就像是在实体店的试衣间里试穿，如果不知道衣服穿起来怎么样，就不打算购买。在电子商务中，这意味着顾客会同时购买很多东西，试用后也会退回大部分或全部商品。

公司也会根据用户先前的行为（比如不断订购错误的尺寸）建立人工智能模型来评估他们的购物车，以确定他们退货的风险有多大。如果可能性较大，则会采取惩罚措施（如提高运费）或激励措施（如提供优惠券来约定该商品不可退货）来应对。

线上零售与传统实体零售的结合，即所谓的全渠道零售，促进了另一种发展：利用传统商店的位置作为代收点和退换点。零售商经常使用人工智能来实现最佳优化，以确定处理订单的最经济的方式：从工厂、物流中心还是当地商店发货。通过将最佳的运输模型与全球库存模型相结合，人工智能使这些零售商不再使用"从最近的仓库发货"等静态规则，而是使用动态优化能力来获取更多的利润。

一些大型零售商正在他们的仓库里尝试或者使用机器人和无人机。他们经常与机器人公司和初创公司合作进行这项工作。尽管大多数机器人技术都使用人工智能和机器学习来操作机器人，但这本身就是一个宽泛的话题，已经超出了本书的范围。

AI 数字助理和客户参与度

客户服务的互动性随着时间的推移而不断发展。最初，所有的互动都是客户通过电话与客户服务代表（CSR）进行的。随后，各企业部署了交互式语音应答（IVR）系统：这些有时很烦人的交互式语音提示首先会引导你响应各种问题，然后才会对你的请求采取行动，或将你转到可以帮助你的人工那里（比如"人工服务请按零"）。这种系统通过双音多频（DTMF）信令工作，这种技术可以通过手机的按键进行响应，减轻了客户服务代表的一些负担。后来，这种技术中加入了消息传递，这是一种通过与客户服务代表聊天来替代打电话的方式。相比于单纯的电话语音，这使得公司能够更高效地进行对话并处理问题。这种沟通渠道是非同步的，可以为公司节省时间，因为即便同时服务好几个客户，在整个谈话的节奏中，客户也感觉不到自己在等待。

如今，客户与人工智能驱动的数字助理之间的消息或聊天越来越多，这种数字助理有时也被称为虚拟助理或聊天机器人。人工智能可以使这些数字助手实现自然语言处理（NLP）、语音到文本以及文本到语音的转换功能。这使得数字助理能够理解客户的问题并找到合适的回答。Juniper 研究公司发现，到 2022 年，仅人工智能聊天机器人一项就可以为企业每年节省 80 亿美元，其中受益最多的是医疗业和银行业[5]。

自然语言处理是系统从语言中梳理出意义的能力。这种理解书面的（或口头和转录的）自然语言的能力使人工智能模型能够在大型文本文档中精确定位特定信息，并对这些信息进行过滤和分组，从而使公司能够自动响应客户的请求。现有的自然语言处理在不需要推理的情况下能够"理解"客户的"问题"并回答问题，其中不需要推理指的是答案存在于一些非结构化文本数据中，只需要找到并验证这些数据可以作为答案即可。如今，大多数面向客户的人工智能数字助理集成了代理升级功能，比如按"0"进入人工服务。这是因为人工智能驱动的自然语言处理技术还没有成熟到可以自主管理所有客户交互的程度。

利用自然语言处理，人工智能正被用于检查呼叫中心的历史呼叫记录。这样不仅能更好地了解用户来电的频率和时间，而且能更好地了解来电者的情绪以及来电请求的类型和主题：例如找到季节和某个特定电话内容的呼叫次数的相关性或不同请求的呼叫时间的相关性。这种深入的知识使人工智能算法能够更精确地预测每个小时内或者有关某个话题的预计呼叫次数。凭借这一点，公司可以对呼叫匹配和调度进行改进，尽量避免联络中心出现人手不足或人手过剩的情况，前者会对客户服务产生负面影响，而后者会带来不必要的成本。

自然语言处理可以使呼叫中心能够以更有效甚至更富有感情的方式进行沟通，以便节省人力来处理更敏感的情况。处理请求不一定必须由人工完成；如果客户在与数字助理通话的过程中不会感到疏远，那么数字助理的投入使用就是合理的。但是，如果有人打电话来购买或者升级与丧事有关的业务，那么配备了人工智能的呼叫中心应更倾向于派遣熟练的业务代理来处理这种情况。这种方法将大量简单的交互工作从人工代理转移到数字助理，使人工代理有更多的时间来满足复杂的客户需求。一些公司正在使用这种人工智能呼叫中心，利用交互和文字记录来不断充实组织知识图谱，从而加强未来自然语言处理可以支持的对话情景（更多关于这种模式的内容，请参见第十二章）。

在人工智能系统的帮助下，零售商目前正在进行优化，判断哪些渠道最适合哪种类型的信息（如电话、文本、电子邮件、网络或应用程序）。人工智能系统使零售商能够衡量每位顾客对不同渠道和信息的反应，包括信息的长度和措辞。即使是零售商与顾客接触方式的一个细小变化，也意味着顾客更有可能看到信息并对其做出反应。这样的变化还可以增加零售商营销活动的成功率。

数字助理在零售领域和许多其他行业都有各种各样的用途，这些用途可能相对简单，但对这些企业和它们所服务的客户来说，都具有很大的价值[6]。这些数字助理可以全天提供服务，用来处理多种类型的客户请求。更高级的数字助理可以指导客户完成给定的流程，如填写复杂的设备或汽车的购买申请。例如，在金融服务领域，数字助理可以用来指导客户完成申请抵押贷款的必要步骤，在网站上填写冗长的申请，并将本该冗长的申请流程转化为一个个小的对话互动[7]。

这些互动有助于增加客户转化率，因为那些不确定或未回答问题的客户更有可能退出购买过程。有数字助理辅助的购买过程更容易发现和回答客户的许多问题。已经熟悉此类情况的客户，比如熟悉 Facebook Messenger 的客户，认为这种方法既方便又省时。由于机器学习和自然语言处理技术的进步，这些基于语音或聊天的体验逐渐成为可能，它们的可用性意味着企业正在通过自动化解决方案逐步代替昂贵的人力互动方式。

零售商也在抓住智能家居设备日益普及的机会，如微软的 Cortana、苹果的 Siri、亚马逊的 Echo 或谷歌家庭。他们正在将这些智能设备集成到自己的人工智能系统中，以支持复杂的自动客户对话，并在基础设备功能上增加公司特有的"技能"。智能家居设备的工作原理类似于在智能手机上打开一个应用程序，但不是点击图标来打开应用程序，而是说："Alexa，打开我的某某应用程序。"一旦 Alexa 中的应用程序被激活（这是 Alexa 的技能之一），客户就可以利用此程序与零售商进行交互，实现鉴权、提问和交易。尽管零售商必须考虑哪些产品能在只有语音交互的环境下运行良好，但许多零售商还是把重点放在了回购上。

目前，人们正在对越来越复杂的场景进行研究，比如让人工智能能够直接从客户的语音或语言中检测出他何时不高兴并可能取消业务（尽管企业尚未大规模配置这种能力）。这一相对较新的领域被称为情感计算，涉及使用人工智能进行语音分析和面部表情识别，通过分配积极、消极或中性的文本来理解和衡量各种刺激下的情绪反应[8]。作为一种使用自然语言处理来推算出人们观点和意见的文本挖掘技术，情感计算可以增强情感分析，使得人工智能系统能够分析客户的互动情况，例如，检测客户表达不愉快的情况[9]。

许多公司现在也在使用人工智能技术，如机器学习和自然语言处理，来支持员工以合适的方式回答文本和语音形式的客户服务问题。这通常是通过将数字助理部署到客户服务代表端而不是直接部署到客户端来实现的。当客户打电话进来时，人工代理会为这个对话附加上跟进的数字助理。这样，数字助理就帮助该代理为客户提供支持，但客户并不直接与数字助理交互。数字助理为人工代理提供针对该客户的最优的下一个行动建议，然后人工代理以最合适的方式将该信息传递给客户。一些公司还在这些数字助理中开发了产品和服务推荐算法，以帮助交叉销售和向上销售。这些算法分析用户的交易和导引模式，用来生成推荐商品，并使代理能够向客户提供最好的产品及交易。如果客户都使用个性化的移动应用程序，那么他们很可能会收到相同的推荐。

这些非面向客户的人工智能技术能够改善客户服务，并会被广泛使用，因为在公司内部使用它们意味着可以对其进行测试和改进，而不会有疏远客户的风险。这种方式通过人工代理保持与客户之间的互动，并且可以防止在没有人工判断的情况下，将一些不合适的建议直接传递给客户。

支持中心经常收到来自客户的邮件，标题栏只写着"帮助"。自然语言处理是目前将这些电子邮件转化为可操作对象的最佳的自动化方式，它可以深入地挖掘文本内容，了解公司中谁在负责特定的客户及处理相关问题，并自动将问题单发送给对应的人。目前另一个自然语言处理应用是理解客户的反馈或评论，以收集建议，使公司能够改进流程。

一些零售商正在试验的一种有趣的人工智能应用是"下一代零售体验"。其中涵盖了在零售亭和其他试验性展示厅中，与集成触摸屏和增强现实（AR）或虚拟现实（VR）技术整合在一起的语音和手势输入。

从精确的定向营销到个体的个性化推荐，上述这些人工智能解决方案已经广泛应用在零售和其他行业的全渠道电子商务中。预计未来会有更多的人工智能应用出现。

边注栏：自然会话

人工智能的终极目标之一是创造一种算法，让客户能够通过电话与计算机进行自然会话，而不是依赖于目前这种生硬的交互式语音应答或昂贵的人工代理。自然会话意味着在不降低客户满意度的情况下更高效地利用时间并获取更高的利润。为了实现这一理想目标，2018 年 5 月 8 日，谷歌宣布了 Google Duplex 技术，这种技术可以让人们通过电话与计算机进行自然会话[10]。目前，这项技术的应用非常受限，只能用于特定的任务，比如预约理发师。即使是在这种封闭领域中，也需要对技术进行深入的训练。但无论如何，这都是向着与计算机进行自然交互迈进的一步。

(AI) 注释

1. 来自 *The Washington Post*（《华盛顿邮报》）。

2. 来自 Digital Commerce 360（数字商务 360）。

3. 来自 *New York Times*。

4. 来自 Statista。

5. 来自 Juniper Research（木星研究）。

6. 来自 Emerj。

7. 来自 *American Banker*（《美国银行家》）。

8. 来自 PAT Research（帕特研究）。

9. 来自 *Digitalist Mag*（《数字杂志》）。

10. 来自 Google AI Blog（谷歌人工智能博客）。

第四章

金融服务中的人工智能

我们正在目睹金融服务业的创造性毁灭和围绕消费者的重组。谁能最快速、最专业地用数字化和数据来做好这次转型，谁就赢了！

——阿尔文德·桑卡兰（Arvind Sankaran）

Jungle Ventures 合伙人

尽管银行、资产管理公司和其他金融服务公司都认可人工智能技术是必不可少的，但他们在为什么、如何以及何时采用这种新技术上存在很大分歧。根据《麦肯锡季刊》[1]的一篇文章，十多家欧洲银行现在正在使用机器学习技术取代旧的统计建模方法，其中一些银行的新产品销售额增长了 10%，资本支出节省了 20%，客户流失减少了 20%。2018 年，世界经济论坛报道称，"越来越多的金融机构将人工智能应用于客户咨询和互动，为金融业科技革命奠定了基础[2]"。在英国《金融时报》中引用了麦肯锡的一项调查，该调查表示欧洲的一家银行已有 500 ~ 800 人从事人工智能相关的工作[3]。尽管这些数据看起来令人吃惊，但或许很多例子只是概念的较小证明，并不代表机器学习已在企业范围内大规模使用。

金融机构拥有大量的结构化数据，这些数据通常适合人工智能的应用。许多银行正在使用人工智能来评估和管理风险，例如用于诈骗检测或批准贷款时的信贷风险管控；用于客户服务，如数字助理和定制的预测性金融建议；用于通过算法交易产生更高的投资主动回报（alpha）；以及提高银行内部的运营效率。

随着人工智能的有效性在银行业以及越来越多的其他行业中不断得到证明，投资公司已经开始使用它来做交易决策，并且愿意在它上面花费巨额资金——包括客户的和自己的资金。一部分人工智能的用例更适合那些寻求长期增长的公司，比如私人股本公司；有的用例可能更适用于寻求中期回报的公司，例如资产和财富管理公司；还有一些用例可能是最适合定量对冲基金的，这些基金每天都在寻找进入和离开的最佳时刻（在同一天甚至几毫秒内进行买卖交易）。

投资银行业人工智能的两个重要应用案例是在投资研究和算法交易领域，而第三个主要应用则是在资产管理公司的销售和分销组织内，这样他们就可以更好地理解客户行为和服务目标，以满足客户的需求，如依照客户创造有效的个性化见解和经验，为客户经理或顾问提供相关信息来帮助投资者。

这些用例只是人工智能在银行或资产管理公司应用的冰山一角，在未来，金融服务机构将进一步扩大人工智能使用范围。以下是人工智能模型取得成功的一些具体领域。

反洗钱

人工智能正在帮助银行业解决一个非常普遍的问题：洗钱。根据联合国毒品和犯罪办公室（UNODC）的数据，"估计全球一年的洗钱金额占全球 GDP 的 2% ~ 5%，即 8000 亿美至 2 万亿美元[4]"。此外，洗钱还伴有各种恶行，包括逃税、贩毒、贩运人口、资助恐怖主义活动等犯罪活动。

洗钱是企图通过金融系统将非法获得的资金隐藏起来，主要是为了隐藏或掩盖三件事：资金从何而来，谁拥有或控制这些资金，以及这些资金最终将被谁持有或使用在何处。洗钱者将看似合法但来源于犯罪活动的资金存入银行、中间人账户或其他金融机构。接下来，他们执行一系列交易来隐藏最初的交易。

例如，洗钱者可能会从第一家机构提取出资金，并多次将其存入一个或多个企业。在这之后，他们可能会提取这些资金，并用于消费或投资。

所有银行都有反洗钱小组，以打击金融犯罪。他们监测可能有洗钱迹象的客户活动。这些小组负责向监管机构（包括政府或国际机构）提供可疑活动报告。在美国，美国财政部下属的金融犯罪执法网络（FinCEN）负责银行业的监管工作。在出现有问题的交易登记时，给出可疑活动报告是非常有必要的。

通过剥丝抽茧的方式可以很容易地识别出那些具有潜在欺诈的可疑交易：也就是将正常的、预料之中的交易与犯罪交易区分开。为了做到这一点，反洗钱团队使用了所谓的异常检测流程。首先，他们将不同来源的不同数据集交叉连接起来，这些数据集可能位于不同的系统中。这些数据可能包括以前可疑活动的报告或现有反洗钱数据的信息。之后，他们在交易中寻找异常情况。

如今，银行已经能够标记出各种简单的差异，例如，存款金额是正常水平两倍以上的客户交易，这可能与洗钱有关。当发现一个与已知模型匹配的案例时，无论该案例是采用与以前的洗钱相似的模式，还是新类型但持续重复的不寻常交易，系统都会生成一个警报，并将该案例提交给银行的反洗钱团队进行人工审查。在经过多轮评估后，如果调查人员认定该行为属于洗钱行为，则该银行会向监管机构提交可疑活动报告。

困难在于，尽管银行几十年来一直在使用计算机监控交易，但这些计算机使用的都是基于规则的系统。这种基于规则的系统在设定时是很死板的，因此不一定能够理解洗钱的各种方式之间的复杂交互。这可能就是为什么这些基于规则的系统产生的假阳性率高达 90% 以上的原因。由于需要花费大量的人力时间来调查所有被标记的交易，因此成功跟踪所有诈骗行为的成本是非常高昂的。

与之相比，人工智能使用可用数据来创建一个人工智能模型集合，之后人工智能引擎选择最优模型来预测数据中的哪些案例与过去可疑活动报告归档的案例相似，从而可以在将信息传递给人工之前定义更准确的模式。这大大减少了假阳性的发生率，同时获得了更多的真实案例。一般来说，这类人工智能系统的工作原理是：最开始对数据使用无监督学习，使银行能够根据模式以及潜在的异常现象或异常值来进行分组。随后，如果存在已知的洗钱案件，则这些数据点将在每个分组中被突出显示，从而对诈骗案件所在的数据组进行审查。当通过这个过程或通过其他调查发现更多的例子时，就可以收集足够的数据，利用监督学习来预测新的交易是否有可能是诈骗交易。

许多银行已经在使用人工智能标记不寻常的活动，以使银行能够进一步确定何时需要人工介入调查某笔交易。使用人工智能为反洗钱团队提供了一种评估案例是否符合反洗钱规则的有效方法，同时也降低了人工审查案例的假阳性率。因此，人工智能的使用在很大程度上提升了团队的工作效率。人工智能系统的另一个优势是能够随着洗钱者的行为随时间变化而自动升级优化，这意味着反洗钱团队不必修改并重新实施规则。尽管如此，我们必须意识到，新类型的欺诈或异常现象仍在不断出现，因此仍需要持续使用无监督学习来进行分析。

(AI) 贷款及信用风险

随着商业和零售客户的期望不断提高，以及对在降低风险的同时增加收入潜力的期望不断提高，银行开始在贷款审批决策中利用人工智能。在过去，信用审批使用基于规则的逻辑，用静态因素，例如业务部门营业额（用于业务贷款）、个人或企业信用评级、婚姻状况及其他因素来进行审批。很长一段时间以来，这种方法一直是批准信用卡、个人和商业贷款、抵押贷款及其他信贷周期产品管理的基础。

尽管消费者或企业的信贷状况有迅速恶化的风险，且市场状况有随时变化的可能，但这些静态因素的改变却十分缓慢，使用人工智能的主要目标是提高自动批准率，从而降低交易成本，改善决策时间，在提高决策质量的同时降低风险和误差。为了实现这一点，人工智能利用大量数据集进行决策，例如除了静态的配置信息和传统的信贷因素（如债务收入比）之外，还会参考客户的工资、租金和公用事业上产生的花销，以提高贷款决策质量。之后，人工智能用这些数据建立模型来预测信用价值。

一些银行采用的方法是首先将交易分类成相关的分组。这样做可以帮助银行了解每个客户从事何种类型的交易。随后，他们从时间序列上进行分析以寻找预测因素，这些因素包括是否面临财务危机感，每月是否有使用信用卡等其他行为风险。在此之后，他们根据信用违约风险对客户进行分类——基于这些输入而不是外部信用评级等特征和静态数据，从而提高了信贷决策的质量。

🅰️ 预测性服务和建议

客户参与度一直是增加银行客户长期价值的核心因素，而人工智能系统被用于提高客户参与度和满意度。以前，银行会打电话给他们的 VIP 客户，向他们提供建议或新的提议，销售和客户团队会记录下客户的答复，以供后续讨论。这种服务只会提供给少数重要的客户。现在，人工智能系统可以基于跟踪每个客户与银行的交流和互动，以及从他们的交易信息和互动数据中提取的见解，为所有客户建立个性化的互动。人工智能将处理海量数据的能力和执行复杂模型的能力结合在一起，使银行能够分析给定客户的消费模式和交易情况，以及与之相关的全球和本地金融动态和事件。这些由人工智能驱动的复杂分析结果可以帮助银行为任何给定的客户确定最佳的短期或长期战略。

人工智能系统使用行为数据来确定客户的状态。这些数据的来源多种多样，如银行和信用卡交易、客户在银行网站或应用程序上的浏览历史、与呼叫中心或分行的联系记录，以及与银行的其他互动。这些信息使金融机构能够实时、实质性地了解客户的需求、兴趣、目标和关注事项。这些见解使银行能够为客户提供定制的端到端体验，无论是提供财务建议还是为任何特定客户确定最佳沟通方式（不管是通过电话、电子邮件、文本，还是 WhatsApp 或 Facebook 等其他通信工具[5]），在方方面面都可以进行改善。

银行正从零售行业的电子商务推荐引擎中总结经验，为客户提供既适合他们的金融需求，又让他们安心的预测性金融建议。这些分析使银行能够为每位客户提供专门定制的建议，从而建立更加个性化和高效的关系。从银行盈利的角度来看，诸如此类的基于人工智能的应用服务变得越来越重要。这种转变是随着零售业用户个性化的转变路线而发展的，在零售业，推荐最受欢迎的商品和做出个性化推荐有很大的区别。

举一个利用人工智能来预测客户未来交易的例子，其中会用到各种基于客户的数据，包括信用卡账单和银行交易信息等历史消费信息。其结果用于预测客户未来的支出和余额，银行可以根据这些信息建议客户采取哪些行动来避免透支。避免透支对客户来说是一大好处——2018年，美国银行客户总计支付了350亿美元的透支费。相反，如果预测到客户比平时有更多的钱，则系统可能会建议其将钱转到储蓄或投资账户，或提前偿还贷款（如果这些选择是最优的话）。

人工智能应用的另一个例子是预测未来的客户行为，比如购买设备或汽车。这些预测可能是基于最近的交易（比如银行借记卡上的汽车维修付款记录），或者是点击银行投放在汽车网站上的数字化汽车贷款广告的次数。如果客户有购买资格且收到了预期购买信息时，信用卡或贷款会被银行预先批准。其他例子包括根据年度收入和支出预测所得税，或根据利率变化建议抵押贷款再融资等情况。由于银行交易数据是一个非常丰富的数据集，因此可以进行多种预测，从而不同的银行会采取不同的方法。

金融顾问类型的人工智能也被应用于财富管理中。2017年，摩根士丹利的财富管理部门为该公司带来了近一半的年收入[6]。利用人工智能扩张一家财富管理集团可能会显著提高公司的盈利能力。由于客户经理在很大程度上充当着财富管理的中介，因此银行正采取一种混合的方式，向客户提供各种支持人工智能的面向客户的工具，如自助登机服务、门户网站和个性化互动首页。客户经理使用这些人工智能工具来获取建议，以便与他们的 VIP 客户一起计划下一步方案。在财富管理的过程中加入人工智能，不仅可以提高组织效率，还可以节约成本。

随着金融服务公司推出认知财富管理算法，前台的职能正在以两种主要的方式发生着变化。客户经理和财富管理团队现在可以更有效地利用时间，同时，客户可以自主选择使用人工客服或虚拟客服。使用人工智能自动化技术取代昂贵的人工交互，使得银行可以通过为更多的低收入客户提供高成本效益的服务来增加利润，从而为公司带来一批全新的客户。

边注栏：金融用例中的黑盒问题

　　金融公司要想准确理解人工智能算法是如何做出决策的，就必须面对该技术固有的挑战。其中最主要的挑战是，人工智能的决策是在一个黑盒中进行的。在这种情况下，你只知道你往系统中输入了什么数据以及从中得到了什么输出（预测）。而由于模型的复杂性，使得我们几乎不可能弄清楚系统是如何做出预测的。当企业必须解释为什么他们的算法失败，并给客户造成了损失时，这种缺乏透明度的现象可能会成为一个严重的问题。在任何行业中使用人工智能时，都应该记住这一点。尽管有怀疑者认为只有人类水平的人工智能才能处理影响金融市场的大量信息，但人工智能科学家仍在试图用一种可解释的人工智能方法解决这些挑战，并改变金融机构的业务方式。

AI 算法和自动交易

　　算法交易已经以不同的形式存在了几十年，有时以自动交易和高频交易的名义出现。美国金融市场在 20 世纪 70 年代开始使用算法交易。它不一定要使用人工智能，例如，交易员可以决定某股票在最近 3 个交易日的平均价格高于某个数字（如历史移动平均线）时卖出。这是一个利用了领域专业知识的算法或交易规则的示例（尽管这个特定的例子十分简单）。算法交易迅速获得了市场份额，因为它使交易机构获得了巨大的利润。随着人工智能算法的成熟，将其应用于算法交易的重要性不言而喻。

　　高频交易是算法交易的一种形式，1983 年推出时，它的执行时间为几秒钟。到 2010 年，这一数字已经减少到毫秒甚至更低。在 2016 年，据资本市场研究公司 Tabb Group 估计，高频交易占日均交易量的比例略低于 50%[7]。然而，当利润随着竞争的加剧而下降时，交易者开始寻找能给他们带来竞争优势的产品，开始积极地使用人工智能。计算机工程师开发了机器学习算法，包含了风险上限、资产类别和交易成本等信息。当向这些算法提供足够的数据时，它们能够将其与历史模式进行比较，从而给出人类分析师无法得出的见解。

人工智能可以加快寻找成功交易策略的速度，简化了在那之前烦琐而耗时的过程。人工智能还增加了交易员可以观察和采取行动的市场数量。从数据中手动寻找关联已经成为过去；人工智能使交易员能够在趋势发展时识别和适应趋势，这使得算法交易能够获得更多的利润。有报道称，其中一个例子是摩根大通的人工智能程序 LOXM，该程序应用于摩根大通的全球股票业务[8]。LOXM 从过去的交易中学习设置参数，而不是完全依赖于交易员的输入（这与基于规则的交易不同）。结果显示，LOXM 执行订单的速度和价格都是最优的。LOXM 中不断增长的情报使其能够解决类似如何在不影响市场价格的情况下最优地出售大量股权等问题。在未来，LOXM 可以更深入地了解每个客户，使其能够考虑客户的行为和目标，并针对客户的投资组合决定最佳的方式交易。

在算法交易中使用人工智能，意味着人工智能要学习规则，确定数据的结构，并据此做出预测。机器学习和深度学习正在越来越广泛地做这些高度复杂且高速的交易决策。这些决策使用的主要方法是预测时间序列。时间序列是一系列数据点的序列，比如按时间顺序排列的时间间隔相等的股票价格。在算法交易中，人工智能可以学习理解这些数据的结构，以预测未来的时间序列。

这项任务的困难之处在于，数据可能看起来是随机的（准确预测随机变量是不可能的）。然而，计算机科学家正在努力用技术来克服这些挑战。例如，他们正在对源数据使用特征工程，按事件的数量而不是按时间顺序进行聚合，比如对某只股票按特定交易量，而不是按时间间隔进行聚合。除了这种特征工程，深度学习在定量分析领域也得到了更广泛的应用（即使用系统或算法策略的企业），这促进了一些人所说的华尔街"量化（Quant）2.0"阶段的发展。

人工智能驱动的算法交易是量化对冲基金关注的焦点，这种基金属于高频交易领域。投资银行和资产管理公司更加关注在中低频率交易领域使用人工智能，以更快、更大的规模利用公开信息。也就是说，银行和资产管理公司在其他人对这些信号采取行动之前，就使用了人工智能从公开的数据中提取有用的信息。这种做法在股票、工业、各行业和地区都很常见（见下一节）。使用人工智能做出投资决策时，需要对月度或季度交易进行研究分析。与算法交易不同，这些交易属于低频自主交易。

(AI) 投资研究和市场见解

主动资产管理的内容是关于信息套利，以及如何将这些信息快速且低成本地传递给决策者或投资经理，以便他们能采取行动。从数据收集到分析决策，信息管理一直推动着投资的成功。其中关键在于以合适的速度和最低的成本从信息中获得最相关的见解。投资研究分析师在数据收集和整理上花费了大量的时间，但随着金融业竞争日益激烈，他们的工作效率也变得越来越重要。如今，许多耗时的数据管理工作都可以通过人工智能轻松实现自动化分析。

过去，分析师可以获得的财务数据主要有两种。一种是由特定公司自行发布的信息，如年度报告、美国证券交易委员会文件、新闻稿等。另一种是来自经纪人或证券交易所的信息，如股票价格、历史价格和市盈率。这些是最容易获得的数据类型，其他可能有用的信息以非结构化数据的形式出现，因此除了人工手动使用之外很难有别的使用方法。非结构化数据通常是大量的文本数据，比如来自电子邮件或推特的数据（尽管它也可能包含日期、数字、事实以及图片和视频等元素）。此外，结构化数据指的是包含定义良好字段（如姓名、地址和电话号码）的数据。

在人工智能算法出现之前，对非结构化数据的利用过于耗时。然而如今，这种情况正在改变。人工智能算法以自然语言处理的形式，处理大量从各种来源中挑选出来的非结构化文本数据。这包括隐藏在文件、新闻、研究和内部资料等内容中的数据，以及来自含有各种数据元素的出版物的数据。所有这些都成为了解公司运营方式的关键。这通常被称为替代数据，指的是由公司外部发布的关于公司的非财务数据集。

这些数据集的来源非常广泛，包括新闻推送、工作岗位推送、社交媒体讨论、卫星图像、信用卡交易记录和移动设备等。这些都是独特的、细分的且有时间戳的数据，能够广泛地查看实际的详细趋势。它通常是对现有财务数据的补充，通过在决策中获得更广泛的输入集，可以帮助分析师做出更好的投资决策。人工智能模型还可以用于挖掘包括美国中央银行和美国国家劳工统计局等机构在内的数据，根据类似的历史就业变化，将其编译成预测固定收入表现的模型。这些模型可以在几秒钟内得出推论，在收集数据后的几分钟内就可以给出见解。

人工智能系统使企业能够通过机器读取美国证券交易委员会（SEC）的文件、财报电话会议、投资者日记及各种其他来源的文件。它们也能理解口头或书面的自然语言问题，并提供答案（仅在它们擅长的领域），从而提高研究分析师的生产力和他们推荐产品的水平。

一旦所有这些结构化和非结构化的数据都成为可用的，自然语言处理算法就可以从语义上"理解"内容，并根据这种理解对不断发展的本体进行建模。当人工智能算法以这种方式基于内容构建了文档甚至句子时（如建立知识图谱），就更容易找到相关信息。对于那些可能会花很多时间寻找见解的分析师来说，这将带来巨大的好处。一家企业做了一项研究，想看看他们的商业用户在每种类型的活动上花了多少时间，结果发现超过36%的时间花在查找信息上[9]。利用人工智能算法和自然语言处理，数据能够被组织起来，以便分析人员能够更快、更准确地搜索信息，使他们能够识别模式，并更准确、更快地预测业绩。通过对所有这些数据进行分层处理，投资分析师不仅节省了时间，还能获得更重要的市场见解。人工智能系统搜索数百万计的相关文件，不仅可以找到最能提供相关信息的文件，而且可以找到分析师所提问题的具体答案。

一家企业会在开发人工智能算法之前让资产管理部门的研究分析师阅读文件，回答一系列问题，以便决定是否建议购买、持有或出售股票。他们研究的问题包括"企业的收入是否在增长"（来自结构化数据）、"企业的地位是否足够强大以至于能够在未来击败竞争对手"或者"管理团队对企业有信心吗"（来自非结构化数据）。随着人工智能的发展，人工智能科学家可以通过训练自然语言处理算法来查找一些内容——例如管理层在财报电话会议或分析师讨论中使用的模糊措辞（如"几乎""可能"等），这些措辞可能暗示他们对自己所说的话缺乏信心。这些自然语言处理模型可以用来寻找分析人员所提问题的答案。之后，研究分析人员会给出一份报告，该报告描述了问题，并给出基于机器理解的答案以及收集答案所使用的来源链接。这使得分析师可以在需要时进行深入分析，并且每天可以分析比之前更多的股票。

在评估一些重点行业时，分析师往往需要考虑诸如"这个行业的需求在不久的将来会增长吗"或"行业颠覆是否正在被讨论"等问题。这两类问题都可以在新闻或分析中的非结构化文本中找到答案。例如，用自然语言处理读取多个新闻源，并将报告分类为关于供应和关于需求。如果是关于需求的，算法会根据每个新闻条目将需求分类为增加或减少，输出一个供求敏感的时间序列。随后，将该输出与历史行业增长指数一起作为输入特征，进一步预测未来的增长。

传统上，有两种方法可以得到某业务在一个特定区域的人流量。一种方法是通过一个计数器，使用遥控器手动计数每个路过的人；另一种方法是安装摄像头，使员工能够观看快进视频，估计每小时通过的人数。这两项工作都非常耗时，而且投资公司通常无法获得相关数据。但是现在有了一个升级的解决方案：使用允许定位的手机中的广告印象数据，这比简单的计数更能揭示用户的信息（如年龄和性别）。如今，金融分析师们利用人工智能算法分析停车场或手机地理位置的卫星图像，通过客流量或停车场使用趋势来追踪某一特定公司的总客流量。随着时间的推移，人工智能科学家可以利用这些信息预测未来的收入。在公司的财报会议之前做出这种预测，可以助资产管理公司一臂之力。

通过汇总所有这些数据集并将其叠加在现有的金融模型上，金融分析师可以改善他们对零售商店和其他公司收益的预测，并获得对供求和其他经济因素的更深入的见解。在人工智能模型的帮助下，股票研究分析师已经可以自动跟踪股票，并对后续股票的涨跌做出具有时效性的短线和长线预测。此外，随着影响股价的原始数据的不断增加，人工智能模型可以将这些难以管理的数据转化为对投资组合经理有用的见解。

这些数据并不是免费的。与大多数有价值的商品一样，替代数据市场现在也在蓬勃发展。一些基金公司花费数百万美元从供应商那里获得对冲基金替代数据，这些供应商负责采集、清理数据，并将其卖给金融界。许多公司也在投资建立自己的基础设施，创建自己的替代数据来源。风险投资家和私人股本公司也在使用人工智能来做投资决策。据《金融时报》（*Financial Times*）报道，斯德哥尔摩 EQT 风险投资公司的合伙人安德烈亚斯·索斯滕森（Andreas Thorstensson）有约 30% 的投资决策是根据其人工智能平台 Motherbrain[10] 分析数据后做出的（EQT 风险投资公司是瑞典 EQT 伙伴公司的风险投资部门）。Motherbrain 每天监测约 200 万家公司，因此，索斯滕森不再投资某些初创公司，并说道"数据不会说谎。"

边注栏：当表情比说话更响亮的时候

在欧洲央行（ECP）定期召开内部政策会议之后，欧洲央行行长通常会召开新闻发布会。问题是，在会议上，行长几乎没有透露过未来的货币政策。然而，在欧洲央行行长马里奥·德拉吉（Mario Draghi）任职期间，日本研究人员发现了德拉吉面部表情的模式与随后的政策变化之间的相关性[11]。为了做到这一点，他们使用了微软的表情识别应用程序接口（API）。该API采用了一种视觉识别算法来解读幸福、悲伤、惊讶、愤怒、恐惧、轻蔑、厌恶和中立的面部表情。通过分析德拉吉的表情，研究人员希望能够稍微提前确定政策变化的可能性，这将会给他们带来投资优势。这一分析的成功与否尚未确定，但它是一个很好的例子，说明人工智能在金融和其他决策方面发挥了很大作用。

🅰️ 自动化业务操作

机器人流程自动化（RPA）是将以前由人负责的大容量过程自动化的过程。它是一种不断发展的技术，其将带有业务规则的击键自动化与人工智能结合起来，以实现对不需要重大决策的重复流程的自动化。各公司目前正在将机器人过程自动化与人工智能技术结合起来，以帮助实现后端流程自动化，到目前为止，这些流程大多是由人工完成的，因此速度较慢、准确性较差、效率也较低。这种"智能机器人流程自动化"可以让这些过程更快、更可靠、更高效，减少人为错误，并将人力解放出来以便处理其他更复杂的任务。它还可以通过激活额外的机器人来扩展资源，进而满足不断变化的需求。智能流程自动化（IPA）通过一组软件机器人大大增加了劳动力。

在金融服务领域，智能流程自动化有许多用途。例如，投资银行正在将几个人工流程自动化，以确保到达上游的仪器数据的任何变化都能反映在下游系统中。智能流程自动化对这个功能进行了转换，使用机器人从源系统检索数据异常，并向下游输入信息。基于人工智能的机器人流程自动化解决方案目前也在帮助银行处理发票问题和劳动密集型任务的付款流程。一些银行正在通过使用机器人流程自动化、机器学习和光学字符识别（OCR）来直接对账。一家银行报告说：人工智能驱动的机器人流程自动化意味着银行可以更快地统计应收账款，使得应收账款与付款的对账更加高效。

一家银行的报告中提到[12]，其机器人流程自动化共实施了 220 个自动程序，显著改善了工作流程，例如账户关闭验证的准确性达到了 100%，减少了 88% 的处理时间，提高了 66% 的交易入账周转额。其他银行为了保持竞争力，也在实施类似的流程。据报道，另一家银行使用智能流程自动化提高了生产率并增强了生产力。在贸易融资、现金业务、贷款业务、税务规划、客户管理等领域，自动化应用的比例已经达到 30% ~ 70%，在提高质量的同时降低了风险。智能流程自动化通过机器人技术对知识进行编码，缩短了培训员工的时间。这些信息可以用来增强员工的技能，并指导他们完成日常工作。

金融服务和银行机构为人工智能系统的实现提供了大量机会。除了前文提到的解决方案，这些组织还在投资、收购或整合过去 10 年涌现的数百家金融科技公司，这些公司提供了基于人工智能的各种类型的服务。在未来数年中，人工智能在金融服务中的应用仍将是一个持续发展的趋势，甚至还会引发技术革命。

🅰️ 注释

1. 来自 McKinsey & Company。

2. 来自 World Economic Forum。

3. 来自 *Financial Times*。

4. 来自 MENA Report，Albawaba（London）Ltd。

5. 来自 Wells Fargo（富国银行）。

6. 来自 CNBC（美国消费者新闻与商业频道）。

7. 来自 MarketWatch（市场观察）。

8. 来自 *Financial Times*。

9. 来自 CMS Wire。

10. 来自 *Financial Times*。

11. 来自 Reuters（路透社）。

12. 来自 BNY Mellon Press（纽约梅隆银行出版社）。

第五章

能源和制造业中的人工智能

人工智能的时代已经到来，这项技术如今正在被高速商业化。这些新兴的应用不仅可以应用于制造业，还可以应用于能源、医疗保健等其他行业。而这将改变我们所有人处理问题的方式。

——凯飒（Joe Kaeser）

西门子公司首席执行官

德国的工业 4.0 项目 [1] 和美国的先进制造倡议 [2] 鼓励制造业在制造过程中使用来自于物联网、人工智能和机器学习的数据。后者推出一种"先进制造业方案"，这一方案将"通过对有前景的新技术进行项目研究、围绕广泛适用和预竞争技术开展公私合作、对制造业设计方法进行创新和传播，并对技术基础设施进行共享，从而支持现有的工业制造的发展，为先进制造业的创新提供支撑 [3]。"

由于制造业和能源行业会产生大量各种格式的数据，因此这些行业十分适合应用人工智能技术，这一特点在未来还会延续下去。这些数据大多是由传感器收集的，这些传感器监测包括使用的设备和化学反应速率在内的各个方面。

这些传感器通过无线网络或有线网络连接到计算机，而人工智能算法能够利用这些数据来改善生产过程中的质量、生产率、分配、员工安全及环境影响等性能指标。

工业制造企业通过捕获工厂机械的电压、压力、温度及振动等传感器读数获取数据。其他关键参数包括一些生产运行本身的信息，如生产数量、机器可用性和质量等。其他补充信息可能来自于机器运行时或进行定期及非定期维护时收集到的错误日志、企业资源计划（ERP）系统、操作人员或其他信息源。使用人工智能模型对这些数据进行分析后，企业可以识别是哪些问题导致了生产成本的增加，并对导致计划外停机的情况进行预测。例如，了解了每台机器的负载水平如何影响总体性能，就可以在每次的生产过程中做出更好的决策。人工智能还可以帮助确定在给定的运行时间内，哪种设备是最佳选择，从而进一步提高生产与维护的效率。

能源公司也同样利用传感器和无线网络来收集各种各样的数据，从发电厂的运行状态到个人的消费模式，再到导致停电的全球气候。然后，他们使用人工智能模型来对这些数据进行分析，从而在提高生产率的同时削减成本。算法会对这些数据进行分析并预测如何处理计划外事件、帮助员工确定机器何时需要维护、对人员安全情况进行监控以及提高生产效率。

制造业和能源业都将其收集的一些数据以时间序列的形式存储在一个称为"过程历史"的中央数据库中。"过程历史"可能存储有 10 年或更长时间的数据，这些充足的信息用来保障人工智能分析的可行性和有效性。值得注意的是，有时这些数据中的大部分无法被远程访问。然而，现在更为常见的做法是将数据聚合到一个数据湖中并将其上传到云端，这使得各行各业的公司都能实现所谓的"数字孪生"。

2002 年，在密歇根大学工作的著名顾问迈克尔·格里夫斯（Michael Grieves）教授首次使用了"数字孪生"一词。数字孪生是过程、产品或服务的虚拟数字模型，这一模型对制造设施或发电厂中涉及具体物理过程的设备数据进行监控、采集和记录，并虚拟地复现这些过程。严格意义上来说，现在的数字孪生这一术语不指代用于进行控制流程的组件。它通常被认为是在对物理设备或过程进行数字表示的过程中占据核心地位的数据模型。数字孪生为生产运

作中由传感器和其他工具产生的连续数据流提供背景模型。算法利用这一背景
模型做出决策，并将这些决策传回控制系统，然后控制系统将指令传递给物理
驱动器和控制设备。随着时间的推移，数字孪生将从仅是物理生产过程的数字
模拟演变为对企业价值链的全面分析，涵盖供应链、生产过程、成品库存、分销、
营销和终端客户交付。由于人工智能和物联网的引入，数字孪生不仅会带来更
高的成本效益，而且 Gartner 还将其列为 2017 年十大战略技术趋势之一[4]。

在采集和分析数据之后，数字孪生系统会发现问题并找到改进流程、降低
运营成本、减少产品缺陷和提高效率的解决方案，而所有这些工作几乎无须人
工干预。数字孪生被连接在一个由设备组成的数字生态系统中，其通过传感器
接收数据，并通过驱动器控制机器。它们与物理机器直接进行通信，并根据它
们所得到的结果来进行流程控制。数字孪生常应用于改善复杂物理资产的性能，
如精炼厂或制造设备，但将其应用于消费电器的趋势也日益明显，如接入网络
的洗碗机、冰箱和咖啡机。惠而浦（Whirlpool）的智能洗烘一体洗衣机就是一
个例子[5]，顾客可以通过移动应用程序远程操作清洗和烘干过程，并跟踪其进度。

🅰️ 优化工厂运行和资产维护

要想在成本敏感的市场上具有竞争力，从昂贵的制造设备中获得最大收益
是至关重要的。一些公司使用人工智能控制的数字孪生从各种方式上实现流程
的优化。控制算法在制造业和能源业中已经存在了几十年，其中基于微处理器
的可编程逻辑控制器（PLC）在 20 世纪 80 年代就开始应用了。通过分析控制
系统的历史输入和输出数据及其对流程的影响，可以使用人工智能对流程的参
数进行优化，从而提升这些工业流程的效率。一个重要的例子是高速自动控制
程序，例如在离散型生产中，这种控制程序被用来实现最大的产量、最少的停
机时间和最少的零件故障。实时监控和人工智能可以完善生产计划并优化机械
效率，从而使得车间更有效率地运行。使用人工智能对生产运行进行管理，有
助于确定负载水平如何实时地影响生产调度的性能，从而提升生产运行的效率。
这些改进可以使设备的利用率达到最大化。此外，库存和备件的优化也可以节约
大量的成本。

人工智能模型帮助管理者确定每次生产运行的最佳机械组合。在生产之前，将需求、原材料和其他影响因素的参数信息输入人工智能算法，它就可以确定最佳的车间操作了。在生产运行期间，设备会记录和评估实时数据，核算计划与实际之间的差异，并重新运行模型与更新计划，从而保证完成预期的目标。本次实际生产运行的历史记录也会在必要的时候用于调整模型。

例如，西门子有一个人工智能系统，这一系统对燃气涡轮机上连接的500多个传感器的数据进行分析。不管天气条件或设备状态如何，这一系统都会不断地调整燃料阀门，使燃料达到最佳燃烧状态。这一系统带来的额外好处还包括减少了污染物的排放。西门子企业技术公司数字化和自动化研究主管诺贝特·高斯（Norbert Gaus）说，"即使在专家们已经尽最大努力优化涡轮机的一氧化二氮排放之后，我们的人工智能系统依旧能够额外减少10%～15%的排放[6]"。

机械问题导致的计划外停机是困扰制造业和能源生产的最大问题之一。企业现在使用人工智能模型来减少这种情况发生的频率。人工智能应用程序可用于预测机械问题，以便企业在问题出现之前进行处理。

成百上千个智能传感器以及它们在集中式平台上获取数据的能力，使得人工智能算法能够对机械进行预测性维护，并根据历史数据找到系统退化或故障的模式。企业可以根据这些模式更好地对机械的维护或更换时间进行安排。这意味着，企业不用依赖紧急停机来进行维护，而是可以在定期有计划的停机时间中完成这些机械的维护和更换工作。当机械的多个部件都需要进行预测性维护时，可以优化计划停机时间，以处理多个部件的维护或更换。如果没有进行预测性维护，则当每个零件发生故障时，都有可能造成一定时间的停机。哪怕是资产管理方面的一个小小的改进，都有可能为企业节省资金并增加收入。例如，美国能源部曾表示，在电力行业中，当企业启动功能性预测维护计划时，企业的故障率可减少70%，停机时间可减少35%[7]。

举个例子，低密度聚乙烯作为一种从乙烯中制造的热塑性塑料，其生产过程中需要极大的压力。这种压力由一种叫作超压缩机的设备提供，它可以在每平方英寸（1平方英寸=0.00064516平方米）上施加高达50 000磅（1磅=453.59237克）的压力，从而使乙烯聚合成这种不可缺少的塑料类型。但这样的压力给超压缩机带来了很大的负担，因此它们每年都会出现多次故障。对于低密度聚乙烯的制造企业来说，每年的停机会让他们损失数百万美元，所以如何缓解这一问题对企业来说至关重要。

　　利用人工智能模型，企业可以根据设备的性能历史及其设置自动地对设备进行校准，这会对计划外停机时间产生巨大的影响。这种类型的停机每年在整个制造业中造成约 500 亿美元的损失[8]。据估计，由人工智能模型引导的预防性维护可将这种损失降低 10% ~ 20%。一些制造商甚至已经不仅使用机器学习来预测何时会出现故障，还利用机器学习来识别处于生命周期末尾的、需要进行更换的组件。这些人工智能模型能够根据故障率和其他信息来判断组件是否接近其生产生命周期的末尾。基于使用模式和设备预期寿命的数据可用于创建人工智能模型，以寻求对机器预期寿命的优化。设备部件生命周期内故障率的启发式示意如图 5-1 所示。

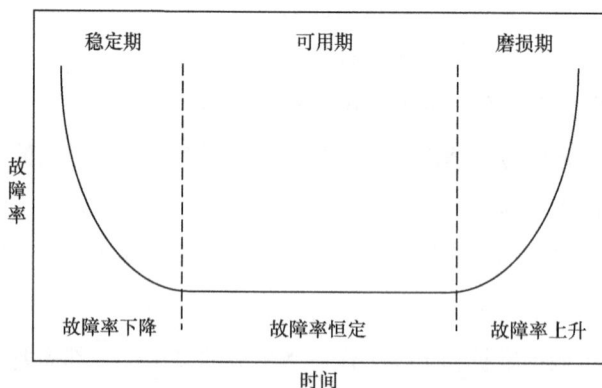

图 5-1　设备部件生命周期内故障率的启发式示意

🅰️ 自动化的生产生命周期

　　部分或完全自动化的生产生命周期越来越多地由人工智能模型进行控制和协调。特别是在高产能制造环境中，信息系统对汽车、洗碗机和烤面包机等商品的大规模生产制造过程进行规划、协调、控制和评估。人工智能模型的灵活性使得生产线可以适应小批量或定制化生产，而不会影响正常生产的运行。这使得制造商能够更容易地创造出消费者越来越喜欢的个性化产品。信息系统还可以为车间的工人提供支持，缩小机器和工人之间的鸿沟。当工人更好地了解特定工位上的流程如何运作时，他们就能更好地做出适当的决定。

质量控制是人工智能算法取代人类的另一个领域。以往负责质量控制的通常是人而不是机器，因为质量控制要么涉及视觉功能，要么需要实验室分析。过去，人更容易注意到颜色不对、标签不对齐或包装损坏。然而现在，基于深度学习的图像处理模型，使机器能够比人类更快、更准确地检查产品和识别缺陷。

(AI) 供应链优化

高效的供应链对企业的成功有着重要的作用，而人工智能完全可以在需求预测、库存优化和物流配送方面做出实质性的改进。人工智能正被应用于预测需求，以便使得供应链能够以最佳方式运作。麦肯锡预测，机器学习技术可以使产品在被需要时变得更加容易获取，从而减少 50% 的供应链预测错误和 65% 的销售损失。人工智能的应用还有助于降低仓储、运输及管理供应链的成本 [9]。一些公司甚至利用人工智能在各个分销地点进行库存优化，利用现有的销售数据来确定需求及交付时间。

需求预测所使用的不同类型的数据越来越多，如图 5-2 所示。制造商通过零售商网络获取销售和库存数据，按产品来对每个地点以往的销售信息进行统计。由于大多数制造商不直接面向消费者，因此他们在进行需求预测的过程中会结合市场信息进行考量。在将从新闻、博客、产品评分等来源获得的信息转换为可用的市场信息的过程中，需要用到自然语言处理（NLP）技术。零售商的优势在于其可以结合网络日志、客户点击流记录、来自忠诚度调查的数据、呼叫中心记录和客户调查等信息进行预测。然后，自然语言处理技术会将情感和需求趋势提取到时间序列中，这可用于减少需求预测的误差。

制造商还会从公共来源获取或者要求供应商提供相关信息。这些信息通常包括供应商当前的产能和 VIP 客户的规模，以及供应商之前与其他有类似需求的客户的交易情况。这里的交易情况包括交货地点和交货时间等。一些公司甚至尝试在人工智能建模过程中将天气和交通的信息纳入考虑范围，以提高准确性。

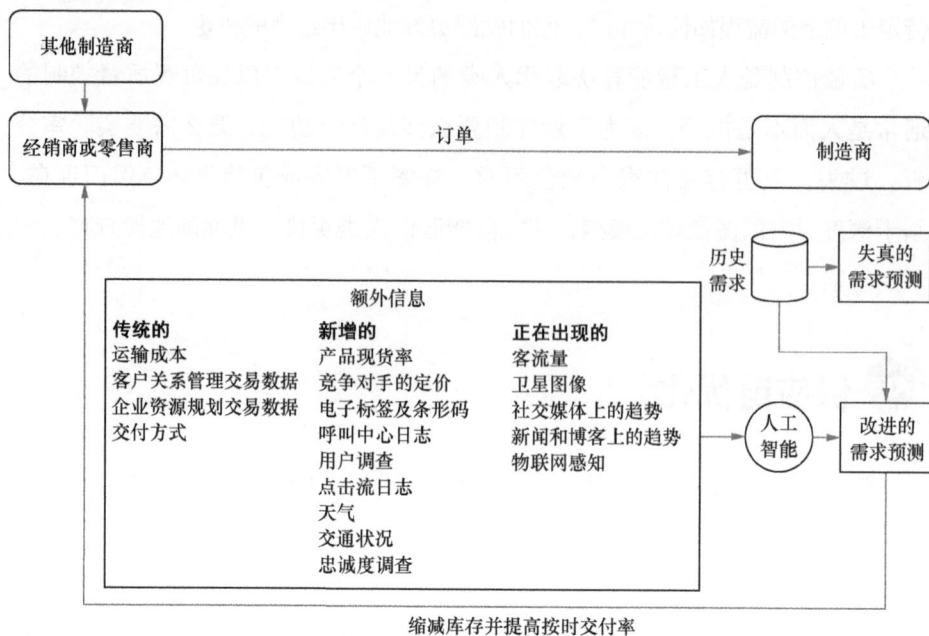

图 5-2　根据历史销售及新数据源进行需求预测

针对新推出的产品等没有历史销售数据的产品，企业会在建模过程中使用代替法。因为这些新产品往往会推动高销售额，所以对新产品的需求预测是至关重要的。为了了解潜在客户对各种新老产品的关注度，人工智能模型会获取搜索查询信息：某人在不同的地理位置和时间点搜索某个词语的次数。这些信息与其他可用数据（如相关产品的销售情况）一起作为机器学习模型的输入，用来对需求进行预测。

🅰️ 库存管理和物流配送

任何制造商或经销商的目标都是最大限度地提高销售量。但有限的商品陈列空间和储藏空间对他们产生了制约。一种产品的库存过多会使得其他产品过早售罄或者根本没有供应，从而导致其他产品的销量下降。为了解决这个问题，企业使用人工智能算法来优化库存管理，利用现有的需求预测和其他数据来对库存量进行优化，并通过预测可能影响产品交付的状况来减少损失。

物流分销的定义是：在正确的时间、正确的地点，以正确的成本、正确的数量、正确的质量为正确的客户提供正确的产品 [10]。产品可能需要从仓库配送到各种类型的零售地点，如网店、超市、加油站和便利店。一些零售商还有一个额外的挑战，即将货物从仓库或零售地点运输至最终的客户处。过去，基于始发地和目的地等数据的运营研究模型结果已被用于确定车辆路线等决策，并可利用其逻辑和数学关系来确定最有效的货物运输方案。而现在，人工智能模型从经验中学习的能力为这些模型提供了一个近乎实时的替代方案。

负责需求预测、库存优化和物流配送的人工智能模型之间需要进行信息数据的交换，因为这些模型是相互依赖的。市场推广和销售过程中产生的数据被用来训练供应链内的人工智能算法，如需求预测模型。在第三章中，我们已经看到，广告、营销、销售和客户服务的职能开始有了越来越多的重叠，这是因为它们使用了类似的模型和相同的数据集；对这些数据结果的理解和分析也会在这些职能部门之间共享。随着人工智能越来越多地用于重工业、制造业和能源业中，面向客户的职能与面向供应链的职能也会有更多的重叠。

电力预测和需求响应

如果电力公司能够更好地以一刻钟为单位对能源的需求进行预测，那么电价就会更加稳定，停电事故也会更少。然而，需求中不易察觉的变化和电网内部的复杂性使得这一点一直难以做到。电网的正确运行需要其有能力不断地进行负载调整，以便在一天中的任何时间为商业和住宅客户提供精确的电力供应。需求量以及流向的预测必须高度准确。这样的预测已经十分具有挑战性了，而太阳能阵列这种现场发电和电池这类现场的或电网级的电能存储，将使得预测更加困难。

为了应对突如其来的需求，电力公司必须在电网运营商提出要求时提供额外的电力，而这一要求往往是临时通知的。发电机之所以能够提供这种电力，是因为"旋转备用"——也就是连接到电网的发电机所拥有的额外发电能力。人工智能模型可以更加准确地对需求进行预测，这一特性已经开始对这一领域产生影响了。传感器和智能电表在整个电网中进行实时数据的采集，监控与数据采集系统（SCADA）允许企业进行本地或远程流程控制，采集并监测智能电表数据，与传感器和电机等硬件进行交互，同时记录结果信息。除此之外，数据还会包括对气候模式和大气条件的预测、电厂的发电量和电能的消耗量。

客户消费、客户行为和第三方也可以提供大量的数据，这些数据足够让人工智能算法成功地对电力的使用情况进行预测。这使得我们有可能对变电站和电表之间发生的事情有更多的了解。因此，如今的电力公司在低于每小时的层次上对电网有了更加精细的了解。预测变得更加准确和稳定，且能够标记错误的自我监测设备则可为运营商提供做出更好决策所需的信息。

谷歌 DeepMind 团队为未来人工智能技术在电网中的应用提供了一个范例。2017 年初，谷歌 DeepMind 团队透露，它正在与英国国家电网进行讨论，以帮助平衡整个英国的电力供需。其想法是利用天气预报和从互联网上获取的数据，结合客户的能源数据信息来建立一个电力需求预测模型，这一模型可用于提高英国电网的效率、节约能源和避免过载。谷歌公司估计，这一模型可以使电网成本降低 10%[11]。

能源公司也一直在探索需求响应解决方案：让当地客户在用电高峰期略微降低用电量，这样供应商就不必启动所谓的“尖峰电厂”——即在用电高峰期为了满足用电需求接入电网的燃气电厂，这种电厂的电费更高；当启用尖峰电厂都不能满足用户需求时，能源公司通常会以更高的成本从其他地区购买和运输电力。智能恒温器 Nest 是一种可能的基于人工智能的需求响应解决方案。一旦 Nest 被安装在家庭中，该设备就会开始收集数据，学习业主在不同时间段对温度的需求，并适应性地调整系统。这不仅为 Nest 用户节省了供暖费用，还使公用事业公司能够在电力最昂贵的热浪期略微调高一点恒温器的温度。

奥斯汀能源公司（Austin Energy）是第一批这样做的公司之一，它为 Nest 用户提供一次性的小额回扣，以换取用户对这项服务的安装使用。这个小小的需求响应解决方案帮助奥斯汀避免了辅助发电机的使用，并节省了能源和资金[12]。Nest 所带来的改变非常微小，因此这一方案在减少电力需求的同时，没有产生任何用户投诉。同样或类似的解决方案还能让能源公司避免花费数亿美元来建造一个额外的发电厂。在一个更加注重环保的世界里，这种在微观层次上的优化将变得更加重要，甚至可能会受到人们的追捧。

AI 石油开采

目前，壳牌和英国石油公司等能源企业正在投资数十亿美元，以使新的炼油厂、油田和深水钻井平台能够利用人工智能算法[13]。人工智能模型正被应用于油气勘探的各个领域，包括地震成像和解析、油井日志分析、生产预测和储层性质分析。

地震成像是能源公司确定石油和天然气储量位置的一种技术。石油公司使用设备产生地震波，然后使用传感器捕捉这些波在地壳中的传播：从本质上来说，地震成像所获得的结果就是地下情况的声谱记录。地球物理学家对这些波在地壳中的传播进行研究、对数据结果进行解释，并以此为依据对地表以下的深层情况进行预测。在人类专家对这些数据进行标注后，人工智能系统会使用监督学习的方式来对三维地震图像中的类似情况进行检测。这既能更好地定位钻探机会，又能进行更高质量的分析，值得注意的是，人工智能模型可以对所有数据进行分析考量，而地球科学家只能对可用数据中的少部分进行人工分析。

当确定了这些石油或天然气的储量之后，公司就会在油田钻孔来确定这些储层的性质，其中包括关于地下岩层的重要信息。通过在岩心实验室中提取和分析钻孔岩心（1000 个 1500 英尺的井段，1 英尺 =0.3048 米）的方法，获取毫米尺度下的岩石属性。岩心实验室会利用各种传感器对岩心进行分析，这些传感器包括 CT 扫描器、X 射线荧光光谱仪等。同时，在钻井的过程中，传感器会随着钻头一起被送入地下，每隔几米收集一次数据。这些数据存储在测井记录中。机器学习算法利用岩心分析数据和测井数据来预测感兴趣的新区域的岩石性质。利用这些信息，地球物理学家可以确定地表下岩石的种类和性质，包括它们的密度、孔隙度和放射性等特征。这些信息使科学家能够确定岩石中是否存在碳氢化合物并判断其价值，最终确定每个油田储层中可开采的石油或天然气的比例。

测井记录中的数据也被用来确定钻井方向。确定钻井方向的可能结果是打一个普通的直井，但是也可能促成非常规石油的成功开采。这里的非常规是指使用非常规方法获得某些类型的碳氢化合物，如压裂法。这些碳氢化合物需要以不同的分离方法从石油中获得。钻探这种非常规井会带来一些挑战。为了开发这些储层，就需要了解低渗透储层的最佳完井方式和增产方法，以及天然裂缝在流体流动中的作用。

　　流体在各种介质中流动的原理是非常复杂的，因此很难对其进行建模。为了将石油从地下开采出来，人工智能模型被用于其中的每一个步骤。以前钻井获得的数据集以及来自第三方的数据，包括井口记录、测井记录、完井时间和月产量，都被用来训练人工智能模型。人工智能模型会根据这些油井的历史数据，以及附近在类似地质位置的油井的数据，来预测这些油井未来的性能指标。幸运的是，传感器正在以更高的频率捕获越来越多类型的数据，包括岩石的密度、岩石电阻（电阻率）以及含有伽马射线的岩石天然放射性指标等。这些额外的数据能够让使用深度学习算法的人工智能模型帮助企业更好地预测油井未来的状态。

　　虽然测井记录提供了更多的数据，但由于传感器故障或井眼内的不利条件，数据收集本身也经常是一个难题。在这种情况下，人工智能模型会根据算法从以前的数据集中学习到的规律，进行异常情况的识别，来填补缺失的数据或删除不良数据。算法还可以利用附近或类似油井的数据集，相对快速地为地球物理学家提供更多的数据，帮助他们选择钻探位置和钻探方式。为了确定钻井位置，从岩心分析和测井记录中得到的岩石属性被用来模拟水力压裂的情景，估计碳氢化合物的数量，并规划钻探的轨迹。举例来说，这些模型会建议钻井人员以指定的角度向下钻进，然后转为水平钻进以避开较硬的岩石，之后再向下钻进，以找到产油效率最高的位置。在使用人工智能的情况下，这种对任何特定储层属性的了解使得勘探和生产团队能够更好地进行产能预测，包括从总体上进行产能预测以及确定油泵等参数如何影响预测结果。

　　英国石油公司试图利用这种人工智能技术来对怀俄明州（Wyoming）的一个老旧油田进行开发。他们与位于旧金山的初创公司 Kelvin 合作，在数百口井中设置了数千个传感器。Kelvin 的人工智能算法监测了来自这些油井的大量数据流，这使得他们能够建立一个油田的数字孪生体。这一数字孪生体可以预测打开油田一侧的阀门对油田另一侧的影响，确定另一侧的压力读数将如何变化。当系统投入使用后，英国石油公司决定让人工智能系统独立运行，不进行人工干预。该公司估计，由于人工智能模型对监控和维护工作的改善，油田甲烷排放量下降了74%。除此以外，天然气产量上升了20%，成本下降了22%[14]。

🅰️ 能源交易

能源和大宗商品交易公司正在不断提高快速检测市场事件及评估其对近期市场运作影响的能力，以发现新的交易机会。他们从定性和定量的角度对这些事件造成的影响进一步分析，从而在不显著扩大组织或资产规模的情况下，实现收入和利润的增加。

举一个简化的全球石油交易的例子。忽略一些物理上的限制以及地区间规则的差异，我们假设某家公司拥有位于美国墨西哥湾沿岸的一艘油轮的使用权，并计划在纽约港完成石油的交付。但公司获得了一个消息：西海岸的一家炼油厂因火灾而停工。公司分析师认为，这将会暂时性地造成加州油价上涨，如果把这艘油轮移至西海岸，那么公司可能会获得更大的收益。不过，在做出这一决定之前，分析师希望对加州油价上涨这一预测有更大的把握，并且确定公司可以在获取西海岸收益的同时按计划可以完成在纽约港的交付约定。

为了对以上这些问题进行快速评估，该公司利用人工智能系统来判断是否会有其他船只前往加州，或者在 3 天内是否可以将类似等级的油轮改派至加州。如果没有的话，加州油价的涨幅可能会是多少？该公司还利用人工智能来判断，在合理的交付范围、定价范围和滞期费（滞期费是指在约定的时间内未能完成装卸时，向船东支付的费用）范围内，是否可以安排别的船只前往纽约港，并对方案的总体成本进行评估。人工智能模型会为方案提供具体的日期和价格范围，这种评估有助于企业的盈利。

人工智能模型可以依据相关请求筛选本公司之外的企业或团体，同时可以令公司对近期市场有更好的定性和定量了解，并对如何应对这些情况给出指导。如果没有对信息进行快速和相关的分析，那么公司将无法从加州事件中获利，因为大多数这样的事件是短期的，需要立即采取行动。

以前有一个假设，大多数事件，比如这个例子中的炼油厂火灾，都是明显可以预见的。在公司整理能源情报数据时，他们会意识到这类情况每天都在发生，这些情况既有大型的，也有小型的。人工智能系统使企业能够识别新的小型机会，对这些新出现的小型机会的影响以及更明显的大型机会的影响进行快速评估，并决定是否利用这些机会。

　　虽然本章涵盖了许多在制造业和能源业应用人工智能的例子，但人工智能在这些领域的应用尚处于一个比较初级的阶段，还远未饱和。在第十二章中，我们将讨论与这些用例相关的环境传感和物理控制技术模式。

　　在下一章中，我们将了解人工智能如何利用自身高速灵活的特点来助力医疗保健行业。

🅰 注释

1. 来自 IEEE Industrial Electronics Magazine 8，no. 2（IEEE 电子工业杂志 8，第 2 期）：56–58。

2. 来自 Obama White House（白官）。

3. 来自 Obama White House（白官）。

4. 来自 Forbes。

5. 来自 Whirlpool Pro. Technology with a Purpose。

6. 来自 Emerj。

7. 来自 US Department of Energy（美国能源部）。

8. 来自 *Wall Street Journal*（《华尔街日报》）。

9. 来自 McKinsey & Company。

10. 来自 H. Gleissner and C. J. Femerling。

11. 来自 Ars Technica。

12. 来自 MIT Technology Review（麻省理工学院技术评论）。

13. 来自 Forbes。

14. 来自 Forbes。

CHAPTER 6

第六章

医疗保健中的人工智能

据估计，每个病人一生中产生的健康数据足够用于填满近 3 亿本书。与此同时，研究的进展是如此之快，以至于医生每周需要花 150 小时才能读完其领域内的所有出版物……机器学习有可能协助（而非取代）医疗服务提供者和科学家。

——乔纳森·卢因博士（Dr.Jonathan Lewin）
埃默里医疗保健公司首席执行官
——杰弗里·巴尔斯博士（Dr.Jeffery Balser）
范德比尔特大学医学中心首席执行官

目前人工智能在医疗保健领域的应用既有十分成功的，也有相当失败的，同时也有很多潜力可供挖掘。大量的可用数据可以帮助医生和医学研究人员进行疾病诊断和治疗，但现有的系统可能是碎片化的，并且使用起来很不方便。与病人护理相关的计算机系统本想将医生从不必要的工作中解放出来，但与预期恰恰相反的是，这些系统的使用往往增加了行政负担，降低了医患互动的效率。一些医生反映说，他们花了多达一半的时间来协调不相关的医疗方案。

尽管如此，在药物研发、疾病诊断和医院护理等领域，仍然存在人工智能驱动的系统应用成功的例子，并且这些系统可以满足多种多样的医疗需求。

🔵AI 药物研发

药物研发是目前人工智能算法的重要应用方向之一。使用数据科学和统计学进行药物研发并不是一件新鲜事，但与制造药物分子有关的化学方法却是困难而复杂的。其中一个原因是，分子中往往包含一系列的官能团。这些官能团由一个或多个原子组成，当这些原子组合在一起时，无论它们处于哪个分子中，都会发生相同或相似的化学反应。

在设计一个药物分子的过程中，重要的官能团必须位于正确的位置，以便身体能够吸收该分子，将其输送到目标位置（如肿瘤或感染部位），让该分子在该位置正常发挥作用，并最终将其从体内排出。由于药物分子往往是大而复杂的，而且通常包含多个官能团，因此确定药物分子中包含哪些官能团以及确定这些官能团的位置是一个严峻的挑战。

在实验室里制造一种药物更是难上加难。合成任何复杂程度如此之高的化学品，都需要用到目前最先进的科学技术。这是因为在合成一种药物的过程中，你需要将较小的分子（通常称为前体）与其他分子进行结合。随着一步步地加入更多的分子，单个分子会越来越大。使用现有技术，在不破坏已经制造好的部分的前提下，找到一种可以在所需位置上增加一个官能团的方法往往是很复杂的。

如果在实验室具体制造药物之前，能够从理论上验证该药物的可行性，将使得整个药物研发过程变得省时、省钱、省力。正因为如此，目前有公司正在使用海量化学反应数据来训练人工智能算法，从而使这些算法能够辅助设计更复杂的药物分子的最佳生成路线。虽然人工智能在这一领域中尚未产出大量实际成果，但其仍旧是这一领域的重点研究方向。一些早期的成果揭示了这一新技术在该领域中光明的前景。其中一个成果是人工智能模型帮助一家制药公司从根本上缩短了药物开发的过程，这个过程原本通常需要 7 ~ 8 年，其中 3 ~ 4

年是对化合物进行研究。利用生成对抗网络（GAN）人工智能模型，该公司能够对 3 万种不同的化合物进行测试，并确定一个可用于动物和人体实验的精确分子，从而将这部分的研究时间从 3 ~ 4 年缩短到仅 46 天[1]。

🔷 临床试验

进行临床试验的花费是巨大的，而且这些费用还在不断增加。研发一种药物并将其推向市场的费用可能需要高达 10 亿~ 20 亿美元。临床试验也很耗时，尤其是当试验针对的是神经性的、神经组织退化的、精神疾病的、退行性的和衰老等进展缓慢且难以监测的疾病时。简而言之，最初的药物研发和临床前的测试需要 3 ~ 6 年；然后需要 6 ~ 7 年进行 3 个阶段的临床试验。之后，药物研发者需要向监管机构提交必要的数据，比如美国的食品药品监督管理局（FDA）或欧洲的欧洲药品管理局（EMA），才能获准销售药物。在这之后，还需要做好审批后的监测工作。

试验的持续时间和试验所需的病人数量是增加临床试验费用的两大因素。除此之外，还有一个因素是在临床试验期间为了确定某种药物是否有效而对生物标志物进行的测量，这些测量可能包括临床医生的观察或使用秒表进行的行为评估。例如，某一项测试可能要求记录你在一分钟内交替地触摸你的鼻子和另一只手掌的次数，或者一项测试要求测量你在 6 分钟内行走的距离。这些基础的测试需要耗费大量的执行时间，并且需要大量的测试人群。因为这些测量大多是主观测量，其在没有大量样本的情况下很难得到期望值进行评估。由于许多测量是通过观察和使用秒表手动完成的，其测量结果也不是很精确，因此需要更长的试验时间来测量药物的效果。这些测试还要求患者到诊所接受测量，而不是在自然家庭环境中。这意味着需要更多的病人和更多的临床医生，从而在无形之中增加了成本。

人工智能通过让试验对象使用可穿戴设备的方式，极大地改善了这种情况。这些可穿戴设备包括智能手表和其他传感器，它们能够收集日常生活中客观的、可量化的数据。这样做可以获取更多、更好的患者数据，这些数据在较小的和更广泛的临床研究中可以被精炼并与其他特定疾病的数据结合起来进行分析。这些人工智能方案不仅可以减少药物试验时间和试验患者群体数量，还可以缩短药物上市所需要的时间，进而节省数十亿美元的花费。这是因为该方案可以减少试验所需的患者数量并精确监测治疗方案的起效方式。此外，这些方案为患者提供的便利进一步减少了损耗，从而保证了试验的时间和预算。

临床试验的高昂开销还同寻找、招募患者有关。寻找足够的患者是一个费力的过程。许多试验因为无法招募到足够的患者而被迫取消。为了解决这个问题，研究者计划在不同的地点设立更多的临床试验地点，这也增加了试验的成本。在第三章中，我们讨论了电子商务企业获取客户的一些手段，如针对某一受众群体定制广告。使用同样的方法，利用来自社交媒体、广告、浏览行为以及其他相关信息的数据，许多参与试验的患者招募成功率得到了显著提高。对于患者数目较少的罕见病试验来说，更是如此。

🅰️ 疾病诊断

对于病理学家来说，图像是诊断和预测信息的重要来源。因此，人工智能模型已被应用于这一方面。目前，已有大量关于机器学习技术在图像分类和信息提取方向上的研究。其中之一就是对肿瘤图像进行分类，从而识别癌症。

全切片扫描技术已经能够对病理切片进行显微镜级别的数字化处理，这使得人工智能模型在图像方向上的应用成为可能。斯坦福大学的研究人员正在训练一种算法来识别皮肤癌——人类最常见的癌症类型之一。为此，他们对 2000 多种皮肤病的近 13 万张皮肤损伤图像进行了标注，以测试计算机能否将无害的痣与恶性黑色素瘤区分开来[2]。结果是令人瞩目的：他们的算法与由 21 名经过职业认证的皮肤科医生组成的团队给出的结果一样[3]。研究人员计划在未来向智能手机用户提供该工具。

对于其他疾病来说，相关图像还没有被收集和标注，因此它们还不能作为训练数据，这一方面是因为医生需要时间来对这些图像进行标注，另一方面是因为在这样一个管理严格、碎片化严重的行业中，一种新技术的应用必然会面临阻碍。即使完成了标注，这些人工智能给出的治疗方案能否被医生实际应用，以及其安全性和可靠性等均需要通过监管部门进行验证，而这也需要一定的时间。

如今医疗保健的一个关键研究领域是对阿尔茨海默病影响因素的确定、诊断和治疗。在一个普遍越来越长寿的人群中，阿尔茨海默病这一问题正变得越来越严重：它目前是导致全球范围内老年人残疾和依赖他人的主要因素。麦吉尔大学的科学家们在最近完成的一项研究中利用人工智能开发了一种算法，它能够利用阿尔茨海默病患者大脑的一次 PET 扫描结果，在发病前两年识别出阿尔茨海默病的特征。这种算法能够改善医生治疗病人的方式，并使临床试验进行得更加快速和经济，使得治疗方案能更早地投入市场[4]。

波士顿大学的研究人员在 2018 年进行了另外一项关于阿尔茨海默病的研究[5]，利用人工智能对著名的弗雷明汉（Framingham）的心脏研究数据进行了研究。研究人员利用人工智能来研究哪些因素会增加罹患阿尔茨海默病的概率。不出所料，年龄是该病的重要影响因素。然而，作者在数据中发现了其他有意义的联系。神经生物学教授罗达·奥（Rhoda Au）写道："分析还发现，'丧偶'的婚姻状况、较低的身体质量指数（BMI）和中年时较少的睡眠都是导致阿尔茨海默病的风险因素。"希望这些结果对个人和临床医生都能有所帮助。

谷歌尝试利用人工智能和大数据来预测心脏病和高血压，这是这两项技术的另外一个应用方向。测试这两项指标的目的是帮助患者预测一些更严重的情况：比如是否有可能会发作心脏病或中风。由于医学研究人员此前已经注意到"视网膜血管与心血管重大事件风险之间存在一定的相关性[6]"，因此，谷歌的团队对受试者的视网膜进行了检查。谷歌表示，利用视网膜图像预测哪位患者会在 5 年内心脏病发作或遭遇其他重大事件，约有 70% 的正确率。这些结果与测量患者血液中胆固醇水平得到的结论是相符的。

谷歌的算法使用 284335 名患者的数据作为自己的训练集，并在两组相互独立的数据集上进行了测试，这两组测试集分别包含了 12026 名和 999 名患者的相关数据。首席研究员莉莉·彭（Lily Peng）博士报告说，"训练数据集确实较小，"不过，她补充道，"我们认为，随着一步步获得更全面的数据，这种预测的准确率会更高一些[7]。"

如今，人工智能还被用于对阿尔茨海默病的症状进行跟踪和了解。麻省理工学院计算机科学与人工智能实验室（CSAIL）的研究人员正在研究如何根据阿尔茨海默病患者积累的行为数据来对其进行治疗[8]。为了收集患者数据，该团队将一个扁平的白色盒子用魔术粘贴在患者房间的墙壁上，这一设备可以追踪患者的所有动作。它每天使用低功耗无线信号跟踪数千次的运动，从而了解患者的步速、睡眠模式、位置和呼吸模式等信息。

在这些信息被上传到云端后，机器学习算法会在患者的日常动作中寻找模式，进而帮助研究人员对患者的病情进行诊断和追踪。在阿尔茨海默病发病的几年前，大脑中的微小变化会表现为行为和睡眠模式的微妙变化。这使得研究人员能够利用人工智能模型识别可能发展为重症类型的患者，这也就意味着可以更早地进行治疗，同时也可以确定患者是否可从实验性疗法中获益，甚至帮助家庭成员针对最终的护理需求进行规划。

🄰 为临终关怀做准备

虽然病人的死亡时间是非常具有预测价值的，但众所周知的是，医生很难对这一问题进行预测。这也就是为什么目前人工智能会被用来对个人的死亡时间进行预测。伦敦大学学院玛丽-居里临终关怀研究部的一个团队于 2016 年开展的一项研究显示，医生对死亡的预测有比较大的误差，从"低估 86 天到高估 93 天不等[9]"。为什么医生的预测误差会这么大？因为死亡预测需要考虑各种复杂的因素，包括家族史、年龄、疾病自身的特性以及患者对各种药物的反应等。医生自身的偏见，比如他们天生不愿意承认死亡将至，也会让情况变得更加复杂。普利策奖获得者、医生、作家西达萨·穆克吉（Siddhartha Mukherjee）曾经描述过这种情况："已有的跟踪记录表明，医生预测哪些病人会死亡的准确度很低。死亡是我们的终极黑盒[10]。"

准确地预测死亡时间对病人和医疗机构来说都有重要的意义。这使得医务工作者可以在正确的时间实施临终关怀方案，病人可以在需要的时候选择不同的服务，包括适当的疼痛管理，获得心理、社会、文化、精神需求的相关支持。

良好的预测也能避免因病人过早进入临终关怀而给医疗系统本身带来不必要的负担。

人工智能是否可以用来精确地决定病人何时应该进入临终关怀流程、是否应该同家人和朋友联络、供药方案是否需要调整？斯坦福大学的一个研究团队急切地想知道这些问题的答案。该团队利用人工智能算法来对患者的死亡时间进行预测，希望改善重症患者的临终关怀时机[11]。

该团队达成的目标是使用医院的医疗记录（患者死亡前存在的数据）找出何时能够准确预测患者的死亡时间。医生们对这些信息进行了编码，其中包括病人的诊断、所做的扫描次数及开出的医嘱等一切信息。尽管这些信息十分有限（例如这些信息里没有问卷或对话），但它们还是被输入一个深度神经网络中，以使算法为某位患者生成一个未来 3 ~ 12 个月内死亡的概率评分值。该研究使用了大约 17.5 万名患者的数据来训练算法，并在其他 4.5 万名患者身上进行了测试。除了医院的医疗记录外，该团队还考虑将这些患者已有的其他数据输入算法中，以研究这些数据是否有助于预测死亡日期，以及什么样的输入能教会算法进行预测。事实证明，该系统足够准确，对历史病例死亡的预测正确率高达 90%。现在，这个模型被用于每日向医生提供的新入院高死亡率患者的报告中，以便医生可以进行适当的干预或规划。

在另一项由耶鲁大学完成的研究中，一个研究团队使用人工智能技术对挂号处 4 万多名患者的健康数据进行了分析，目的是通过这种方式改善对心脏衰竭患者存活率的预测准确率[12]。该研究使该团队不仅能够对存活率进行预测，而且能为患者提供更好的治疗方案。其根据患者对常用药物的不同反应，将患者归类成 4 组，并据此提供不同的治疗方案。这种创新方法可以使这一无法治愈的慢性病患者得到更好的治疗。

由于黑盒问题的存在，目前人们还无法完全理解为什么人工智能擅长做这些预测，因此医生很难从中获得有价值的经验。不过，这并不妨碍人工智能系统继续在某些问题上处理得比医生更好。这些类型的人工智能模型可以帮助医生对患者进行更好的护理，同时将专业医生从时间短缺的问题中解放出来，使他们可以将其他更重要的技能发挥出来。

（AI）住院护理

2018 年 1 月 24 日，谷歌发表了一篇由其 34 名人工智能研究人员撰写的研究论文，称其预测病人住院的结果比现有软件更为准确。已经检验的内容包括：病人是否会在出院后再次入院，患者最终的诊断结果会是什么，以及患者是否会死在医院里。在这一过程中，谷歌做了一些非常重要的事情：为了完成这项研究，它获得了 216221 名成年人的去除身份识别后的数据，这些数据中有超过 460 亿个数据点。

谷歌使用 3 个神经网络来对数据进行学习，并找出哪些数据对患者的预测结果有着最大的影响，这些数据揭示了与上述 3 个结果关联最紧密的字段和事件。该人工智能算法建立在谷歌之前一个名为 Vizier 的项目的基础之上，这一算法不依赖人工智能专家对需要纳入分析的数据进行手动筛选，而是自行学习并忽略不相关的数据。虽然结果尚未经过同行评估，但谷歌表示，其神经网络能够较目前其他可用的方法提前 1 ~ 2 天预测患者的死亡[13]。

人工智能还可以帮助患者确定出院时间。洛杉矶儿童医院的一个团队现在正在利用深度学习来预测当儿童患者处于什么样的状态时才可以离开儿科重症监护室[14]。为了完成这一目标，他们主要参考的是从重症监护室中收集的数据，这里的每一个数据都包含了大量关于病情、治疗方案和患者反映的信息。"人工智能使我们能够研究从重症监护室中获得的信息，并生成模型用于理解药物、干预措施和患者健康之间的复杂关系，"洛杉矶儿童医院的高级数据科学家大卫·莱德特（David Ledbetter）说，"实际上，我们使用人工智能从这些经验中学习，并用所学到的经验知识为每个被送入我院的孩子提供尽可能好的护理[15]"。

机器学习算法需要大量的数据，而这正是总部位于威斯康星州（Wisconsin）麦迪逊市（Madison）的电子病历公司 Epic 的基本工作。作为美国首批将人工智能融入患者护理工作流程的卫生系统之一，Ochsner 卫生系统利用这些海量数据在 2018 年推出了一个令人兴奋的新人工智能工具。该机器学习平台由 Epic 构建，并由微软 Azure 提供支持，旨在预测并防止"蓝色代码（Code Blue）"的出现——即防止出现患者心跳或呼吸骤停并需要立即进行医疗干预的次数设定。Ochsner 在 2017 年底使用该系统进行了为期 90 天的试点研究，它将医院典型代码的数量减少了 44%。

　　该平台跟踪了数千个数据点，并据此预测哪些患者的病情将很快恶化，然后生成"预代码"警报，这一警报可以帮助 Ochsner 的护理团队更快、更主动地治疗患者，从而节省时间、拯救生命。这些警报经过微调后可以提前 4 小时发出。"它就像一个分流工具，"Ochsner 医疗中心快速反应和复苏团队的医疗总监迈克尔·特鲁西洛（Michael Truxillo）说，"一名医生可能会同时监督 16 ~ 20 名患者，而对医生来说，确定哪名患者最需要关注是十分困难的。该工具说，'根据实验室数据、生命体征和其他数据，现在要关注这个病人[16]。'"

　　英国皇家自由医院与谷歌的 DeepMind 团队联手打造了一款名为 Streams 的应用，这款应用旨在提高员工的工作效率[17]。他们专注于"抢救失败"的问题——即不能及时将合适的医生送到合适的病人身边。目前，Streams 已经被用来帮助临床医生更好地识别和治疗急性肾损伤——这一问题同英国每年有 4 万人死于急性肾损伤有关，而根据英国国家医疗服务系统（NHS）估计，其中的 1/4 是可以预防的。识别症状是很棘手的，因为它是一系列小数据信号的组合，但这些数据点除了预示症状的发生以外，还可能意味着许多其他事情，所以这些数据点经常被忽略。Streams 将多个数据源汇集在一起，因此可以检测到这些数据点。皇家自由医院复苏团队的负责人莎拉·斯坦利（Sarah Stanley）护士说："Streams 每天为我们节省了大量的时间。对一些最脆弱患者的即时警报意味着我们可以更快地对这些患者进行正确的护理[18]。"

　　另一个提高工作效率的例子来自纽约长老会医院，这是美国最繁忙的医院之一。他们建立了一个非现场指挥中心，供护士对病人进行监测。临床运营中心（CLOC）会对来自包含智能床在内的基于传感器技术的多种实时来源的生理数据进行监测。人工智能的辅助监测使得临床运营中心的护士可以对现场护士进行指导，从而使他们的时间得到更好地利用。这有助于缓解医院护士过度疲劳，让他们有更多的时间陪伴病人。该医院的首席技术官利奥·博登（Leo Bodden）说："我们已经依靠高度复杂的自动化系统成功地在很大限度上减少了注册护士、医生和其他工作人员执行任务的冗余度，减少了监测病人所需的团队成员数量，并大量减少了工作人员输入病人数据的时间[19]"。

　　对于人工智能进入医学领域，医生和患者有何反应？诚然，这一技术的引入面临着一些阻力。例如，患者担心机器会取代医生，或者人类最终会从所有的医疗决策中消失。然而，洛杉矶儿童医院的 David Ledbetter 确信，医生永远是最终的仲裁者。Ochsner 的医疗总监 Tuxillo 也有相同的看法。"临床医生天生就持怀疑态度，"有报道引用 Tuxillo 的话说，"他们在想，'人工智能会取代医生吗？'答案是否定的，医生仍然需要对患者进行诊断。这些工具帮助他们确定护理的优先级，并对医生必须跟踪的不断变化的信息流进行综合分析。这项技术有助于拯救生命。如果我们能基于警报而为患者提供不同的方案，那么我们就为他们、他们的家人和社区提供了巨大的帮助。"

就像血液检测和磁共振成像（MRI）扫描仪在引入医疗行业时没有取代医生一样，人工智能也不会取代医生。它只是医生用来探查、测试和分析病情的另一种工具，这种工具使他们能够提供更加优质的服务。

🔲 注释

1. 来自 Technology Networks（技术网络）。

2. 来自 Venture Beat。

3. 来自 *Nature*（《自然》）。

4. 来自 McGill（麦吉尔大学）。

5. 来自 *Medical News Today*（《今日医学新闻》）。

6. 来自 *USA Today*（《今日美国》）。

7. 同前。

8. 来自 MIT Technology Review。

9. 来自 ResearchGate（研究之门）。

10. 来自 *New York Times*。

11. 来自 *Stanford Medicine*（《斯坦福医学》）。

12. 来自 *Yale News*（《耶鲁新闻》）。

13. 来自 Mass Device（质量装置）。

14. 来自 *Journal of the American Medical Informatics Association*（《美国医学信息学协会杂志》）25，第 12 期。

15. 来自 Re-Work。

16. 来自微软。

17. Royal Free London，NHS。

18. *The Evening Standard*（《标准晚报》）。

19. Healthcare IT News。

第三部分
建立企业的 AI 能力

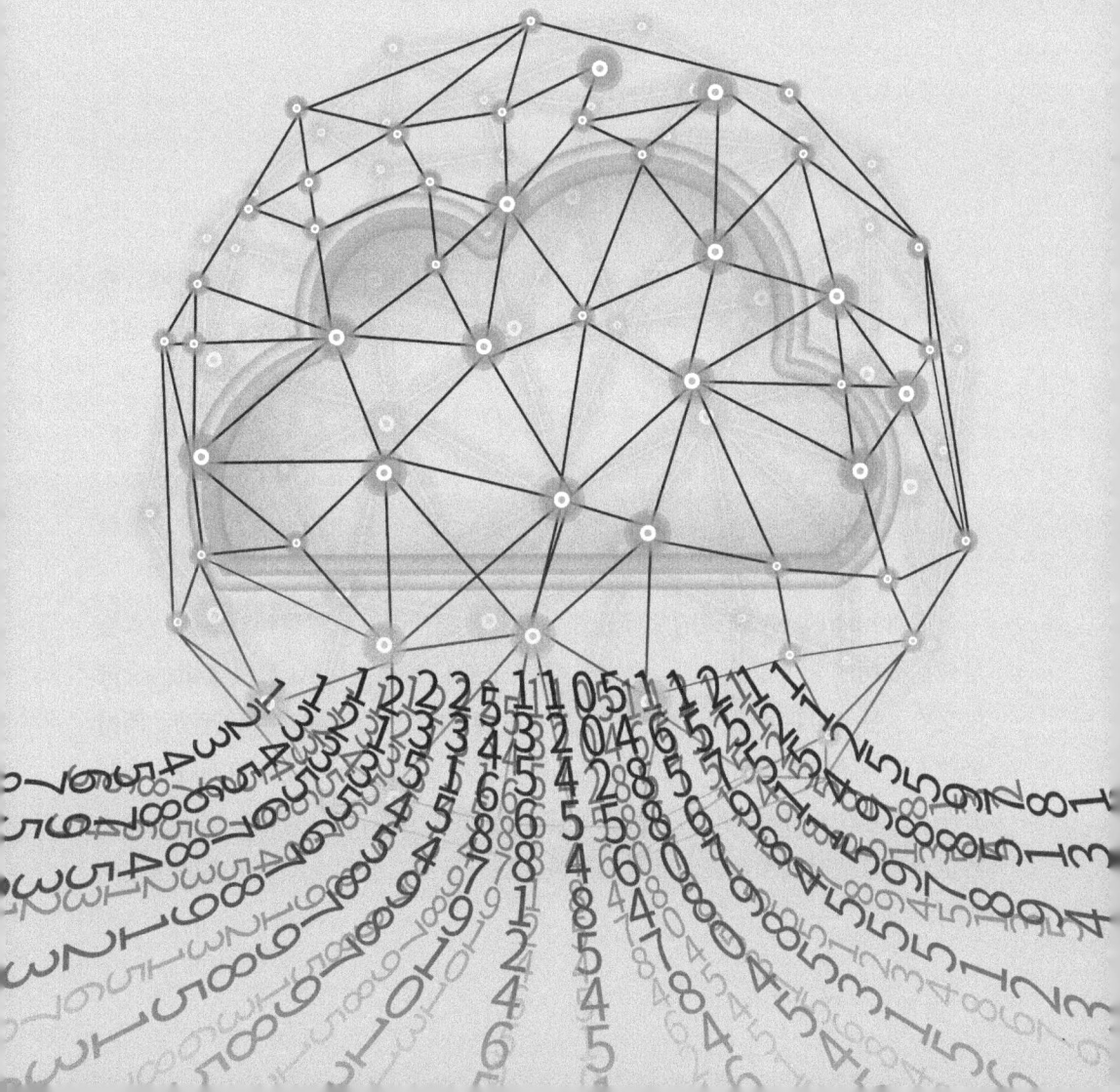

第七章

发展 AI 战略

很多世界 500 强企业的 CEO 都后悔没能够更早地开始制定互联网战略。我认为，5 年后依然会有很多世界 500 强企业的 CEO 后悔他们没能更早地开始制定 AI 战略。

——吴恩达（Andrew Ng）
Google Brain 与 Coursea 创始人
斯坦福大学人工智能教授

正如 Andrew Ng 所说的那样，许多企业领导者都没有注意到互联网技术会是他们公司的一个重大机遇。如今，许多企业将如何使用 AI 解决方案的决策权交给了各自的业务部门，它们往往只有发展 AI 的概念而缺乏实际行动。而当企业真正开始采取行动时，旗下的各个部门往往是独立运营 AI 项目而缺少相互协作，这导致公司内部出现了大量互不兼容且相互竞争的 AI 产品。这不仅会花费企业大量的时间和金钱，而且由于缺乏统一标准，会很大程度上削弱转型的能力。

幸运的是，许多企业和他们的董事会已经开始将 AI 数字转型作为企业的当务之急。AI 转型无疑是越早越好的，因为在实际执行 AI 战略的时候，企业很容易低估转型所需的时间以及面临的挑战。这是因为仅参考市场上 AI 的使用趋势，很难帮助企业判断应该采取哪些行动。

高管们通常会担心将 AI 融入企业以及企业文化中所面临的挑战，或者是担心缺少合适的基础设备以至于无法通过 AI 算法来赚取利润。

即便是在这二者都没有问题的情况下，仍旧会有这样一个问题：从商业实用角度来看，什么样的 AI 用例是最有效且最划算的呢？另外，如何采集合适的数据也是一个难题。如果企业拥有的"大数据"与 AI 策略不相关，则其并不能帮助 AI 落地。如果企业无法明确使用什么样的 AI 应用，那么也将无法明确具体的数据需求。

尽管面临着诸多挑战，但有一件事是显而易见的：比起那些不擅长做变革的竞争对手，那些扩展 AI 使用的企业将会展现出巨大的竞争力。本章旨在陈述如何为企业制定实用性强的 AI 战略，并着眼于应对在没有正确战略的情况下可能出现的挑战。

互联智能系统的目标

一种使企业受益于 AI 的思考方式是将 AI 的使用分为 3 个高层次的类别：消除重复性任务、具备洞察力和预测能力、增强人类的智慧。

消除重复性任务：计算机很擅长把简单的、重复性的任务自动化，这有时被称为"让机器人脱离人类"。因此，机器人流程自动化（RPA）技术可以将员工从需要很少认知思考的机械化工作中解放出来。自动化降低了成本以及减少了人为因素导致的错误，也减少了脑力劳动者因重复性劳动而产生的不满情绪。RPA 系统自 2009 年以来一直备受人们关注，它创建了业务流程层：通过连接计算机已经执行的业务流程，而不必重写软件代码或者对现有应用程序进行实质性更改。和机器学习系统不同，这些 RPA 系统更像是一群专家，也就是说它们是基于规则执行的。这意味着 RPA 系统可以被"传授"人类执行任务的技巧以及所做事情背后的逻辑。这就允许企业用一个自动化的 RPA 系统取代那些执行无聊、重复性任务的人。单独的 RPA 系统并不总是能够胜任所有任务，因为仍然有一些 RPA 系统的逻辑规则无法处理简单的日常操作决策。为了使 RPA 能够做出更智能和复杂的决定，它需要结合更加智能的 AI 系统，从而为数字化劳动和智能机械自动化奠定基础。这种智能决策解决方案的优势在于不必对底层应用程序进行任何修改。

具备洞察力和预测力：机器学习和语义推理系统使我们可以从结构化的和非结构化的数据中自动地提取未被发现过的特征，从而识别出数据中存在的模式，并做出预测或发现事件之间的潜在联系。由此，计算机可以推荐甚至采取其他行动。这种对数据的利用提高了公司的竞争力，使其能够获得新的客户，增加新的收入，减少客户流失，从而增加利润并改善供应链。

增强人类的智慧：提供给员工或客户的文本推荐系统可以有效地利用人类的判断力和创造力，并结合 AI 的分析能力。我们已经可以通过本地应用程序来实现这种增强智慧了。例如，程序能在业务流程或用户工作流的上下文中提供建议或知识（如读取放射影像），并使员工能够更有效地执行基于知识类别的任务。增强人类智慧的益处是它能够将业务转化为一种业务洞察的形式，即当某种情况发生时，管理者和执行者已经预测到这种情况可能发生，并且早已准备好合适的解决方案。

AI落地的挑战

正如前文所述，企业在落地 AI 时会面临诸多挑战。企业领导者往往并不知道如何以及在企业哪些地方使用 AI。有时，能够为公司创造价值的 AI 用例并不是显而易见的。通常情况下，企业会进入概念验证（PoC）的阶段。例如，企业的研究表明了实施 AI 用例的潜在价值，但因为管理层担心 AI 会做出可能从监管、商业或品牌角度对企业有害的错误决策，因而对 AI 投入实际生产环境再三权衡；在其他时候，AI 落地还存在一些协作方面的挑战，即 AI 团队只在一个理想的环境中工作，而无法将其模型整合到现有系统和业务流程中。

根据一些企业的报告，在项目试运行之后，企业需要很长时间才能得到足够的数据和合适的环境。通常，数据大多存储在不同的系统中，且管理人员常常缺少预算或者相关技能来配置 AI 所需的高性能的计算环境，而这些对于 AI 来说是必不可缺的。此外，在盈利方面，那些成功开展了 AI 项目的公司充其量也就报告了喜忧参半的业绩。根据 2016 年的一项调查，只有 27% 的企业能从大数据战略中获利[1]。Enrique Dans 说："事实证明，大多数公司的机器学习方法（未来的分析工具）都存在着致命问题——87% 的项目没有通过实验阶段的验收，因此永远无法投入实际生产[2]。"在下面的小节中，我们将更详细地介绍一些阻碍 AI 战略成功实施的障碍。所有成功的 AI 战略都需要应对这些挑战。

言过其实：在 AI 领域，宣传效果和实际效果之间的差别是相当巨大的。AI 这个词似乎成了一个流行语，如果没有深入了解不同类型的 AI 及其工作方式，就很难弄清楚什么是真正意义的 AI。对 AI 没有清晰的定义将很难成功贯彻实施 AI 战略。企业很可能会在对 AI 了解很少的情况下涉足这个领域。此外，在一个组织中，如果 AI 项目的负责人对其实用能力、价值或总投资收益率（ROI）不明确，那么他们在相应业务中实施 AI 时很可能会受到阻碍甚至半途而废。

"脏"数据：许多公司在启动了 AI 项目后会反映存在"脏"数据的问题。这些问题通常表现为数据缺失、数值错误或数据之间缺少相关性。AI 团队不仅会发现他们的数据不够干净，缺失推进项目所需的必要数据，还面临数据重复的挑战。这使得团队很难准确了解客户的情况，比如，客户同时花费了时间、金钱，有时甚至是声誉[3]。如果有监督的机器学习使用了太多重复的数据，那么预测结果可能过分依赖于重复数据中更普遍的特征。这些脏数据以及一些其他因素，可能会导致更严重的问题。例如，某企业开展一个 AI 项目后，可能需要很长时间将其进行清理并集成到 AI 模型的环境中，才能得到合适的数据。这种拖延会导致 AI 项目需要花费很长时间才能上线并实现价值，从而导致许多项目半途而废。许多很好的想法都止步于这个阶段。

使用模式：一方面，在企业内部可能有许多领域适合使用 AI，但每个领域的需求却又各不相同。例如，对于 HR 人员，想从 AI 中知道的很可能是对新员工未来业绩的预测，而这可能与销售人员想从 AI 中获取的内容差别很大。另一方面，在一些领域中存在截然不同的需求，但却可以使用相同或者相似的 AI 算法来实现。例如，根据历史的心跳记录数据预测病人的心跳骤停和预测输气管道泄漏是完全不同的用例，但是它们却可以在底层使用相同的预测模型以及数据结构。如果对这种模式缺乏理解可能会导致企业采用完全不同的、互不相关的解决方案。如果不了解不同 AI 方法的相似性以及标准化和交叉应用的潜力，那么管理者就很难制订一个全面的计划，这样的结果往往会导致重复工作以及高额成本。

复杂度和新兴技术：并不是每个人都拥有数学建模和数据管理的能力。AI 中的许多模型和算法在原理上都是极其复杂的。对模型的相关决策参数进行调优需要时间、技巧和耐心。而 AI 技术正处于持续的变化当中，其面临全新的挑战和不断开辟的新领域进一步加剧了这种状况。现在，已经有了许多不同的 AI 方法与工具，但依然有更多的方法与工具在不断涌现。这种快速迭代使得企业很难知道哪些技术已经过时，以及该使用哪一种技术。在 AI 的复杂性以及不断迭代的新技术之间，企业很难有前瞻性地贯彻一个可持续的 AI 战略，这迫使许多企业在内部有局限性地实施甚至完全推迟使用 AI 解决方案。

不断演变的规则：现有以及即将出台的法规改变了数字化营销的格局。2018 年，欧盟《通用数据保护条例》（GDPR）生效。这项条例是自 2012 年 1 月开始的长达 4 年的工作结果，当时欧盟引入数据保护改革的构想。2020 年，美国《加州消费者隐私法案》（CCPA）正式生效。这两套法规旨在维护各自公民的数据保护权和隐私权。就 GDPR 而言，它保护欧盟和欧洲经济区的公民，影响着在这些地区开展业务或与这些地区的公民打交道的企业。对于 CCPA，它保护加州居民。受保护的个人有权知道有哪些与他们相关的数据在被收集，以及这些数据是否或者何时被出售或转让。他们还可以访问自己的数据，并要求企业删除有关他们的个人信息以及禁止企业出售他们的个人数据。这些现有以及未来的法规，不仅会影响那些位于受保护地区的公司，而且会影响世界各地的企业。目前，许多企业都在努力提高个人数据的透明度并实施更严格的数据管控。我们将在第十四章进一步讨论新的法规和政策。

稀缺的人才：AI 人才目前供不应求。虽然与估计的数据有所差异，但在 2017 年 12 月，据中国互联网巨头腾讯公司估计，全世界大约有 20 万～ 30 万个 AI 从业者和研究人员的空缺岗位[4]。AI 科学家的高薪招聘以及长期供不应求都反映了这一点。考虑到求职者拥有多种选择，他们可以随意地挑选企业。通常，他们更喜欢那些杰出的团队，因为借此能够有机会解决各种各样的问题，这些团队通常有随时可用的良好数据，同时也已经拥有一个强大的建模平台。如果没有这些因素，企业在招聘优秀人才时会异常困难。

各有不同的执行：即使某企业成功地聘请了合适的 AI 团队成员，并且这个团队成功构建了一个 AI 模型来解决问题，也可能会遇到 AI 模型不被业务优先考虑、不知道如何使用或不被信任的问题。造成这个问题的原因是各种各样的。IT 部门（任何 AI 解决方案实施的最关键部分）可能没有足以支持 AI 项目的部署资源或者没有为其提供足够的资金；基础架构团队可能没有足够多的商业案例来证明要使用某种必要的服务器或者基础架构来支持它运行；受限于令人费解的法规，数据治理可能限制了对必要数据的使用；由于烦琐的流程，数据工程可能未能及时完成构建完善的数据管道的任务；也可能是由于业务用户没有充分参与模型的定义以及开发的过程。更重要的是，AI 科学团队可能因为对业务不够了解而不能提出合适的算法，或者无法以一种让用户参与的方式提出合适的解决方案。管理层本身也可能没有表达清楚他们的需求和目标，而仅仅是把事情交付给 AI 团队，或者没有给予足够的力度支持以使得用户和 IT 部门协助 AI 团队。另外，如果这些解决方案使业务流程发生了太多的变化或者需要额外的投资，那么企业很可能无法很好地实现它们，进而将 AI 的实施推向了不确定的未来。

AI战略组件

许多 AI 难以实施的根本原因是没有制定一个全面、连贯及可持续的战略路线。当企业高管们开始考虑在公司中使用 AI 时，他们必须明确他们想从中得到哪些成果。通过仔细考虑以下这些可交付成果可以帮助企业制定合适的战略。

首先，企业应该设定目标来定义企业内部 AI 的目标和愿景。这些目标可能包括建立长期的竞争优势、增加营收的机会或者节约成本。通常来说，目标是通过新产品、服务或商业模式来支持数字业务转型和业务创新的整体 AI 转型。

其次，企业应该明确一些用例，这些用例定义了那些可以通过 AI 来实现企业目标的潜在的短期或者长期方法。用例有助于确定企业数据货币化的方式。这个用例目录允许业务部门完成各种目标，使其能够理解 AI 的总体业务案例，并展示其提供价值的不同方式。确定用例还有助于定义 AI 解决方案的整体需求，以及支持这些解决方案的相关信息管理。它还可以帮助业务部门了解可能受到影响的用户组和业务流程。这些信息可以用来创建战略路线图以及变更管理计划。

再次，企业应该创建一个包含相关技术组件和平台的架构，并使用这个架构来支撑 AI 以及对应的数据需求。这个架构不仅包括 AI 组件，还涉及如何让企业架构和现有应用程序以 AI 为中心。它应该包括信息采集、存储和处理、AI 建模、可视化、用户体验、模型管理和部署，以及与业务线系统或业务流程的整合，以使得 AI 项目被激活并执行。

企业还需要正确的数据策略和数据准备计划，保证能够为用例提供一定质量和实时性的数据。数据准备应该包括数据质量的评估、补救及数据生命周期管理等活动。

企业必须建立组织化能力，这种能力包括大规模执行 AI 项目所需的结构、人才和流程。组织化能力包括围绕结构的决策，例如，AI 是否应该在某个组中，是否应该嵌入相关的业务组中，是否需要维护一个实践社区。组织化能力还应该包括维持 AI 生命周期的角色和流程，培养和发展 AI 所需的必要技能，以及与外部 AI 生态系统保持联系。

最后，必须建立一个统筹和变更管理系统来定义如何做出决策，如何维护 AI 模型的"安全性"，以及公司如何在整个企业范围内部署并利用这种新的能力。治理结构决定了诸如项目所有者、标准、价值评估、项目批准流程和优先次序等重要事项。统筹管理还定义了市场分析、竞争评估和供应商评估方面的研究议程。变更管理致力于让领导层和公司沿着 AI 路线前进，从而增加员工参与的积极程度，减少组织内部的阻力。

制定AI战略的步骤

一旦确定了前面的可交付成果，就可以采取必要的步骤来扩展和放大企业愿景，使得 AI 计划成功实施。首先，执行团队成员必须紧跟计划脚步，以保证他们对 AI 的理解和认可度是一致的。他们需要了解哪些是必要的以及可以实现的，并就 AI 项目的重点领域和目标达成共识。抱有不切实际的期望可能会使 AI 项目的努力付诸东流。

行政简报应该包括有关 AI 可信度的调查，批判性地审视有关 AI 的过度吹捧与实际情况，以及了解 AI 如何使各行各业获利。简报应该让团队中的每个人都能清楚地明白怎么样才算是真正成功地实施了 AI。

完成简报之后是考虑组建 AI 团队的绝佳时机，接下来的每一步都需要比之前付出更多的努力。一开始可以将组织内部志同道合的人聚集在一起组建团队，然后吸纳外部合作者和新员工来扩大这个团队。团队要做的决策包括对活动的管控，例如驱动用例的发现以及定义 AI 系统的架构需求。

接下来，企业应该明确哪些领域存在着机遇。高层管理者需要在公司使用（或改进）AI 技术的关键驱动因素上达成一致意见。AI 技术能在哪些方面发挥作用？是否值得投入足够的时间和成本？通过检查公司的潜在用例以明确存在的机遇，并了解这些领域的 AI 是怎样提高业务整体水平的。对于每个领域，应当明确业务目标、预期收益、对当前流程和系统的影响以及目标的可实现性，优先考虑存在机遇的领域，从而确定一个对企业最具吸引力、最具影响力、最具备可行性的业务案例。

然后，企业需要确定是否已经做好在明确了机遇的领域中实施 AI 战略的准备，评估事项包括数据、技术、组织架构、管理、品牌、供应链和合作伙伴。企业领导者需要清楚他们应当如何在一系列技术和非技术领域中利用 AI 技术脱颖而出。他们必须基于这些评估和参考相似转型企业（即使它们来自其他行业）来弄清自己当前的能力与实施 AI 系统所需能力之间的差距。理解这种差距有助于企业确定需要改进的地方并制定转型路线。

一旦上述步骤准备就绪，企业便可以制定 AI 战略和运营路线，以扩大使用 AI 的规模。企业可以根据自身的风险情况、需求紧迫程度、准备程度、预算及进度等因素，确定所要进行的活动、方法、优先级、高层计划及时间表。路线图应该对前面所讨论的所有准备任务进行查缺补漏，确保每个漏洞都有对应的补救计划。

虽然这个阶段的计划无法对金融业务的影响进行详细的评估，但是企业可以根据高级别的业务案例来规划所需的内容。业务案例包括对成本和收益的定性以及定量的评估。对于企业来说，潜在的成本可能包括对资源的优先级分配或重新分配，以及对员工、培训、软件、硬件、咨询和运营进行必要的投资。

条件允许的话，还应该做好权衡并确定机遇的相关收益和成本。使用 AI 可以给企业带来的潜在收益包括提高运营效率，降低成本，提高营收，缩短上市时间，提升企业的 IP 价值、竞争优势、客户满意度以及增加市场份额。

　　以上全部就绪之后，就可以开始让企业的员工适应 AI 了。使用和之前执行团队中相同的工具，可以更好地让企业了解哪些是必不可少的，哪些是可以实现的。领导者则应该在企业内组织演讲，让每个人都能了解 AI，从而使企业朝着 AI 化和数据驱动化的企业文化发展。

🔲 另外的一些组装工作

　　本章的剩余内容将更详尽地介绍定义 AI 战略和转型路线所需的一些论题。为了确保新型 AI 企业在进一步扩张、提供变革性价值的同时值得付出时间、精力和金钱，一些基本要素对于企业来说非常重要，包括变革型数据策略、AI 平台和卓越的 AI 中心，这些可以来维持 AI 计划。

创建一个卓越的 AI 中心

　　企业想要最有效地实施 AI 战略，就要建立一个卓越的 AI 中心（AI CoE）。AI CoE 是企业执行 AI 计划的组织。它有助于制定和维护跨部门的平台、数据以及人才有关的相关战略，也是 AI 平台关于调度和管理等问题的决策部门。

　　根据 AI 团队所处的位置进行划分，有 3 种不同的执行模型（参见第十一章图 11-1）。大多数企业很可能决定采用联邦模型。在一个联邦模型中，AI 人才和科学家并不都在 CoE 内部，相反，他们在个人业务单元（BU）中工作，CoE 会按需为他们提供帮助。这种部署使特定的 BU 能够在合适的位置进行本地化的创新，在适当的时候利用 CoE 跨部门协作，生成他们的特定用例。如果一个模型过于中心化，如图 11-1 右侧所示，那么本地用例将无法得到足够的关注。如果一个模型过于分散，如图 11-1 左侧所示，那么各个 BU 之间可能缺乏协作，这会迫使每个 BU 都不得不制定自己的策略，从而导致冗余和低效，最终结果往往是投入实际生产的任何事物都要付出相对较高的成本，得到较低的回报，并且需要更长的周期来开展成功的商业案例。

在 AI 的生态系统中，与同行、大学、研究机构和产品供应商建立和维护关系显得至关重要。维系这些关系使得 CoE 能够紧跟行业中的趋势，并为学术研究和人员招聘铺好道路。同时因为 AI 领域的发展非常迅速，所以这些关系尤为重要。企业拥有一些能够增强生态系统的技术合作伙伴也至关重要，因为这些合作伙伴可以对组织内 AI 解决方案使用的速度及规模产生直接影响。此外，合适的技术合作伙伴可以帮助企业了解行业内潜在的发展方向。AI 领域正在迅速地发展；如果要为企业选择最好的供应商、销售商和合作者，就必须紧跟行业现状。第十一章将更全面地介绍 AI CoE 的功能及其与企业其他部门的相互协调。

搭建 AI 平台

AI 平台包括硬件、软件及工具框架，它能帮助企业大规模地加速 AI 项目的整个生命周期。如果企业没有强大的平台就实施 AI 项目，那么他们在获得显著回报之前将浪费额外的时间和金钱。一个项目花费很长的时间且投资回报率很低还不是最糟糕的；更糟糕的是人们对项目失去信心，放弃项目。当公司业绩不理想的时候，项目将被放弃，这将不可避免地导致资金的浪费，并使未来项目的信誉度降低。拥有一个平台及其相关进程可以缩短从实验到生产的周期，并使得平台用户大量烦琐的工作实现自动化。

AI 平台需要提供一些关键的东西。无论何时，AI 系统的设计都必须基于整个业务的需求。这些设计需要支撑 AI 和机器学习项目的生命周期——从数据管理到模型实验，再到将工作模型运用到生产中并持续监控它们。同时，这些设计需要为 AI 科学家提供自助服务功能，而不依赖于 IT 部门的帮助：这代表他们有权限直接调用数据及流程。此外，AI 平台还应涵盖 AI 和机器学习工具、框架以及 AI 科学家可能使用的方法，这使得项目的进展不会因基础设施或采购受到阻碍。第九章和第十二章将更全面地介绍 AI 平台。

定义数据策略

在过去，数据被简单视为是业务流程的副产品。客户服务和财务报告可能需要访问数据以便进行后续的工作，除此之外，数据在其他方面几乎没有价值，而且它们在初次使用之后就很难再被访问到了。然而，在过去的 20 年里，这种状况发生了巨大的改变。近年来，相关课题的专家通过将知识嵌入他们所构建的逻辑当中，创造了能够支持大多数决策应用的软件。通过机器学习，计算机无须明确的人工干预即可直接从数据中推理逻辑关系。这意味着数据在企业内变得至关重要。

今天，数据对于企业来说是一种极有价值的资产，它不但是决策的基础，也是生产或改进产品和服务的基础。事实上，当今大多数领先企业都在向数据驱动和算法策略发展。尽管数据可能是未来行情的重要来源，但只有少数的大公司拥有大量的数据，尤其是个人数据。算法中则几乎没有这种近乎垄断的情况；也没有人能从数学角度真正驾驭 AI。开源框架变得很成熟，其中许多框架都支持各种 AI 规划。虽然高质量的机器学习软件资源在激增，但是高质量的数据仍然是稀缺资源。尽管如此，却很少有公司去调整他们获取、存储以及管理数据的方式。数据策略——一套有关公司数据管理的规则、政策和标准——对于确保从数据中提炼出最大价值至关重要。

一套现代的数据战略可以使企业在更严格的控制力和更宽松的灵活性之间找到平衡。随着数据方面越来越多的监管和声誉问题，许多企业正在围绕标准化和合法性制定数据策略。数据的管理和标准化一直是合规性和监管报表所要求的，并且仍将延续。但是现在，灵活性和数据共享对于推动业务决策和新产品以及服务的开发更加重要。尽管大多数企业懂得通过数据治理了解数据管控、标准和质量的方法，但其中许多企业才刚刚开始考虑将数据转换为战略性资产所需的灵活性、共享性、复用性以及货币化。

作为数据战略的一部分，企业需要确定其数据货币化战略以及数据商业化战略。数据货币化利用企业内部的数据创造价值，其中包括第三方消费的数据。它通过在公司内部使用数据，为之前提到的用例实施相应的算法来实现盈利。数据商业化则是基于企业内部产生或聚合的数据为其他企业提供产品和服务。这将成为一项新的收入来源。越来越多的企业开始把数据商业化作为其数据战略的一部分。

为了建立数据驱动的竞争优势，数据必须尽可能是高质量且全面的。企业应该从创建业务（包括客户、产品、流程和业务环境）的数字孪生的角度来看待数据。如果数据来自公司本身（第一手数据），则必须对这些数据进行聚合及清理。此外，还必须确定建模所需的额外数据以及如何去获取这些数据。有时，企业可以在没有外部干预的情况下收集这些额外的数据。例如，一家银行要利用客户的社会人口学特征来提出报价建议，这可以通过使用其已经拥有但未在报价过程中使用的用户行为数据来显著地增大成功率。这些数据是客户在与网站、应用程序、内容和媒体进行交互时被收集的。

借用太阳微系统公司（Sun Microsystems）联合创始人比尔·乔伊（Bill Joy）的一句话，不论现在企业内部拥有多少有用的数据，在企业之外都会有更多有用的数据。这些数据以第二方和第三方数据的形式呈现。第二方数据是从与企业达成协定的合作伙伴、供应商和销售商处获取的数据。例如，一家企业可能会要求合作伙伴提供更精细的销售数据，以便更好地预测他们的需求。第三方数据则是从独立来源购买到的数据。例如，通过使用第三方的地理位置信息或卫星图像数据，可以帮助企业更好地了解零售店的行人流量以及停车场的使用情况。从这些数据源中获取的数据可以使企业在全新领域建立具有更高准确性的模型。通过这些提到的方法以及其他方法，数据和机器学习可以用来增进企业对业务的理解，提高并保持竞争优势。表 7-1 显示了许多企业正在收集的各种类型的第三方数据。它们是通过直接抓取网站页面来收集这些数据的。此外，已经有成百上千家企业正在以易于购买和更紧密集成的质量标准来生成或聚合此类信息。

为了成功地利用所有这些数据，需要建立管理方案。数据管理确保在需要时可以在整个企业中拥有高质量的数据。至于它们是否可用、是否准确、谁来对它们负责、谁可以查看它们、它们是否安全等与数据管理安全性和隐私相关的内容，其他书中已经广泛地讨论过了，因此我们在这里不再赘述。

再接再厉

一旦确立目标，获得了企业高管的许可，从整个企业内部以及外部吸纳人才和数据，让员工都参与到项目中来，建设 AI CoE，那么就可以更仔细地考虑项目的运作方式了。在第八章中，我们将讨论在组织中实施 AI 项目的具体工作流程。了解整个工作流程将有助于解释哪些系统、风险管控策略以及组织结构能够最好地支持 AI 落地的整个生命周期。

表 7-1　各种类型的第三方数据

企业统计学	人口统计学	技术学	关系网	卫星	新闻和博客	设备	行为
收入	个人简介	IT基础设施	社交网络	步行交通	新闻网站	反向地址协议	内容消费
SIC/NAICS码	职务/角色	应用程序（使用的或已安装的）	外部社会关系	停车场使用	分析师和经纪人报表	地理定位	搜索历史
员工	担任职务/角色的时间	专业服务合同	内部员工和同事关系	库存和变动	博客	设备使用	网站、页面和应用程序访问
办公位置	办公地点	设备	影响评级（Klout或专有分数）				社会职位
部门和业务单元	部门	其他技术					
新闻发布	教育	合同续签日期					
职位发布							

(AI) 注释

1. 来自 GapGemini（凯捷）。

2. 来自 Forbes。

3. 来自 QGate。

4. 来自 The Verge（美国科技媒体网站）。

第八章

AI 生命周期

亚马逊的成功是由我们成千上万的实验累积而成的。

——杰夫·贝索斯（Jeff Bezos）

亚马逊 CEO

本章提供了高阶的 AI 模型创建流程：描述了从查找用例到在生产中部署和使用模型等大规模执行 AI 项目所需的步骤。其中一些步骤是迭代的，可能会反复出现，但通常它们是按照下述顺序进行的。对于非专业人士而言，了解各种机器学习解决方案之间的差异是较为困难的，一项业务需求也通常存在着众多解决方案。然而，这并不意味着你必须拥有鉴别模型细微差别的能力才能成功管理 AI 团队或项目。但你需要了解创建模型的每一个步骤及其原因，才能使团队管理者有效地避免做无用功，这对于团队成长是至关重要的。此外，了解 AI 的生命周期能为第九章中对 AI 平台特征的描述打下坚固的基础。

图 8-1 以端到端的形式显示了高阶的建模过程。该过程的第一步是识别和

定义用例。对于每个用例，团队需要确定他们想要解决哪些特定问题及其对业务是否有利。要尽早确定如何构造用例并定义其质量效益，目标及数据需求是至关重要的。然后是收集和评估数据，在这一过程中会自然提出以下疑问：有哪些可用数据？数据量有多少？数据质量是否过关？数据所有权如何？是否能轻松访问数据？数据中是否有隐含信息？是否需要从内部或外部来源获取其他数据？获取数据是否容易？之后，团队需要解决数据中存在的问题，以此为基础进行后续的基础学习模型创建。

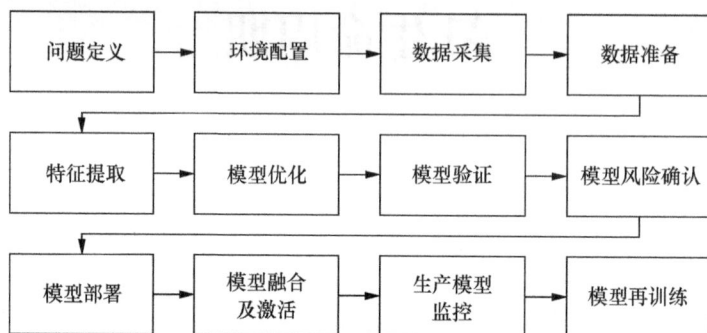

图 8-1 高阶的建模过程

团队会根据自己的需求创建一个或多个最佳模型，并训练一个最适合当前用例、可用数据和业务问题的 AI 算法。其结果可能是得到一个模型或可以共同使用的多个模型。最后，团队测试并准备部署该模型以用于生产。接下来，让我们更详细地了解这些步骤。

🆎 用例定义

确定用例通常始于了解组织内的参与者。这些参与者通常是企业员工，但也可以是客户、合作伙伴或供应商。例如，在零售公司中，员工是在商店或金融部门工作的人员，顾客是来商店或在线购买的人，供应商是制造产品或将产品交付商店以进行销售的人员，合作伙伴可能是在商店取货进行交付的人员（如 Instacart 公司），这些人都被视为参与者。创建参与者关系图（一个描述参与者是谁及其主要功能或目标是什么的文档）是一个很好的起点。

接下来，团队将研究每个参与者用来实现其职能或目标的业务流程。检查每个任务的性质，并将活动分为几类，例如参与者每天或定期执行的操作与他们偶尔执行的操作、需要仔细考虑的工作与相对轻松的工作、需要多人协作完成的操作与参与者可以独立完成的操作等。是否存在其他信息或知识能够改善功能或目标，优化或删除某一部分流程？其是否包含预测？预测某些东西会有助于参与者执行任务吗？我们需要期待什么结果？现有的预测目标是否得到很好的定义和量化？例如，如果一家电信公司可以预测哪些客户最有可能取消其电话业务，则他们就将重点预防措施放在那组特定客户上。

探索业务实践的绝佳方法是询问参与者某些关键问题。这些关键问题可能如下。

- 你希望不必做哪些重复且无趣的工作？
- 哪些知识能够帮助你解决问题，且是你难以依靠搜索得到的呢？
- 你希望能够预测什么？

对这些问题和其他问题的回答有助于确定哪种 AI 任务可能满足参与者的需求。例如，使用自然语言处理（NLP）从非结构化文本中提取信息，使用机器学习或深度学习进行预测，使用机器人流程自动化（RPA）实现动作自动化，或这三者的某种组合。

经过这一过程，团队确定了一系列潜在的用例（有关示例"决策空间"参见图 8-2）：用例目标是什么？建模任务是什么？需要哪些数据？它适用于哪些业务流程或功能？影响哪些参与者？等等。下一步是确定它们的优先级。每个潜在用例都需要其他信息，可以列出这些信息并采取适当的措施。

值得注意的是，当成立团队以进行一个项目时，通常不清楚是否可以实现特定的用例。AI 之所以被称为科学，是因为团队创建了假设，然后试图验证或使这些假设无效。在会议上经常听到的"fail fast"的口头禅实际上是在形容团队能够快速高效地确定某个"假设"是否行得通。团队可以进行的实验越多，发现有用模型的速度就越快，实现的价值就越大。这就是本章开头引用杰夫·贝索斯（Jeff Bezos）所指的内容。

所选用例首先应该能为企业成功带来利益。为了确定这一点，我们通常查看两个属性——复杂性和价值。这可以分两步完成：首先是大致地了解相对优先级；然后对于选定的用例集，在业务价值和成本（包括业务案例和总投资收益率）方面，进行更细的操作。我们将稍后介绍大概的相关操作。

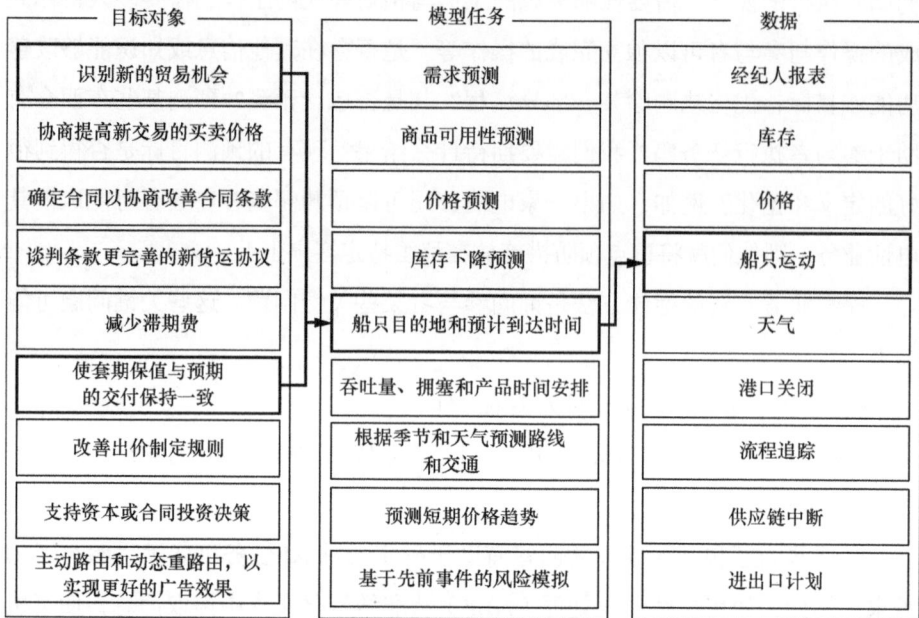

目标对象	模型任务	数据
识别新的贸易机会	需求预测	经纪人报表
协商提高新交易的买卖价格	商品可用性预测	库存
确定合同以协商改善合同条款	价格预测	价格
谈判条款更完善的新货运协议	库存下降预测	船只运动
减少滞期费	船只目的地和预计到达时间	天气
使套期保值与预期的交付保持一致	吞吐量、拥塞和产品时间安排	港口关闭
改善出价制定规则	根据季节和天气预测路线和交通	流程追踪
支持资本或合同投资决策	预测短期价格趋势	供应链中断
主动路由和动态重路由，以实现更好的广告效果	基于先前事件的风险模拟	进出口计划

图 8-2　示例 "决策空间"

了解每个用例的相对价值至关重要。为了解其价值，团队会考虑 AI 任务（如自动化、知识提取或预测）如何改善业务成果。例如，如果使用 AI 进行预测，但是该预测是行不通的——即无法使用该信息来改善业务流程，则无法从中产生任何价值。如果 AI 任务是可行的，那么团队会考虑影响力。例如，如果是自动化，那么其应用范围应该是 5 人还是 300 人呢？又需要做哪些管理变革才能部署它呢？

为了解用例的复杂性，团队需要评估实现用例所需的 AI 类型，例如机器学习、机器人流程自动化（RPA）或其他功能。此外，无论是机器学习还是深度学习任务，团队都应研究每个用例能否获取必要的数据。这些数据的数量和质量均至关重要，信息不准确会导致模型的输出不可靠。这里还需要考虑其他多种潜在的复杂性，例如，每个用例需要进行多少组织架构上的更改？测试和性能调整是否可以执行？学习或激活必须实时进行还是可以分批完成？是将输出生成为用户的报告或电子表格，还是通过 API 调用提供给其他软件程序？基于这些考虑，团队创建了用于优先评级的用例的价值和复杂性图谱。

另一个要考虑的方面是将哪些用例组合在一起。例如，公司可能会利用相同类型的算法或数据集进行决策。即使管理人员不能精确地知道这些问题的答案，也至少需要对用例进行相对考量，以便能够对其进行优先级排序。在确定优先级的过程中，团队通常会权衡取舍，例如，是否要使用新数据开始新的用例，或者是否使用现有数据及更高级的算法来迭代模型。后者的价值可能较低，但可以比新模型更快地投入实际运用。图 8-3 显示了按价值和复杂性划分的用例样本。它显示了基于数据或模型类型的跨越优先级的用例分组。S 曲线显示了总投资收益率截止值，在此曲线之上的用例是不值得复现的。

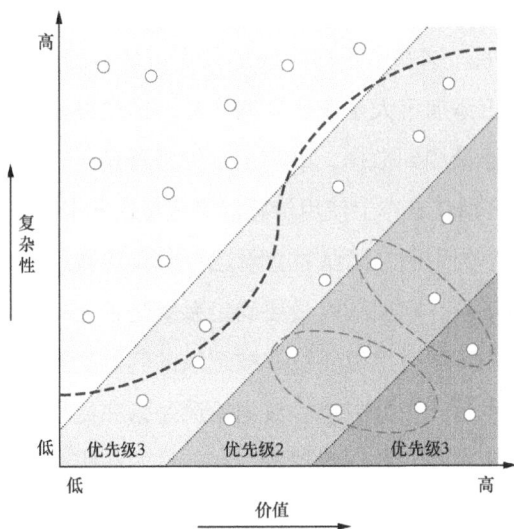

图 8-3　按价值和复杂性划分的用例样本

团队需要记住的另一件事是，在开发第一个用例并通过迭代学习更多数据的同时，往往还会发现许多其他用例构想，必须将它们添加到未来可研究的用例目录中。这些用例有助于创造增量价值，也是构建先验业务案例时常具有挑战性的原因之一。团队通常能从实现的每个用例中挖掘出大约 4 个新用例。

🤖 收集、评估和补救数据

收集、评估和补救数据是成功实现 AI 用例的更为关键的步骤。尽可能多地收集有关组织的客户、产品、交易和流程的相关数据十分重要。通常团队会在开始收集大量的数据，但是是否有足够的与目标业务相关的数据呢？正确的数据集是企业最有价值的资产之一。有用的数据集使机器学习的突破发展成为可能，这也是对算法创新而言十分重要的部分。

数据检测

大多数企业已经在收集往来交易记录并由此开展业务来赚钱。交易记录通常是指诸如购买或出售或某人在线支付账单之类的行为。除了获取这些交易记录之外，许多公司存有日志记录信息。日志记录是他们跟踪系统之间或用户与系统之间的活动或交互的方式。一个记录交互的例子是客户访问公司网站或致电其客户热线的时间。这些由用户生成的数据可能有助于企业理解一些事情，例如，在线客户是否添加了大量东西到购物车，却最终没有真正购买它们。公司还可以通过传感器检测到数据。事实上，传感器是一个近年来快速增长的数据源。例如，许多公司在卡车上使用传感器来测量这些卡车在车队中的位置。

对于每个考虑中的用例，团队将查看已经收集的数据及其收集方式。如果是面向用户的应用场景，则团队成员要确定系统是否记录了所有相关的用户交互。此外，还有一些可能有用但还没有被记录的其他交互数据，确定记录它们的实现难度与价值也是一个好主意。数据检测是指在流程发生时捕获和测量有关数据。完成的检测越多，数据就越多。在较早的在线购物示例中，一些检测手段可能是指捕获键盘敲击动态及鼠标和触摸板的移动（必须在客户端或应用程序中进行检测）。

AI 模型使用交易数据向用户提出建议。通过使用有关用户的浏览记录、正在浏览的内容、已添加到购物车中的内容或已删除的内容的增量数据，AI 模型可以"理解"客户为何放弃了购物车中的商品——例如，是因为改为探索其他商品还是失去了对当前商品的兴趣。这有助于优化相关信息以挽回此客户，而不是尝试常规的重新定向广告。利用有关客户的击键和鼠标移动的其他数据，AI 模型可以更早地了解给定客户是否以及为什么可能放弃其购物车中的商品，从而尝试适当地干预。随着每层附加数据得到检测及使用，不同类型的预测和响应成为可能，且每步中的总体转换均在不断完善。

如前几章所述，并非所有数据都需要在内部收集。可以购买来自外部的第三方数据。第三方数据的一个常用例子是数字广告印象，其用于客户定位和个性化。其他示例包括停车场的卫星图像，以了解客户趋势、地理位置信息及新闻中的竞争趋势。在过去的几年中，出现了许多提供众多备用数据的公司。在评估 AI 用例时，团队不仅要查看现有的数据集，还要评估应使用哪些额外的工具集或从第三方获取哪些其他数据集，以更好地满足需求。

数据清理

原始格式的数据很少可以直接用于建模。需要仔细准备以确保数据没有任何错误或遗漏。如果有的话，则需要通过数据清理来补救数据。数据清理是数据驱动的建模中最重要且未被充分重视的部分之一，它对于正确启动 AI 模型至关重要。它是发现和修复数据问题的有效方法，例如用于修复由于传感器不可靠而收集得到的劣质数据，由于软件更改而破坏日志记录所导致的数据不可用或不正确。数据缺失会导致预测不准确，而决定如何处理数据缺失是清理过程的一部分。不同的模型可能或多或少地对缺失的数据敏感，甚至通常处理缺失数据的模型有时也会对缺失的数据敏感。当需要填补缺失的数据时，团队可以使用模型进行缺失值估算。

组织数据也是必不可少的。公司可能已经聚合了很多数据，但是在部署 AI 平台时，必须使用易操作且可靠的数据处理流程。该流程包括将数据存储在何处，如何将其存储到那里，以及如何轻松地对数据进行访问和分析。团队还必须检查数据处理流程的鲁棒性。检查外部来源是否准确、传感器是否正确校准，对数据进行统计测试以确保数据可靠性。然后，团队需要将各种数据流中的数据整合在一起，以准备将其用于 AI 建模中的特定用途。这要求提取、转换和加载数据。我们将在第九章介绍数据管理的体系结构。

此外，组织需要建立持续的、定期的数据治理和质量监控程序，以确保数据的正确性。

数据标注

下一步需要开始准备训练数据。如果组织正在使用监督学习，则团队需要

标记用于训练模型的数据。数据的标签是公司试图从数据中预测的内容，例如
呼叫中心的呼叫次数及说明该客户是否取消服务的字段或标签等可能存在有关
客户交易行为的信息。AI 模型从这些数据中学习并预测不包含在当前训练数据
集中的新客户的标签。这些标签可能是获取的信息中所固有的，如是否有人拖
欠贷款。如果不是这样，则需要专家设计数据的标签，即业务专家或 AI 科学家
通过有意义的信息对数据进行标注。

以从无人机拍摄的图像中自动检测输油管道损坏为例。该公司有输油管道的许
多图片，图中已人为标记了哪些图片中存在管道损坏，哪些不存在。所需的附加标
签将是绘制边界或为现有图像的损坏部分着色，然后将此精确的标签用作训练数据。

必须将标签正确对应到数据上，否则，每个错误都会降低任何在此数据集
上训练的 AI 模型的预测能力。如果数据没有固有标签，那么决定由谁进行标注、
他 / 她将如何进行标注及其需要花费的精力均至关重要。亟待标记的数据类型决
定了其需要使用哪种工具进行标记。对于图像数据（如要判断工业管道的哪些
部分受到腐蚀），可以使用诸如 Annotorious 和 LabelMe 之类的工具。对于音频
数据，例如，要识别正在播放的歌曲，可以使用 Praat。对于非结构化文本或自
然语言，有几种开源和商业工具。

如果要标记的数据具有数据隐私需要，则可能须在内部或由从事数据标注
的公司进行标注。对于无以上需求的数据（如用于训练图像识别的公共图像），
可以使用诸如 Amazon Mechanical Turk 之类的众包平台。外包通常比内部标记
要便宜和快捷，但是必须小心数据标注质量不佳。

也可以使用自动标注。一种方法是以编程方式基于业务规则分配标签。另
一种方法是使用半监督学习，仅从标记的几个集合开始。有时也可以生成综合
数据，例如，使用深度学习的生成式对抗网络（GAN）。在这种方法中，深度学
习算法会生成新数据以与原始数据集的统计数据保持一致。自动标注和合成数
据的价格较低，通常对隐私的需求也较小，但与以前所述的其他方法相比，它
们的准确性通常较低。

特征工程

有了准确的、带有标签的数据，AI 科学家就可以开始进行探索性数据分析

（EDA），例如寻找数据中的相关性和异常，从而开始理解数据以准备进行 AI 建模。两个变量近似完全相互依赖吗？是否存在异常（如所收集数据的值超出正常范围）的数据点？确定异常值可能会偏向主观。无论是全局异常值、上下文异常值还是集体异常值，都可能是不良数据的结果，但它们也存在合理的可能。在某些情况下，异常值可能恰恰是企业要寻找的有趣的数据点，例如在欺诈检测中，这些异常值有助于理解此项任务。然而在其他情况下，异常值会妨碍到你的工作。团队需要确保能够正确区分异常值。异常检测适用于许多领域，更是预处理数据的重要组成部分，以便识别和处理异常值。

AI 科学家还对汇总统计信息——即数据的简单表征进行了研究。百分位数可以帮助确定大多数数据的范围，平均值和中位数可以帮助大致了解数据的分布，相关性可以表明数据元素之间的关系。可视化通常很有用，AI 科学家可以集成数据并对其进行绘制，从而生成这些数据的可视化效果。此时要考虑的重要因素包括每个数据集的平均值及其标准偏差以及变量之间的一阶相关性。箱形图有助于识别异常值，直方图和密度图提供了数据分布的感觉，散点图可以描述两个变量之间的关系，也称为双变量关系。所有这些使业务团队和 AI 团队可以更好地掌控其所拥有的数据。

一旦很好地理解了数据，AI 科学家就可以执行特征工程了。这将提取出最有助于预测公司所需信息的特征。例如，要查看客户流失率，一家零售银行会从其客户样本中检查所有可用特征，并找出哪些特征具有预测价值。这些特征可能包括个人成为客户的时间、平均余额、账户的活跃程度、与客户支持人员的互动次数，甚至是年龄。银行的训练数据将包含所有这些特征和是否流失该特定客户（作为标签），以使银行的 AI 系统能够学习一个可以预测其他最有可能流失客户的模型。

团队需要生成并选择最适合他们需求的特征。生成的特征是现有数据的某种组合，例如，由开始时间和结束时间得出的新特征持续时间。过程中有可能会生成适用于多个用例的特征；如果是这样，则团队将在特征市场中存储和共享这些功能，而不是在需要时重新创建它们。特征市场会在第九章中进行说明。如果原始输入数据已被确切归类，那么团队需要确保其他人能够轻松共享此有效信息。

　　对于 AI 建模，不仅需要确定使用哪些特征，而且应进行特征转换，以使其在模型中更有效地工作，使模型能更自然地理解并捕捉更复杂的关系，减少数据冗余和维度，以及标准化或归一化变量。特征转换可以采用多种形式。在机器学习的上下文中，归一化意味着对变量进行重新缩放，因此其值的范围为 0 ~ 1。归一化有助于计算，因为模型通常使用多个特征，而归一化将各种特征的值缩放到相似的比例，所以不会过度偏重某一个特征。

　　例如，样本人口的年龄为 22 ~ 92 岁，则可以将其映射，将 22 映射为 0，将 90 映射为 1，方法是从年龄特征中减去 22，然后将结果除以 70（92 减去 22）。另外，为了使缩放比例更通用，使其适用于所有已知年龄，可以将年龄 0 岁映射为 0，年龄 125 岁映射为 1。如果具有其他特征，也可使用缩放比例来防止数据的权重偏颇。标准化具有相似的结果，其通过从每个样本中减去每个变量的平均值，然后除以变量的标准差来实现。

　　分箱分桶将高基数变量（即变量可能有许多取值）转为低基数变量。这可能包括将这些客户的整个年龄段（如 18 ~ 92 岁）进行分组：例如，年龄分为 18 ~ 29 岁，30 ~ 39 岁，40 ~ 49 岁等区间。此技术可以应用于数字和分类特征中，这意味着数据中可以不包含任何数字。例如，可以列举彩虹的所有颜色，然后将它们分类为冷色和暖色，或者亮色和柔和色。离散化也能够简化团队正在使用的特征值从而简化计算，这样的简化可以通过类似于四舍五入的过程来进行。例如，团队可能会将年龄在 18.0000 与 18.9999 之间的每个人统称为 "18"。

　　还有一些方法可以将相互依赖或可以很好地预测同一事物的多个特征组合在一起。删除其中的一些特征有助于减少数据冗余。如果不删除它们，预测可能会因为冗余数据的过度索引而不太准确。当一项特征过度影响整个模型时，就会发生过度索引。删除特征的这一过程通常称为降维，通常使用称为主成分分析（PCA）的技术来完成，在此过程中 AI 科学家查看所有数据并将变量分组，以使每个组中的变量在组内相互之间的相关性最高，而与其他组中变量的相关性最低。每一组中的变量都转换为一个特征。现在，每个特征都非常独立。但是，这样做可能会降低人对每个特征的可解释性，因为它是其他不同特征的组合。例如，通过 PCA，可以将身高、年龄和鞋子尺码这三个特征组合为一个特征。

　　特征工程的一个重要方面是创建嵌入式。嵌入式是指使用连续的向量来

代表一些离散的类别变量（如客户或产品）。例如，你可能会使用六维向量
（0.01359，0.00075997，0.24608，0.2524，1.0048，0.06259）来代替"香水"
这一类别，它是使用深度学习从源数据中创建的。然后，这些嵌入式可以存储
在特征市场中，并在其他经典机器学习和深度学习模式中作为输入特征使用。
虽然这是一个有点抽象的概念，但使用嵌入式通常可以将模型的准确性提高约
10%。通常，在更简单的方法中，如独热编码，伪变量和标签编码被用于将分
类训练的类别数据转换为二进制数据类型，并进行数据分析。

不同的模型可能会有不同的特征工程要求，甚至是内置的特征工程要求，
因此再次转换输入数据有助于创建最佳的输入，以便 AI 模型能够从这些数据中
学习到最多的东西。

🆎 选择和训练模型

接下来，AI 科学家需要选择算法以作为 AI 模型的基础。你可以将算法视
为基线数学函数，例如，线性函数 $f(x) = ax + b$。通过在给定的数据集上训练
算法来创建模型。继续前面的示例，一个模型可以是 $m1(x) = 2x + 3$，也可以是
另一个基于相同算法但使用不同输入数据的模型 $m2(x) = 7x + 2$。在模型中，参
数 a 和 b 通过不同的输入数据进行训练。

预测模型有 4 个评判标准。首先，它应该具有较好的模型性能，即能够准
确地做出预测。通常，"最佳模型"被定义为通过数学误差函数（通常称为损失
函数）测得的误差最小的模型。如果公平性对于此模型而言十分重要，那么有
时损失函数可能是最低误差和最低偏差的组合（有关偏差的更多信息，请参见
第十章）。

其次，它应该是可解释的，人们能够轻松理解预测过程。一方面，预测过
程听起来似乎很好理解，但并非总是如此。例如，如第二章所述，深度神经网
络主要是黑盒，而黑盒是无法解释的。我们知道输入了什么，结果出来了，但
是其内部发生的事情通常无法用人类可以理解的方式来表达。另一方面，决策
树原则上是很容易解释的，但是如果决策树具有成千上万的分支，那么实际理
解它们是很具挑战性的。根据公司的需求，团队将量化每种模型的优势和劣势。

再次，模型应当是高效而可扩展的。训练不需要花费太长时间，并且在实际预测时也不需要花费太长时间。模型随业务需求、数据收集和生产环境的变化而变化，因此公司需要足够灵活的模型。

最后，模型应具有鲁棒性，当使用相同或相似的输入时可以提供一致的结果。

一旦团队知道要预测或学习什么，开始检查将对其模型进行训练的、包含特征的数据，并通过生成标签准备训练数据，那么团队成员就需要做出决策。他们应该选择哪种 AI 或机器学习算法？如第二章所述，这里有很多选择，包括深层神经网络、决策树、逻辑回归和支持向量机等。他们必须意识到，不同的模型擅长不同的事情。它们中的每一个都可以完成不同类型的任务，尽管其中一些只是其他类型的很小的变体。一个模型可能在许多用例中都表现良好，但并非适用于所有用例。这就是为什么 AI 科学家会考虑多种模型选项，有时甚至会使用多个模型选项的原因。在考虑选择方案时，科学家应该指导业务团队确定最佳方案并决定需要做出哪些取舍才能获得用例所需的结果。正如在第十三章示例中所看到的那样，通常这些折中将对业务产生影响。

当 AI 科学家开始建模时，他需要仔细考虑自己为训练、测试和验证模型而进行的数据采样方法。数据采样是从数据集中选择观察值（以行的形式）以进行基于族群的参数估计的统计方法。这听上去很简单，但通常很棘手。进行采样时需要牢记数据的分布、大小和类型及可用的计算能力。概括地说，根据用例和所使用的算法，有几种类型：随机采样、分层采样、聚类采样、多阶段采样和系统采样。

为了创建最佳的学习模型，AI 科学家通常将数据分为两组，大约 60% ~ 80% 的数据用于训练模型，其余数据用于测试模型，如图 8-4 所示。如第二章所述，机器学习的目的是基于模型之前未见过的数据进行准确预测。这就是将数据分为两组的原因：第一组用于训练，第二组用作"先前未见过的"数据，在这些数据上可以验证预测的准确性。这可以告诉我们该模型是否能够充分泛化以对未见过的数据进行预测，而不是仅能描述先前的数据。

一些概念对于理解模型性能或模型准确性至关重要。首先，通过一组模型参数定义一个模型。这些参数是模型中通过训练过程学习的变量。在训练过程中探索模型参数的不同组合，并选择误差最小（或最小损失）的参数。一方面，模型具有的参数越多,它必须学习的参数也就越多,模型也就越复杂。这有时被称为模型复杂度或模型容量。如果训练数据的参数太少,则难以获得非常准确的模型,这称为欠拟合。另一方面,如果参数太多,则模型会变得仅针对训练数据,而无法很好地泛化至新的数据集。也就是说,对于新数据而言,它不是一个非常准确的模型,这称为过拟合。图 8-5 显示了回归模型和分类模型的欠拟合和过拟合的简单示例。

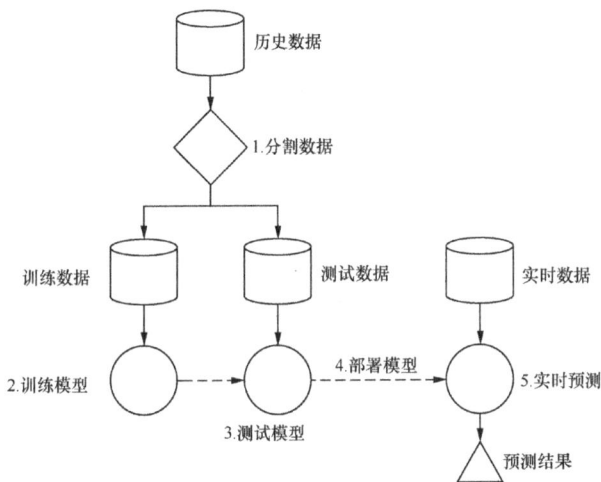

图 8-4　训练模型和测试模型的过程

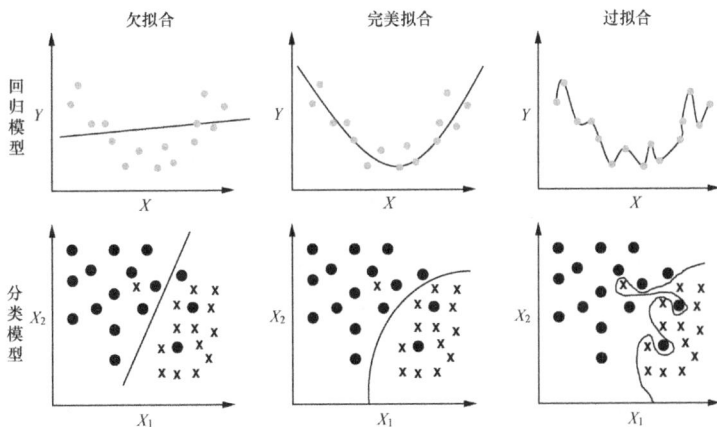

图 8-5　回归模型(顶部)和分类模型(底部)的欠拟合和过拟合

当模型的复杂性不足以表示数据中实际发生的情况时,就会发生欠拟合。一个特殊的例子是,某人试图确定一个他想出售的东西的合理价格,比如一幢有 10 年历史的房子。他使用收集到的有关城市房屋销售的数据（每个房屋的面积和销售价格）来建立模型。他说，模型应该有两个参数，其中价格 P 是面积 S 的倍数（A）加上另一个参数（B）。因此，$P = A \times S + B$。此模型将是一条直线，他发现该模型适用于一定范围内的低价房屋，但高价房屋根本不适合该直线（如图 8-5 中的第 3 个图像所示），这便是欠拟合。

另外，过拟合是指模型在除训练数据以外的其他数据上表现不佳的情况。继续我们的示例，假设卖方说模型应该具有 100 个参数，并考虑面积的倍数，例如 S、S_2、S_3 等，则其最终得出的模型过于详细，无法很好地预测应收取的费用（如图 8-5 中的第 3 个图像所示），这就是过拟合问题，模型对训练数据拟合得太好了。当训练数据中的细节和杂波被模型吸收并作为概念学习时，就会发生这种情况。问题在于，这种细节和噪点可能不适用于新数据，因此会对模型的泛化能力产生负面影响。

有多种方法可以用于解决过拟合或欠拟合问题。它们通常在测试中进行，这是 AI 科学家建模过程的一部分。测试过程通常从欠拟合模型开始，该模型不能提供尽可能准确的结果。然后，不断将复杂性添加到模型中，直到有过度拟合的迹象为止。AI 科学家随后停止测试并返回到之前测试错误率最低的模型。

图 8-6 提供了一个示例，说明如何使用训练和测试错误率来选择最佳模型复杂度。随着模型变得越来越复杂，它在学习训练数据方面做得越来越好。但是，其中一些学习仅针对训练过的数据，并不代表一般的数据特征。训练后，当给提供模型从未见过的数据时，就会出现问题。该模型很可能会尝试通过做出不尽如人意的预测来解释训练过程中存在的特质。在这种情况下，它在新数据上的预测就可能有所欠缺。对于看不见的数据，最通用的模型是测试集误差最低的位置，如图 8-6 中的"最佳泛化模型"所示。

如前所述，数据被拆分为用于训练和测试的两部分。拆分数据可以在与训练不同的数据上测试模型。通常，模型是在大约 60%～80% 的数据上训练的，其余的用于测试。常用的另一种方法称为 k 折交叉验证。将数据分为 k 组（例如 k = 5），然后将前 4 组用于训练，最后一组用于测试。接下来，将第 1 组、2 组、3 组和 5 组用于训练，将第 4 组用于测试，以此类推（请注意，如果数据是时间序列，则这种方法不起作用）。最终，将 k 次运行的平均错误率作为模型的错误率。k 折交叉验证可提高模型性能和通用性，并且在总数据量较小时经常使用。其他流行的方法是分层 k 折交叉验证法和留一法交叉验证法。

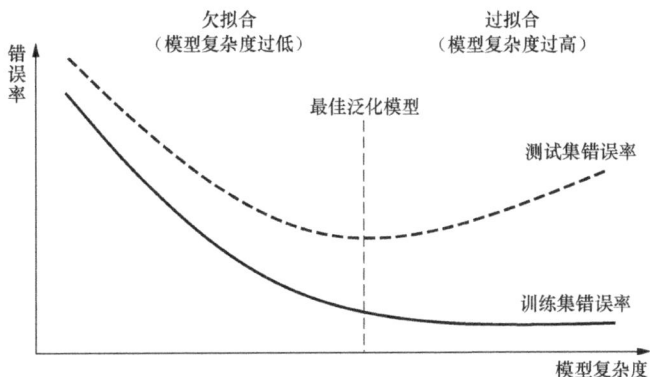

图 8-6　训练与测试错误率曲线图

在机器学习分类问题中，还需要测试和调整模型性能的其他步骤，即超参数优化。超参数是模型外部的参数，由 AI 科学家在训练过程开始之前设置，并且无法通过模型训练过程来学习。通常，分类模型的输出是该类别可能的概率。然后，AI 科学家可以定义一个超级参数，该参数设置了一个临界值，高于该临界值，则该类别将被预测为"是 / 正"，而低于该临界值，则该类别将被预测为"否 / 负"。例如，在"患者患有癌症"模型中，该临界值最初可以设置为 50％。然后，AI 科学家不仅可以查看模型的准确性，还可以查看模型给出的假阳性和假阴性，并向上或向下调整 50％ 的临界值以改善模型的预测。

实现此目的的一种方法是使用混淆矩阵，该矩阵具有由模型按行预测的各类别计数和由列预测的实际计数，如图 8-7 所示。在示例中，我们有两个类别，即癌症诊断为阳性和阴性，但对于更多类别也是如此；例如，对于 5 个类别的问题，你将拥有一个 5×5 的混淆矩阵。两类矩阵的 4 个象限为：

1. 真阳性（TP），癌症患者的人数，并准确预测出患有癌症的人数；

2. 真阴性（TN），未患癌症且准确预测未患癌症的患者人数；

3. 假阳性（FP），未患癌症但被错误预测患有癌症的患者计数（也称为 1 型错误）；

4. 假阴性（FN），患有癌症但被错误预测没有患癌症的患者计数（也称为 2 型错误）。

在此示例中，假阴性可能会威胁生命，而假阳性并不可怕，尽管它可能会给患者带来不好的经历并导致不必要的花费。因此，这里期望减少假阴性率，同时提高真阳性率和真阴性率。经常使用的两个指标是真实阳性率（TPR），它测量所有预测为阳性的事物（TP + FN）中真阳性（TP）的百分比。假阳性率（FPR），它衡量的是所有实际为阴性（FP + TN）中假阳性（FP）的百分比。

图 8-8 中的观测者操作特性曲线（ROC）显示了模型的真阳性率与假阳性率。理想情况下，TPR 应该尽可能高，而 FPR 应该尽可能低。为此，曲线下的面积（AUC）需要尽可能大，因此将曲线推到左上方。建模者选择曲线上最靠近轴左上角的点，从而在假阳性和假阴性之间选择一个平衡点。

图 8-7　混淆矩阵

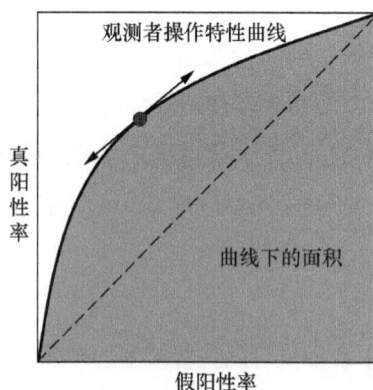

图 8-8　观测者操作特性曲线（ROC）和曲线下的
面积（AUC）

通过这一过程，AI 科学家在尝试了多种算法并解决了欠拟合和过拟合的问题后，选择了一个模型。其可确保 ROC 曲线尽可能地位于左侧和顶部，并且曲线下方的面积最大。这表明该模型将达到最佳状态。然后，AI 科学家调整超参数，在此特定 ROC 曲线上选择最佳位置以解决业务问题（如图 8-8 中的箭头所示）。为了获得最高的准确性，无论假阴性率和假阳性率如何，其最好都位于 ROC 曲线上最靠近左上角的点。在癌症诊断示例中，AI 科学家希望降低假阴性率，并在需要时权衡假阳性，因此他将超参数设置为使临界阈值（超参数）位于 ROC 曲线的右侧。

(AI) 管理模型

构建现实世界的机器学习算法是复杂且高度迭代的。一位 AI 科学家在建立最符合验收标准的模型之前，可能会建立数十个甚至数百个模型。跟踪这些模型有点像搜寻那些在喜马拉雅山迷路的徒步旅行者。救援人员搜寻的区域，即使是找不到远足者的区域，也必须清楚标记。否则，救援人员就会浪费宝贵的时间反复搜寻同一区域。同样，模型管理对于覆盖影响模型性能的所有设置并跟踪先前已经覆盖了哪些区域而言，是至关重要的。涵盖 4 种类型配置的全面模型管理如图 8-9 所示，包括记录以下几点。

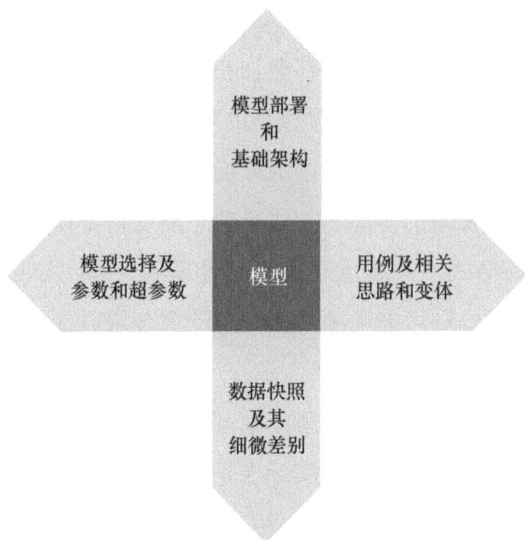

图 8-9　涵盖 4 种类型配置的全面模型管理

• 哪些数据已被用于训练模型。

• 该模型打算实现什么用例或变体。

• 在训练及测试模型中所需的基础结构配置，以及部署模型所需的任何其他信息。

• 尝试过哪些模型实验，例如模型选择或超参数优化。

不跟踪记录模型会增加技术复杂度并降低模型可重复性。如果未能正确跟踪记录配置，则可能导致各种错误。如果没有系统的实验记录，就无法确定某人是否已经尝试过与其他人将要做的相同或非常相似的事情。不跟踪记录实验不仅效率低下，而且成本高昂，它使协作、审查、修订和以他人工作为基础的难度更大。如果没有适当的流程，则很难跨模型进行分析，当没人能够轻易找出哪些参数已被生成且用于更早的结果时，团队会在回溯上浪费很多时间。跟踪记录模型版本也会变得更加困难，例如想找出模型版本 233 和版本 237 之间的变化。

随着开发的进行，在 AI 模型中添加、更改或删除功能时可能会出现潜在的问题。更改通常要求重新验证模型，即再次进行学习和测试，因为已更改的配置可能会影响预测的有效性。当要解决一个非常复杂的问题时，团队将不可避免地改变整个过程，所以跟踪记录更改的内容及更改的时间和方式是必要的。也许某些传感器在特定日期发生故障，或者意料之外的重大天气事件影响了交货时间。当这些事情随着时间的推移叠加在一起时，除非在建模过程中适当跟踪记录并处理这些更改，否则它会使模型的可靠性降低。

特征也可能会受到各种操作问题的影响。例如某个特征在一周内被错误地记录了，或某个特征在新的传感器上线之前可能变得不可用，又或是某个特征更改了数据采集的格式，需要重写执行预处理的代码。如果一种模型类型替代了另一种模型类型，则可能需要重新配置计算环境以提供额外的内存或处理能力。

不必要的数据依赖是另一个威胁模型可靠性的因素。这意味着有未使用的特征被保留在模型中，而这些特征实际上是可以删除的。发生这种情况通常是因为没有及时将它们取出，或者一个团队没有意识到目前不再需要使用它们。如果这些特征永远不会影响结果，那就没什么关系，但是如果数据发生变化，则它们可能会对结果产生不利的影响。

还有一个潜在的问题是流程模糊。当没有清晰的数据体系结构或定义明确的标准来使流程中的所有元素按顺序连贯一致地端到端使数据可以在生产流程中无缝流动时，就会出现流程模糊这种情况。如果存在流程模糊，则 DevOps 团队会发现随着时间的推移，数据准备工作缺乏一致性，因此很难跟踪记录各部分元素的依赖关系。这意味着诸如检测错误和从故障中恢复之类的事情会变得非常复杂，导致生产效率低下或不切实际。

当一个组织探索使用 AI 的使用机会时，需要一种正式的方法来跟踪记录它们，即在测试实验中捕获有效的方法，并为已被测试的无法实现的概念维护一个"理想墓地"。这样的过程使个人和组织的工作都变得更加轻松。这使 AI 科学家可以详细跟踪他们的工作，为他们提供实验记录，还使他们能够捕获有意义的见解，从归一化如何影响结果到细化特征如何影响特定数据子集的性能。通过电子表格管理模型很难达到必要的可见性和分析水平，组织需要一个更加复杂的系统来记录已完成的操作和结果。为了在企业范围内取得成功，组织必须能够存储、跟踪、控制版本和建立索引模型及数据管道。这样即使不是最终被使用的其他模型，也可以查询、复制、分析和共享。可靠的模型管理使 AI 科学家能够审查、修改和以彼此的工作为基础，从而有助于加快进度，避免浪费时间。

此外，团队可能会忽视能理解所见内容的机会，这可能包括决定模型复杂性的各个参数如何影响结果，或者注意到特定功能似乎可以改善特定数据子集的性能。潜在的想法与实际中的细微差别积累下来很快就会让人不堪重负。为了避免这种复杂情况，团队应该设计并实施一个自动化的模型管理流程，以跟踪和管理用例、模型和实验的生命周期。这样做有助于跟踪记录想法的执行情况并确保这些想法的质量。为团队提供有关成功和不成功想法的信息并易于访问，以避免重复的工作和潜在的冲突，效率也会更高。它还使组织能够跨模型进行元分析，以应对更广泛的问题，例如哪种超参数设置最适合不同类型的模型或功能。这些都提高了 AI 服务部署的效率。

🅰️ 测试、部署和激活模型

即使 AI 科学家提出了一个扩展性好的模型，部署一个早期阶段未处理的 AI 项目也仍有很多工作要做：该模型必须进行测试；模型风险治理团队必须发布最终批准；该模型必须与使用它的应用程序集成在一起；必须扩展应用程序以从用户角度获得模型的结果，并且必须有一种可以使这些用户提供反馈的机制。

测试

持续测试对于在合理的时间内创建和运行稳健的模型至关重要。如前所述，在创建 AI 模型时，必须对 AI 模型的准确性进行验证。对于某用例而言，该模型必须达到一定的阈值才能被投入使用。构建模型并将其集成到使用它的数据和应用程序之后，它必须经过其他形式的测试，就像正在部署的任何新 IT 应用程序或技术模块一样。端到端功能测试是其中的一项测试。该模型是否可以在类似的生产环境中工作，并且能够接收数据以进行推理？它是否会以预期的准确性输出或预测？消费应用程序是否接收输出并显示或对它们进行操作？

端到端模型还需要经过性能测试。在给定预期的数据负载的情况下，预期的吞吐量是否能够迅速返回结果？在某些情况下，由 AI 科学家编写的代码可能无法达到生产环境的要求，因此可能需要重写该代码才能实现更高的可伸缩性。团队可能需要执行的另一项测试是模型级联。模型级联是指一个模型将输出馈送到下一个模型时，后者将这些输出用作其输入。在这种情况下，必须小心处理数据。如果第二个模型的输出不正确怎么办？团队如何确定问题出在哪里，是在第一个模型中还是在第二个模型中？

随着模型在不同环境中的发展，需要继续进行测试，例如集成测试、用户验收测试、模拟测试环境及最终的生产测试。在生产环境中有时会进行一些其他类型的测试。一种生产测试称为金丝雀测试或金丝雀部署。金丝雀测试是指已部署的模型仅向一小部分用户（通常少于 5%）公开并进行监控以确保其正常工作。该测试的作用就如同煤矿中的金丝雀。如果成功，则可以将模型部署到所有用户。另一种生产测试是部署两个或多个模型来弄清楚哪个模型在实际中效果更好。A / B 测试并行部署了不同版本的模型，并且将不同组的用户配置为使用不同的模型。增强或升级模型时，经常使用 A / B 测试。新旧模型均经过 A / B 测试，性能更佳的模型将被留用。在某些情况下，A / B 检验用于检验假设，其中 A 是检验组，B 是对照组。

管理模型风险

团队应利用模型风险管理来减少因使用 AI 模型而导致的风险。模型治理在模型开发之前、开发过程中及开发后都适用。在建模之前，重点是关于质量和偏差的数据。在建模过程中，除模型准确性外，重点还在于模型偏差和可解释性。建模后，团队将执行合规性测试，例如敏感性分析和偏差测试。此外，如果模型出现问题，则必须采用故障保护机制。利用诸如此类的行业最佳实践可以确保企业及其模型风险管理团队在实现 AI 安全应用方面已尽其所能（有关模型风险治理的完整概述，请参见第十章）。

部署模型

一旦模型通过测试并获得管理流程的批准，团队就必须使其易于在每个环境中进行部署，这意味着需要编写脚本来完成自动化部署过程。最好能通过一键部署将模型自动推入环境，而不是每次都必须手动输入命令。所有这些活动应使用在软件工程实践中相同类型的工具来自动化。一旦 AI 科学家决定了需测试的模型，那么他就需要经验丰富的 AI DevOps 或机器学习工程团队的支持。AI DevOps 团队与 AI 科学家本人一样重要：其负责为 AI 模型建立持续集成 / 持续部署（CI / CD）管道。

由 AI 科学家确认 AI 模型的代码后，AI 工程师打包 AI 模型并对其添加工程微服务，然后创建模型部署单元，AI DevOps 流程如图 8-10 所示。该模型部署单元是根据需要部署到测试和生产环境的对象，其包括所需的基础结构配置更改。接下来，团队将安装模型部署单元并自动执行前面提到的相关测试。它会在发生故障时发送通知并进行补救，如果没有必要的话，它会解除环境并进入下一阶段。

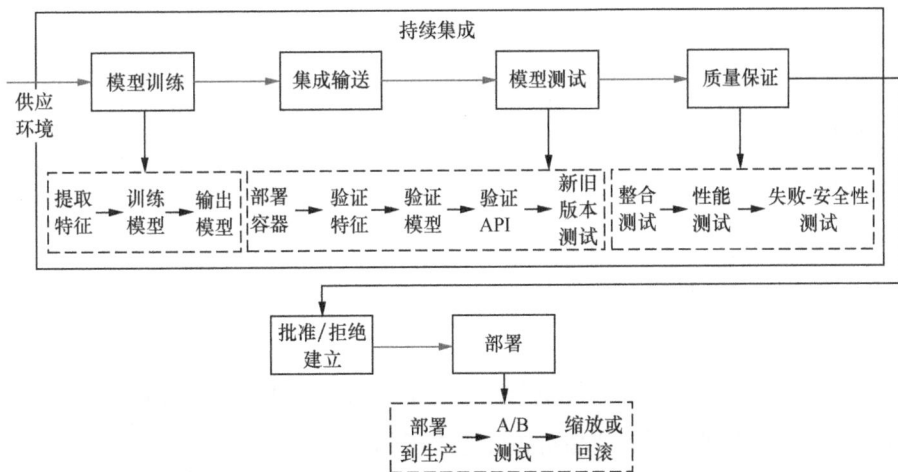

图 8-10　AI DevOps 流程

激活模型

验证并部署模型后，开发人员将在企业应用程序中编写用于 AI 模型输出的代码。每次需要进行预测时，都会使用此代码来激活模型。有很多方法可以实现这一点。例如，如果机器学习算法试图确定电子邮件是否为垃圾邮件，则每次接收到新电子邮件时，电子邮件系统都会通过应用程序接口将电子邮件传递给模型。API 是一种软件，可以接收输入（在这种情况下为电子邮件）并将输出（有关电子邮件是否为垃圾邮件的模型预测）传递给另一种软件（有关模型 API 的更多信息，请参见第九章）。激活模型的另一种常用方法是将结果显示在商业智能（BI）报表中，用户可以在其中查看输出并做出决定。部署模型的第三种方法是批处理模式的，其中的模型推断是在使用数据管道读取、处理和写入数据时进行的。在这种情况下，模型输出存储在可以通过前端应用程序访问的数据库中。

生产监控

监视部署的 AI 模型（有时也称为人工智能操作，AIOps）对于确保模型良好运行至关重要。由于该模型所基于的训练数据可能会发生变化，给定模型的预测准确性会随着时间的流逝而降低。如果性能不足，则团队需要通过模型重新训练或解决导致性能下降的其他问题来修改模型。这种监视和补救措施应该是主动的而非被动的。

主动监视会根据一组服务水平协议（SLA）跟踪记录当前性能。大多数 IT 系统都有 SLA，例如 CPU 和内存利用率、峰值吞吐量和响应时间。除此之外，支持和维护团队还需要确定模型本身的性能良好，也就是说，模型保持了相同的准确性。为此，可以采用两种方法。

一种方法是获取 AI 模型的输出（例如它的预测），然后在知道实际值后，判断预测是否准确。

但是，在某些情况下，预测值与实际结果之间会有时差，这有时甚至是几周。当给客户发送模型预测的产品折扣优惠电子邮件时，可能就会出现时差，客户有可能在 3 周后才使用折扣优惠购买产品。在其他情况下，由于采取了一些弥补该预测的措施，则可能造成永远无法得知实际情况的局面，例如，被预测流失的客户实际上由于其预测结果获得了折扣，因而没有离开（没有流失此客户）。在这些情况下，需要对因果推理进行建模。

另一种方法是监视特征漂移，在这种情况下，输入数据的统计信息开始发生变化。特征漂移的一个例子是预测客户贷款违约可能性的 AI 模型，其中输入特征之一是客户的收入分布。如果该分布发生重大变化，现有收入更高或更低的客户比训练数据中的更多，则认为这是特征漂移。这表明来自训练数据集的学习可能已经过时。特征漂移是模型需要刷新的领先指标。根据实际情况跟踪预测则是一个滞后指标。

🅰 总结

本章描述了 AI 团队作为用例的一部分来实现 AI 模型的过程。但是，该流程并非独立存在，它需要组织人员（请参见第十一章）、涵盖大多 IT 项目所需的专业人员，且需要一个平台（请参见第九章）来简化和加快流程。本章描述的过程可以看作本书第三部分剩余的细节整理。在第四部分中，我们细述了一个工作示例，并使用此过程为更感兴趣的读者创建了一个模型。所有这些（流程、组织、平台）协同工作，都是为了确保企业 AI 事业的成功。

CHAPTER 9

第九章

构建完美的人工智能引擎

构建智能机器有多难？在我看来，这并不是一件非常困难的事情，但这只是我的观点，我已经写了两本关于如何构建智能机器的书。我提倡的基本观点是，不要去寻找某一种万能的灵丹妙药，也就是说，你不应该使用一种完美的方法来解决所有的问题，相反，你应该寻找 20 ～ 30 种方法来解决不同类型的问题，并且构造某种更高级的管理设备去发现问题并探索使用的方法。

——马文·明斯基（Marvin Minsky）

麻省理工学院人工智能教授

长期以来，人们一直认为，开发 AI 计划最重要的部分是设计 AI 应用——AI 科学家为做出预测而创建的算法或软件模型。但正如我们已经看到的，企业 AI 应用的大部分构建工作都花费在数据采集、清洗和标注、创建数据管道、DevOps、部署、为终端用户构建业务应用、长期对其进行监控和增强等方面。如果公司忽略这些阶段，则其往往以极其低效的建模过程以及筒仓效应式工作而告终。这既浪费了资金和时间，又延迟了从模型中获得商业利益的时间。避免这种情况的办法是建立一个全面的 AI 平台。

AI平台与AI应用

　　AI 平台是一个运行在可扩展硬件上的内聚的、集成良好的软件解决方案，可以加快企业中 AI 项目和应用程序的整个生命周期。AI 平台可以减轻工作量、支持合作、加快采用速度。强大稳定的平台支持整个 AI 生命周期中的所有任务。这样的平台是企业 AI 应用的重要基础。AI 应用是在 AI 平台上构建和运行的，它们由解决特定问题或回答特定问题的软件组成。在过去的 10 年里，使用 AI 的企业主要致力于开发应用程序。例如，有的零售公司开发了 AI 应用程序用于定位营销信息，有的用于在线推荐，还有的用于供应链中的需求预测。这些应用程序都需要专属版本的数据管理、计算基础设施、部署流程和 AI 模型。

　　如今，领先的公司都在构建 AI 平台来开发和实现这些应用程序。产生这种平台思维的一部分原因是只需构建一次平台，然后在其上构建应用程序的成本较低；还有一部分原因是 AI 平台允许在市场营销、电子商务和供应链等部门之间共享更多的数据。

AI平台架构应该做什么

　　概括地说，AI 平台的本质是使 AI 企业能够随着技术和需求的发展不断成长和改进，并且平台应该易于使用，从而便于更多的公司员工使用——并逐步达到企业规模的使用。更具体地说，AI 平台应该能让团队在不线性增加成本的情况下进行更多的实验，以此提高成功的可能性。该平台应该提供对基础 AI 技术的自助访问，从而减少来自 AI 团队的分歧，提高他们的生产力、速度并扩大规模。

　　通过增加实验次数，莱特兄弟比别人更早试飞成功。莱特兄弟的竞争对手需要花费 9 个月来制造一架飞机，然后把它从（小）悬崖上扔下去试飞，在飞机坠毁后他们收集碎片，回到工作间进行分析，并试图找出需要改进的地方。当莱特兄弟意识到这一点时，他们提出了一个重要的问题：我们如何增加实验数量？为此，他们建造了世界上第一个风洞。相比于 9 个月才能完成一架飞机的设计，现在他们可以每天建立一个新模型，把它放进风洞里并从中学习。在竞争对手做一次实验花费的时间里，他们可以用更低的风险和更低的成本做 270 次实验。

像莱特兄弟一样，AI 科学家需要把时间用在快速实验上，以便模型更快地学习，而不必在提供环境、处理数据采集和清洗、管理计算能力上浪费时间。每一位 AI 科学家都应该能够在需要时迅速利用所需的工具。想要确保每个用户的体验尽可能简单和高效，就需要反复深入地考虑平台中应该包含哪些组件。

一个灵活的 AI 平台支持在同一个技术框架内构建多个应用。这种灵活性使得未来的产品和应用在开发和部署时比作为独立的应用进行构建时更快、更经济、更高效。例如，在银行，一个 AI 平台可以支持跨部门的所有功能，并支持使用共享组件。该平台可用于开发和部署反洗钱（AML）、客户服务个性化和信贷审批的模型。AML 模型集成到 AML 应用的金融犯罪预防工作流中；个性化模型集成到银行网站和移动应用中；预测贷款违约风险的信贷模型集成到信贷应用的信贷工作流中。随着时间的推移，一个构架良好的平台甚至可以让公司扩大其 AI 网络，逐渐涵盖供应商、销售商和合作伙伴，让他们也可以在该平台上进行构建。企业可以从 AI 网络的扩张中获益。

AI 平台需要与企业无缝融合。它必须支持分析师、产品开发人员和其他利益相关者，以及内置的 AI 模型和已购买的商业开发模型。它还必须使部署团队能够以简单、高效和可靠的方式轻松地访问和配置数据、AI 模型和计算资源。为此，平台需要包括易于使用并最大限度减少重复任务的自动化工具。

随着该领域的快速发展，新的功能和服务不断涌现，包括新算法、开源代码、创业公司的组件和解决方案，以及新的 AI 框架。同时，预测任何公司未来的 AI 需求也是非常困难的。因此，理想的 AI 平台是能够进化的。它不局限于任何一种 AI 类型或解决方案，可以快速提供高性能计算环境以支持多种可能的AI。简而言之，它将 AI 从一系列有限的解决方案转变为一种企业能力，这种能力可以随着时间的推移不断改进以满足公司不断变化的业务需求。当一个平台能够做到这一点时，就称其具有演化架构。

为帮助这种演化，AI 平台应该包括一个门户系统，用户可以进行联系，分享他们正在进行的工作以及他们正在使用的或了解到的可能对同事有用的工具和信息。在这个门户系统上，AI 科学家可以要求将新的开源软件或商业软件包含在平台中，用户可以在这里获取一些新用例的想法。它还应该是启动监管或采购工作流程的地方。门户系统有助于 AI 科学家和 AI 工程师之间更快、更高效、更有效的协作，实现更均衡的工作分配，高效、按时地完成研究和实验。

有些人可能会觉得解决构建 AI 平台的复杂性就像边飞行边建造飞机一样。他们担心新技术出现的速度会超过其预算周期。当高管不能确定自己未来需要什么，或不能确定哪些解决方案能够满足需求时，他们将如何决定在哪里进行投资？答案是关注整体架构，而不是关注技术。利用演化架构，无论是在技术过时还是出现更好的选择时，更新技术都会更快、成本更低。AI 领域最成功的组织是那些花时间为自己的业务构建一个合适的企业 AI 平台的组织，这不仅使他们在今天，甚至在未来新的机会形成时，也能够更快地实现更大的价值。企业在 AI 平台上进行的投资应该足以实现这一切。

一个强大的 AI 平台能使企业快速提高生产力。用关键绩效指标法（KPI）比较一个强大的 AI 平台实现前后的结果，可使企业很容易地发现平台的优势。一些企业发现，同样的 AI 团队在一个精心设计的平台上每年进行的项目数量是之前的 5 倍。在团队规模相同的情况下，一些企业将在 AI 平台上构建新应用的速度从平均每个项目 8 个月提高到了 8 个星期。在同样的时间内，有的公司使用平台进行的实验数量是以前的 30 倍。AI 平台也不会影响大型 AI 团队的组建速度。同时，该平台有助于解决技能差距，聚焦新人培养，加快新团队成员的成长，并更有效地为他们分配工作。它还可以帮助支持整个 AI 科学家团队的最佳实践。

许多 AI 项目因为耗时太长而中断。通常，由 IT 基础设施团队配置数据环境和高性能计算环境是最为耗时的环节。其他可能导致中断的时延来自临时或手动模型风险监管和保证流程，这些流程需要花费太多时间来执行和批准。在部署和托管生产模型时缺乏严谨性、结构化和自动化也会导致时延。

图 9-1 展示了一个好的 AI 平台能力的部分情况，分析了使用 AI 平台的影响。实线代表处于 AI 平台成熟度低级阶段的企业，这些企业必须不断增加数据科学家数量，以便将越来越多的 AI 模型投入生产。虚线代表企业已经建立了可扩展

的 AI 平台。即使是那些受到高度监管压力而必须采用严格的模型风险监管的企业，如果拥有正确的演化架构，也会处于短虚线而不是实线上。

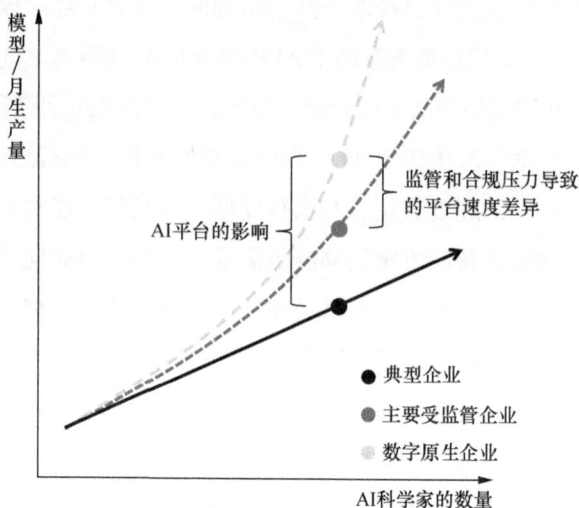

图 9-1　使用 AI 平台的影响

图 9-2 展示了影响一个 AI 平台速度和规模的因素，以及相对影响的程度，对使用 AI 平台的优势作了总结。将现有模型或组件集成到平台中并通过每个项目构建可重用的组件是有益的，这些组件可以添加到平台中，并且在未来的项目中重复使用，以缩短时间。通过集成增量工具来自动化 AI 科学家的工作也有好处，这些工具包括自动生成评估特征的工具、自动生成模型的工具 [如自动机器学习（Auto ML）等]，以及数据合成和数据标记工具。AI 科学家应该将时间用来进行快速实验，而不必与环境配置、数据采集和清洗以及有限的计算能力做斗争，同时能够轻松、快速地将最成功的模型付诸实践。员工应当能够快速使用所需的工具或工具组合。

最终，"用户"的需求决定构建什么样的 AI 平台，无论是现在还是将来，AI 平台应该能够为组织提供智能服务和产品铺平道路。用户不仅仅是指 AI 科学家或者公司员工，其指的是任何与平台交互的人，从 AI 科学家到 IT 部门，到软件工程师，再到战略家、客户等，如图 9-3 所示。技术用户包括创建新模型的 AI 科学家、部署模型的工程师以及将模型集成到其他应用程序中的开发人员。业务用户包括使用现有模型进行分析的业务分析师和使用模型输出的操作业务终端用户。每个人都将以不同的方式利用平台，同时平台也能够与他们在自身环境中进行互动，并以最佳的方式交换信息。

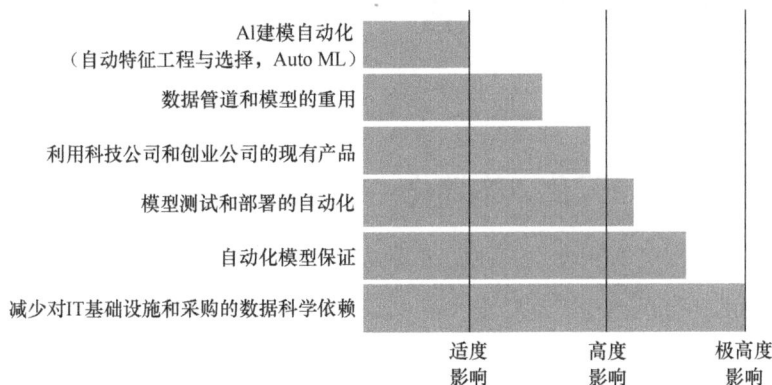

图 9-2　使用 AI 平台的优势总结

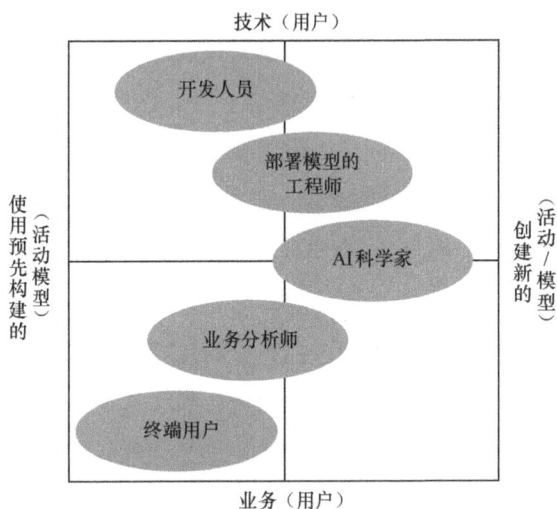

图 9-3　AI 平台的用户类型（纵轴）及他们与 AI 模型的交互方式（横轴）

　　用户不必手动构建新的数据管道、提供新的基础设施或手动调整生产系统的模型。机器学习平台使开发和生产效率更高，简化基础设施管理以实现自助服务，并在需要时按比例扩大或缩小资源。交互应该是直观的，用户只需要最少的培训就能使用。一些用户可能更喜欢沉浸式的视觉响应，或者希望在他们的移动设备或语音设备上与系统互动，而这些功能也应该在用户需要时可用。其他重要的用户工具包括用于管理各种跨平台 AI 模型的容器化部署的机械化装置以及用于监视平台性能的仪表板。

🄰 一些重要的考虑因素

在构建 AI 平台之前，企业架构师应该关注一些重要的考虑因素。

一个系统应该是云化、本地化，还是二者混合使用呢？

每个方法都各有利弊。云在许多领域都很出色，它可以让企业更快地进入市场。使用云可以减少启动和维护成本，而且考虑到云数据中心的数量及其地理位置的多样性，灾难恢复可以更快、成本更低。在生产力方面，云使公司能够将一些 IT 功能外包给很难被公司雇用、培训和留下的专家。使用云可以避免协调不同本地团队的任务，以及潜在的烦琐的管理流程。使用云还意味着在开发创造价值的模型之前不必构建和管理基础设施。在云上，一个简单的软件或操作员交互就能让企业得到它所需要的东西；而本地部署时，团队可能必须处理涉及网络审批和时延的流程。云还提供了大量的可扩展性、弹性和灵活性。当具备这些特性时，即使是内部构建基础架构的人员也可以计划大规模云迁移。

然而，在某些领域，云可能会出现弊端。在云中，公司仅按使用量付费，其中包括软件许可费。这些公司可能要付出更多的代价才能获得较低的成本和快速的灾难恢复之类的好处。如果他们充分利用自身的本地数据中心，并且大致达到了软件、处理和网络能力的最佳数量，那么最终他们支付的费用可能比外包给云要少。数据安全和隐私也是需要考虑的问题。许多组织认为，他们的数据在本地比在云上更安全。在这一点上，企业高管可能会与企业架构师和首席信息安全官的意见不同，对于受监管的企业来说，必须在使用云之前计划、测试和审批数据合规性。

时延也是一个需要注意的因素。尽管在云上工作既方便又快捷，但信息的传播速度无法超过光速。如果一家企业正在执行高频率的股票交易等功能，那么数据从模型到云数据中心往返所需的时间就会成为一个大问题。如果交易人把他们的平台放在网络枢纽附近，那么他们就不会因为这个问题而浪费时间了。现代 AI 平台所需的灵活性、性能和可扩展性可能意味着主要基于云的解决方案最适合给定的业务。混合存储也是一个选择，如果本地具有优势则在企业中使用本地存储，例如在涉及数据安全或低时延的情况下。有了像 RedHat 的 OpenShift 和 Google 的 Anthos 这样的管理软件，管理多云以及云和本地环境就会变得更加容易。

企业应该将其数据存储在数据仓库、数据湖还是数据市场中？

数据仓库和数据湖都由处理器和运行在处理器上的软件、存储设备及连接它们的网络组成。它们之间的区别在于存储的数据结构。数据仓库以预先指定的格式存储高度结构化的数据，以针对标准报告来优化。结构化数据具有定义明确的字段，例如姓名、地址、电话号码等，以及这些字段的数据行。非结构化数据是指从电子邮件或推文等来源获取的文本，抑或是 X 射线、MRI 扫描等图像和视频。

当公司的信息和数据需求发展缓慢时，数据仓库将发挥最佳作用。然而，如今很少有企业处于不变化的状态。鉴于不断变化的商业环境、迅速发展的技术前景及不断积累的数据，单靠数据仓库可能无法满足企业的需求。传统的数据仓库预先将收集到的数据绑定到高度结构化和严格的分类中，而数据湖则以原始格式维护原始数据，例如文本文档。换句话说，数据湖在存储数据之前需要较少的数据转换（尽管在检索过程中需要一些转换）。随着组织需求的发展，数据湖可以容纳新类型的数据，其本质上是创建了一个可以随时访问和查询的信息池。它还可以聚合和标准化各种数据，以及实现数据的单一纵向视图。

数据市场是一个具有可组织、可访问层的数据湖，它可以使非 IT 团队更简单地进行数据探索和业务使用。这一点非常重要，因为它让商业人士和 AI 科学家可以使用相同的数据语言。数据市场使业务用户可以更轻松地查找和理解所需的数据，且无须编程即可获取数据。数据市场也有限制授权用户访问数据的系统和工具。数据市场有助于将数据从技术资产转换为商业资产，从而推动公司文化朝着更高的数据素养和更多的数据驱动决策转变。这种文化变革也有助于持续提高数据质量，因为它鼓励更多的数据使用。随着时间的推移，使用数据市场的业务用户可以更自如地要求和使用更复杂的模型，从而大大提高 AI 的采用率。

由于这些差异，尽管目前大多数企业也会根据需要使用数据仓库，但是企业架构师正朝着数据湖存储和数据市场使用的方向转变，决定使用哪一个要基于公司的用例。如第七章所述，对于专注于标准化、控制和报告的公司来说，数据仓库可能就足够了。对于寻求灵活性、共享性和不同类型用途的公司来说，数据湖和数据市场变得至关重要。

企业处理业务应该使用批处理还是实时处理的方式？

我们处理业务通常有 3 种方式：批处理、实时处理（或流处理）或两者的混合。数据收集可以批处理或流处理。如果我们不指定处理过程是什么，那么说一个模型是批处理的还是实时处理的可能会引起混淆——无论我们指的是模型训练还是模型推理。对于 AI 模型来说，这些活动都可以是批处理的或实时处理的，如图 9-4 所示。在大多数应用中，训练是以批处理方式进行的，而推理则是在批处理或实时模式下进行的。随着强化学习和类似方法越来越普遍，实时训练也会越来越多地被使用。最后，随着 AI 模型的不断改进，许多决策都是在没有人为干预的情况下自主完成的。有些人把这种自主决策称为实时处理。是否需要实时处理，以及需要什么类型的实时处理，取决于业务需要解决的用例。

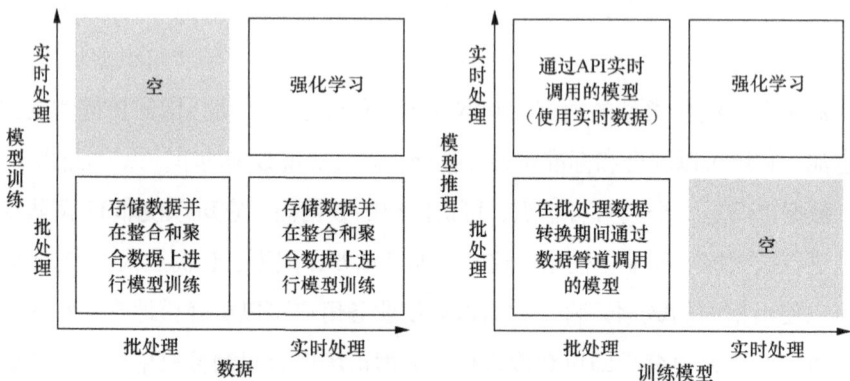

图 9-4　数据、模型训练和模型推理的批处理与实时处理对比

批处理，也称为批量推理，指的是在设置的一定时间内积累输入，然后按周期性计划（如每小时或每天）进行处理。预测结果存储在一个数据库中，开发人员或终端用户可以访问该数据库。因为批量推理简单、高效且具有成本效益，所以它被广泛使用。它可以很好地处理大规模数据，并且适用于只定期更

新 AI 模型结果的情况。例如，一项根据房屋大小、卧室数量和位置对房屋进行估值的业务，并不需要每天更新每套房屋的价值。

但是，如果一个企业需要进行关键时间决策或交互式应用程序，那么批量处理可能无法满足企业的需求。图 9-5 显示了批处理和实时处理的不同场景。当用户在数据刚刚可用就要立即查看时（如自动驾驶汽车需要实时推理），需要进行实时推理，但更常用的是近实时推理。例如，基于某人的在线购物车推荐商品的推荐引擎必须获取有关购物车的实时数据，并运行 AI 模型以获取推荐（如果仅基于最受欢迎的商品进行推荐，则可以批处理模式运行 AI 模型并存储结果）。近实时推理使用最新数据按需交付结果，通常通过 API 来调用。使用 API 可以将 AI 模型的输出近乎实时或按需地传递给另一个程序，输出被集成到第二个应用的工作流、屏幕或报告中。

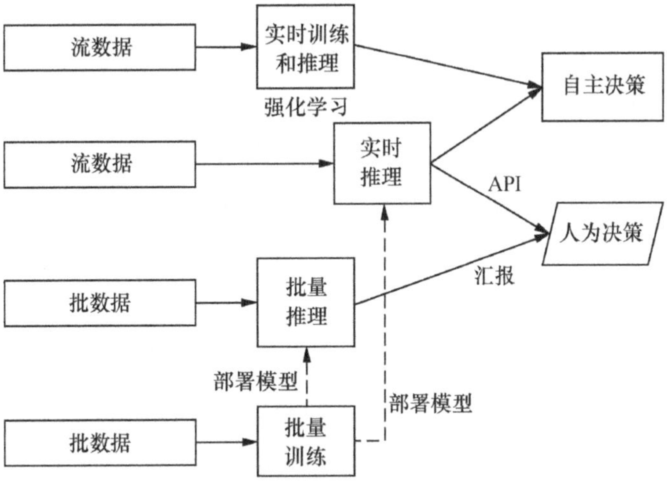

图 9-5　批处理和实时处理的不同场景

随着 AI 模型的改进，许多决策都是在没有人为干预的情况下自主完成的。有些人将其称为实时决策或流式决策。是否需要实时决策取决于用例，大多数已经可以自动执行决策的系统都在使用这种实时推理。

在混合处理形式中，业务可以批量推理指定结果，并对其他结果使用近实时推理。例如，一个银行客户申请贷款，批处理可能包括使用 OCR 和 NLP 来读取文档并捕获结构化信息。实时处理可能是，一旦所有信息都可用，就会触发贷款决策过程。如果客户打电话来提供更新的信息，那么处理贷款申请的银行信贷员就要更新信息，并通过 API 使用 AI 模型立即对信用风险进行重新评估。

企业应该使用一体化架构还是微服务架构？

一体化架构由单一结构组成：一个软件应用程序，其中各种组件组合成一个在单一平台上运行的单个程序。以前的企业软件系统设计会使用一体化架构，它们往往来自单一供应商并解决特定问题。微服务架构是由许多松散耦合的微服务组成的系统，这些服务是独特、孤立和可重用的，它们协同工作以提供单一的业务功能。如今，将来自微服务和事件驱动架构的特定准则整合到系统中变得越来越普遍，因为这些架构可以根据企业的需求进行修改，从而轻松地创建或停用某个微服务，而不会影响其他微服务。这种被称为孤立的特性，其使得平台可以随着新服务的开发或可用逐步被扩展，而不需要重新构建。它缩短了上市时间和估值时间，并使 AI 平台的演化结构成为可能。

面向微服务的软件更易于在企业内部和企业之间进行扩展、重用和集成。在灵活性和快速适应性至关重要的 AI 系统中，与传统的一体化架构相比，它具有明显的优势。例如，一家企业使用 Google 微服务在虚拟助手中进行语音到文本的转换，如果 Microsoft 有更好的解决方案，那么可以很容易地从一个微服务切换到另一个微服务。AI架构应该采用这些最佳实践，使解决方案更简单、灵活，并且更容易与业务的其他部分集成。

如今，在近 2000 家与 AI 相关的科技公司中，许多公司提供微服务。但是，如果一家公司还在使用一体化结构，并且希望转变，那么其可以使用软件包围绕遗留应用程序创建微服务层。这些微服务层可以直接集成到遗留应用程序中，也可以使用 RPA 软件作为中介进行集成。这种方法允许企业架构完全面向微服务以支持公司内部的 AI 方案，而不必替换每个遗留应用程序。然而，遗留应用程序最终还是需要进行现代化的。

边注栏：驱动 Uber 的平台：Michelangelo

Michelangelo 作为 Uber 的内部机器学习平台，"它使内部团队能够无缝构建、部署和操作 Uber 规模的机器学习解决方案，旨在涵盖端到端的机器

学习工作流程：管理数据、训练验证和部署模型、预测及监视预测。该系统还支持传统的机器学习模型、时间序列预测和深度学习[1]。"Uber 于 2015 年开发 Michelangelo，并从 2017 年开始使用 Michelangelo 为公司服务。之所以建立 Michelangelo，是因为之前的 AI 工作不足以帮助一个像 Uber 这样规模庞大的企业。以前，独立的工程团队一直在基于开源软件创建有限的一次性系统。他们没有标准的空间来存储数据和训练实验的结果，无法进行对比，也没有能力训练比适用于台式机的模型更大的模型。最重要的是，没有将模型部署到生产中的标准路径。Michelangelo 改变了这一切，目前，它已被应用到各种用例中。

AI平台架构的主要功能组件

AI 平台架构的主要功能组件应该与 AI 生命周期保持一致。这些组件可以分为以下 4 个高级领域：数据管理组件、模型构建组件、推理激活组件和性能管理组件。

数据管理组件

除了企业员工之外，数据是企业最有价值的资产。数据管理组件对数据进行收集、管理，并通过公司内部的自助服务对其进行访问，使其可供 AI 建模使用。AI 科学家可能会在创建 AI 模型时修改代码，但他们只能修改数据副本，而不会改动原始数据。AI 科学家不需要每次创建模型时都准备数据。聚合并创建一个可访问的数据集，使任何有访问权限的人都能多次使用它并共享它，这要快得多，也更有效。这意味着不需要多次设置数据集，并且可以保证数据使用的一致性。此外，数据管理组件使团队能够更有效地合作，并且避免重复执行某些成本高昂的活动，例如拷贝、提取数据及管理数据质量。

平台应该允许使用特定于业务的语言进行功能选择和转换。这种语言应是数据使用者熟悉的术语，而不是将陌生而令人困惑的技术术语呈现给他们。词汇表通常通过使用业务术语的数据目录和数据沿袭工具来实现。一个平台应该允许添加新的结构化和非结构化的数据类型，但不会造成时延以及数据标准化或软硬件供应的高昂成本。它应该精准识别谁有权访问它。此外，当一个团队已经为建模目的对一个数据集进行了特征工程时，应该将这个数据集添加到特征市场中，这个特征市场是一个精选的工程特征集合，可以在不同的模型之间重用。

模型构建组件

平台架构的模型构建组件能够创建新的 AI 模型，加快实验速度，避免重复性工作，实现低价值任务的自动化并提高所有工作的复现性和可重用性。在这种环境下，团队能够协作完成 AI 模型的维护、克隆、重用和扩展，并支持版本控制。模型构建组件包含许多技术组件，并且为 AI 科学家提供了用来开发 AI 模型的不同类型的算法。它必须能够像业务一样成长和发展，为组织提供一种结构化而又灵活的方式来创建当前和长期的 AI 驱动解决方案。

该组件可以轻松、高效地跟踪每个模型，并回答诸如以下问题：使用了什么数据集？什么算法？超参数有哪些？取得了什么结果？当使用相同的数据重新运行模型时，它能够复现相同的结果。它还允许 AI 科学家利用新数据在已实现的实验中进行回溯和迭代，并了解为什么特定模型效果最好。

模型构建组件利用组织里的功能或业务所需的工具和插件，实现它们的并行工作。它有利于团队间通过一个端到端的系统实现工作流和工具的标准化，使用户能够快速构建和运行机器学习应用程序。这种标准化使用户能够共享数据，这一点尤其重要，因为他们可能利用数据运行不同的模型，而每个模型都面向不同的用例。

为了使业务能够评估其 AI 模型，该平台应该具有跟进每个实验的能力。理想情况下，它可以自动生成最佳特征，自动选择最优模型，并自动优化超参数。它为从高管到高级用户再到 AI 科学家的广泛用户群体生成输出，有时候这是以视觉形式呈现的。

推理激活组件

推理激活组件支持平台将特定版本的模型应用到生产环境。其目的是尽可能快速、高效地从模型开发过渡到模型部署。模型部署包括独立部署模型或使用相关代码和数据部署模型的能力。该组件支持不同模型的并行测试或 A/B 测试。它会在模型生命周期的所有阶段自动执行沙箱、模型验证、系统集成测试、用户验收测试、模拟和生产等操作。每当模型在其中一个环境中通过检查时，平台就会一键将其推送到下一个环境。

许多因素可能会阻止或延迟模型的激活即把模型投入生产环境。一种原因是使用适当的 AI DevOps 的部署过程缺乏自动化。其他因素包括管理模型风险、获得用户认可，以及在性能和风险之间进行权衡。即使企业增加了实验次数并进行了许多概念验证，但如果不将其部署到生产中，也毫无价值。零乘以任何数的结果仍然是零。终端用户访问模型输出是至关重要的，因为这些见解只有当终端用户拥有它们时才有用，甚至有时仅在特定时段内才有用。

推理激活组件采用模块化设计，因此可以添加或替换满足企业需要的最佳智能产品。其中一些是有特定用途的利基产品，例如为每个用户定制公司网站的个性化引擎。其他的则是即插即用的，例如可自定义的语音转文本模型或情感分析模型，团队可以在各种应用程序中重用这些模型。一个灵活的演化架构允许 AI 科学家将多种功能组合成一个成功的系统，以应对公司不断变化的环境。无论是由公司团队构建的模型还是可以在平台中利用的商业组件，其都允许灵活配置最新可用的认知能力并替换或改进现有能力。这些组件最初可能是可用模型的重要部分。

一个平台不应过度依赖于现有的内部 IT 系统，从而可以最大限度地减少对遗留系统的昂贵的更改和集成成本，这其中也包含新的认知平台的实现成本。松耦合可以通过 API 层进行管理。在架构中保持这种灵活性有利于随着时间的推移不断增强认知平台。它还有助于避免冗余的已发布 API：那些告诉企业和其他人如何与该企业的 AI 系统对接的应用程序接口。

有的平台提供集成的仪表盘功能或者与可视化工具的连接，而不只是为模型结果提供 API。这使得模型输出更易于使用或集成。但是，让用户登录到一个新系统可能会中断他们的工作流程。这就是一些公司选择使用 API 将模型集成到他们的 BI 系统或业务应用程序中的原因。

性能管理组件

平台的性能管理组件用于随时监测模型质量。组件捕获 AI 模型的输出（如事件预测）与实际值，并将两者进行比较。模型输出与实际值之间的差异应该在模型被批准投入生产时使用的性能阈值之内。

性能管理组件监视特征漂移，因此模型输入的统计特性并不比模型训练时差，特别是当实际数据需要时间来收集时。在一定的阈值范围内，特征漂移是可以接受的，但是如果超出了漂移阈值或性能阈值，则需要重新对模型进行训练。平台可能还需要针对不同级别的业务风险提供单独的工作流。性能管理器还支持审核 AI 模型所做的预测或建议。在金融或保险等监管严格的环境中，这些要求会更加严格。如果监管机构想要审核模型，并查看过去 3 个月工作中的所有决策，则平台应支持这一要求。

恰当地建立能够做到业务识别、突出显示和接受模型中的异常输出的系统也很重要。异常输出是不应该被执行的输出。平台中的这个组件应具有护栏，有时也称为断路器或故障保护机制，以便系统知道在这种情况下应该怎么做。护栏向用户发出警告，并调用故障保护机制，当模型超过预定义的限制（即结果看起来奇怪或错误）时，应自动阻止系统而采取指定的操作。具有关闭模型的能力和对此类操作的下游影响的理解是至关重要的。故障保护机制还应该包括手动超控、故障转移模型或它们的组合。其应该包括错误处理的程序和升级，以及内外部所需的通信。

边注栏：选择 AI 框架

AI 框架是软件和预包装算法的集合，作为平台的一部分，你可以用它来构建已经过训练的 AI 模型。选择一个或多个正确的 AI 框架是创建一个合适的 AI 平台的关键，其可进而扩展为一个成功的 AI 企业。每个框架都有其优缺点，并且可能会随着时间而改变。比如说，随着新框架的出现，最初选择的工具包可能已经过时。在这种情况下，企业就会希望完全改变框架，或者添加一个或多个框架来补充正在运行的框架。又或者，已经使用的框架可能不再受到支持，并逐步被淘汰。因此，框架应该足够灵活，以适应当前和即将出现的多种 AI 工具。

一个框架还应该支持业务偏好的编程语言——至少是 Python 和 R 语言，这两种语言目前在 AI 环境中最为流行，而且使用起来也很容易。还有一个好办法是考虑使用主流工具包而不是利基产品。在可能的情况下利用现有的 API，而不是创建复制现有模型的新模型，这也很有用。现有的 API 已经在领域中进行了测试，这意味着它们更可靠。目前流行的框架包括 Facebook 的 PyTorch、谷歌的 TensorFlow、微软的 CNTK、亚马逊的 MXNET 和 SciKit-learn[2]。

在第十二章中，我们深入研究了一个参考 AI 架构，并描述了一些底层组件和技术模式。接下来，让我们看一看将 AI 构建到组织内时需要考虑的重要因素之一——管理模型风险。

🆎 注释

1. 来自 Uber Blog（Uber 博客）。
2. 来自 DZone（2018 年 1 月 10 日），"十个最佳的 AI 框架和库"。

第十章

管理模型风险

AI只是一种新的工具，这种工具可以用于实现好的目的和坏的目的。同时，它也会带来新的危险和弊端。我们知道，虽然机器学习有着巨大的潜力，但是给机器学习的模型输入具有偏见的数据集只能得到具有偏见的结果，正如一句谚语所讲——"garbagein，garbahe out（废进废出）"。

——郑莎拉（Sarah Jeong）
专业研究信息技术法的记者

在生活中，人们可能不会注意到AI，但是AI就在那里。正如本书第二部分所讲的那样，基于机器学习的程序正在审查许多的抵押贷款申请。在安排工作面试之前，AI算法会对简历进行分类以寻找那一小部分合适的候选人。AI系统为Facebook上的每一位用户提供个性定制化内容的服务。而有线电视供应商、公用事业公司的客户服务部门以及银行等其他部门和机构，纷纷开始采用基于AI的语音识别系统来接听来电。

然而，这种"看不见"的人工智能也会以一些意想不到且令人不愉快的方式将自己暴露出来。零售业巨头——Target 公司利用 AI 技术分析他们的顾客正在购买什么商品，并通过 AI 技术向顾客进一步推荐商品，但是当 Target 向一名男子的十几岁的女儿发送了婴儿房家具和以孕妇服装为主题的优惠券时，这种策略起到了适得其反的效果[1]。

这位男子在某一天愤怒地冲进了明尼阿波利斯郊区的 Target 商店，痛斥经理鼓励他的女儿怀孕之后，却意外地发现 Target 知道了一些他完全不知道的事情。"事实证明，家里发生了一些我完全不知道的事情"，该男子在一次采访中说，"我女儿的预产期在 8 月份。"这并不是说 Target 不准确，而是在店家自动跟进情况时产生了问题。

另一个例子就是 Tay——微软公司在 2016 年 3 月发布的一款聊天机器人。Tay 本应该拥有正常的 19 岁少年的个性，但发布后仅仅几个小时，他就变成了一个对"性"这个概念疯狂并且种族歧视的怪物[2]。Tay 的用户似乎利用了 Tay 的学习模式，教会了它如何说一些极具攻击性的话。人们都说 Tay "走火入魔"了。这固然提供了一个值得教育的例子，但也令人担扰。

PredPol 是一家创建和销售预测街区犯罪活动的预测性治安软件公司，该公司发现，无论某区域在事实上是否为犯罪率高的地区，其算法都会预测出犯罪发生在少数族裔比例较高的社区[3]。与前面所讲述的 Target 公司的例子不同，这些预测并不可靠。在另外一个不合理的案例中，新闻组织 ProPublica 发现了一种广泛用于刑事司法系统的风险评估工具存在问题。该工具旨在预测监狱人口中的累犯（重新陷入犯罪行为）。风险估计系统错误地将被告中的非裔美国人判定为比白种人更有可能在未来再次犯罪。

人们越来越担心 AI 算法会对受保护群体产生偏见和歧视，并担心其通过"自动决策编码识别的潜力[4]"从历史数据中获得偏见，例如警务人员对少数族裔的歧视，或者人们在工作和抵押贷款决策中对女性的歧视。这里的教训就是 AI 需要被谨慎地监管以减轻模型风险。随着更多的企业频繁地使用 AI，这一点也变得越来越重要。

(AI) 管理模型风险

当算法出错的时候

2018 年，由于 AI 算法表现出了对女性的偏见，亚马逊取消了部分 AI 招聘软件。根据路透社的报道，亚马逊自己的机器学习专家意识到，他们的算法训练数据是从 10 年以前的简历中提取的模式[5]。不幸的是，在此期间，男性一直在软件行业占主导地位，所以大部分用于训练的数据都来自于男性[6]。这个例子说明了两个基本要点：选择适合训练的数据是至关重要的，以及人们很容易在这方面犯错误。就 AI 算法而言，尽管计算机科学家试图在现有的工具下做出最好的工作，但人们还是会引入一些自身的问题。这可能导致 AI 算法出现偏差或者其他问题，它们值得人们去研究并解决。

软件本身没有好坏之分，它会成为什么取决于人如何使用它。例如，当软件被恶意创造出来，或者其功能造成了意想不到的后果时，它就变成了一个"坏"软件。在过去，由于软件设计时会根据设计需求而编写，且人们会亲自进行编码、审查和测试，所以非预期因素几乎不是问题。但是由于在编码的过程中或者程序设计上的漏洞，也会出现一些非预期因素。AI 从现有的数据中学习，没有了一般软件设计过程中的人为干预，而是独自面对各种情况，这样可能会导致更多且更深层次的问题。比如，用于训练的数据可能反映了组织中的人为偏见。同样地，仅仅使用数据的一部分进行训练也可能产生偏见。这些偏见可能将问题永久地编入 AI 驱动的商业实践。这将是软件行业中除了之前挑战之外的另一项新挑战。

计算机按照代码解释算法。它们按照人们的要求去执行，或者说在机器学习中，计算机不会运用任何常识，只是按照训练好的算法去执行。计算机的行为不像人类，它们除了代码或者从数据中学习之外并没有任何的判断能力。这使得计算机以牺牲长期利益换取短期利益的例子不胜枚举。例如，使用机器学习来提高广告点击率而不考虑客户满意度的网站可能会让用户淹没在无用且经常令人反感的"标题党"文章中，因为他们的 AI 模型是针对错误的目的进行训练的。

算法同样是贪婪的——"贪婪"在这里是一个计算机术语。它是指经过编程的算法在某些过程中的每个步骤中都做出最佳选择，而无须展望未来以预测这些选择的结果。这样的算法有时提供了最好的答案，但有时也提供了不是最好的答案。我们可以将上述情况类比于 GPS 导航系统。GPS 导航系统对时间因素的优化考量远高于其他因素，这样的算法会不计后果地进行优化，哪怕有一点微弱的优势，它就会将驾驶员导航到更耗油或路况更危险的路线上。更糟糕的是，其中一些路线上的时间消耗实际上可能比算法估计的更长，从而失去了任何优势。

这些问题因许多基于机器学习的 AI 模型不容易被解释而变得更加复杂。这些"黑盒"只是接受输入、提供输出或者预测结果，几乎没有说明如何或者为什么做出这些预测。由于计算机从它们正在学习的数据"创造"逻辑，因此人们也很难预测它在任何特定情况下的行为方式，或者它为什么以某种方式表现。即使这些解释可以从数学角度来理解，也很少有商业用户拥有理解它的知识背景。除此之外，能够找到 AI 为什么会做出这样的决定的方法也很有限。

但是人们越是把 AI 看成一个"黑盒"，就越是对它的本质感到担忧。我们已经发现，公众、监管机构和媒体都在担心 AI 是一个无法控制的精灵。随着时间的推移，这些担忧只会伴随 AI 的普及而加剧。随着 AI 深入金融、医疗、法律、制造业及其他各个领域，人们需要知道 AI 算法如何做、去做什么、为什么这么做，以及如何降低使用模型的风险。否则，忧虑的情绪只会阻碍 AI 在企业中的应用。

减少模型的风险

管理 AI 模型的风险不仅是一个好的想法，而且是企业的当务之急。它不仅用于遵守相关法律法规，也用于做正确的事情。作为公司的领导、员工、公民以及商业和社会成果的利益相关者，我们必须在 AI 模型开发和使用的每一步都思考和行动起来，对 AI 模型进行风险管理。为了降低 AI 模型的风险，公司必须在整个模型生命周期中实施模型管理，包括模型开发前、模型开发过程中和模型开发后。

模型开发前

在模型开发之前，应将重点放在数据上。团队必须保证他们有正确的数据来建立模型。数据需要进行质量评估，如寻找缺失值、系统性错误和数据可用性的时延。模型数据的管理应该包括对数据质量的理解，如数据世系（了解正在使用的数据和数据的来源）、数据隐私（确保正在规划的模型符合基于政策的数据隐私）、数据传播过程（防止测试数据泄露到生产环境中等），以及跟踪受限属性的使用情况（如性别和种族等属性）。如果团队在模型中使用了性别或种族数据，则该模型需要通过额外的验证或治理步骤，如公平性测试，这些我们将在本章后面讨论。团队还必须将规章制度映射到实体和属性上，并酌情标明限制。

具有广度和深度是优质数据的一个重要方面。在客户数据中，数据的广度涉及观察大量的客户，数据深度则涉及关注每个客户的更多数据。更广泛、更深入的数据集可以更有预见性地处理各种情况，并有助于减少偏见。事实上，亚马逊在招聘软件中不得不应对的正是这种数据广度不足的问题。一种看法认为，数据的深度和广度为学习算法增加了一些"常识"。

同时，公平性也需要成为算法决策的一个目标。虽说使用实际的数据和算法可以帮助消除现有的偏见，但它同样也可以从历史的数据中产生新的偏见或者将已有的偏见奉为圭臬。为了解决这个问题，近期在人工智能的研究中，人们都试图定义什么是预测模型中的"公平"，以及如何解决公平问题。在一些企业中，已经开始使用两种主要的公平性方法——群体公平性[7]和个体公平性[8]。群体公平性要求所有群体的预测结果应该相似；个体公平性要求类似的个体，无论其是否属于群体，都应该得到相似的对待。

在建模之前解决公平性问题的一种方法是通过评估数据寻找偏见，并在创建模型前对数据进行预处理以消除偏见。现在存在几种方法可以消除偏见。一种称为抑制，即从训练数据中删除受保护性的属性，如性别、种族、宗教或残疾状况。然而，简单地删除这些属性被证明是无效的，这对解决偏见毫无作用，甚至可能会掩盖它。这是因为这种"不知不觉地实现公平"的方法忽略了冗余编码——算法可以从未受保护的特征中推断出受保护的属性。例如，我们要建立一个贷款审批模型，输入时只是去掉申请人的性别往往是不够的，因为如果我们根据历史数据知道其他输入和最终预测结果，则往往可以很准确地反推出性别。这种可预测性意味着偏见已经被编码在了其他变量之中。比如，邮政编码和名字等都可以用来推断种族、性别或者国籍。

为了解决这个问题，我们首先要寻找所有与受保护特征高度相关的特征与属性（这些可以用来预测受保护特征）。然后使用包括数组转换在内的方法对数据进行预处理来消除偏见成分。在这一步，输入的（历史）数据使用了优化算法进行转换以消除偏见，并对数据进行了重新加权处理，这些权重使训练数据消除了歧视。这些步骤确保了模型训练过程中的公平性。在这些预处理的选项中，每一种使得歧视性降低的预处理方式都是以精度为代价的，因此必须进行优化权衡。虽然在这里特别地以公平性为例，但是这些方法中的每一种都适用于数据内置的任何类型的偏见——无论这些数据是关于人、关于有传感器的机器还是关于公司的交易数据。在模型建立之前，必须要在数据中识别并解决偏见问题。

模型开发过程中

在模型开发过程中，需要验证模型预测的性能。如准确率、假阳性和假阴性等性能的评估指标应该尽早被定义，并与基准值进行比较。这些之间往往需要进行权衡，选择优化哪种指标是一件至关重要的事情。回顾一下第八章中癌症检测的例子，虽然假阳性几乎肯定会给患者带来不好的体验，但是假阴性却存在着对生命的潜在威胁。

使用适当的多样化目标训练集来训练 AI 模型以避免狭隘和目标陷阱也是十分必要的。考虑到上文提到的诱导用户点击的例子，更加可取的做法是创建一个为用户满意度或实际购买而设计的模型，而不是仅仅为追求广告的点击量而设计。如果要做到这一点，这个模型必须要基于用户满意度的目标而进行训练，比如分析用户在浏览页面花费的时间或者实际的购买数据，而不是仅分析广告的点击量。换句话说，目标必须改变，至少要部分地改变。

在很多情况下，团队需要将这样的多个目标合并到 AI 系统中。举例来讲，一个商业公司可能想要增加网上的销售额并降低退货比例。这意味着模型需要考虑一个学习目标，比如销售数量减去退货数量或者与其等值的美元价值。如果在"诱导用户点击"的例子中，我们因为希望用户能够访问多个页面而确实想增加点击次数，那么我们可以定义一个用户在广告页面上停留的时间和点击量相乘的新的客观目标。这将有助于减少用户总是在一个页面长时间阅读而不去其他页面的情况。基于多个目标建立的模型使用多种类型的数据产生不同的维度，从而降低了模型只专注于解决一种问题的可能性。但是在这个过程中，也必须避免使用不合适的数据，这种"不合适"取决于用例。例如，对于从事医疗诊断工作的人来说，患者的性别和年龄可能与提高模型的预测诊断能力高度相关，但是在决定抵押贷款或贷款申请时，这些与性别和年龄相关的数据则可能是不道德的，甚至是非法的。

在建模过程中解决偏差时，如果偏差在数据建模之前已被移除，那么处理输出的一种常见方法是使用另一个算法进一步减小机器学习模型输出的偏差，从而提高受保护群体成员的公平性。另一种方法是在模型训练优化目标中增加一个约束条件，其被称为偏差正则化（Bias Regularization）项。在通常情况下，优化目标包含误差，而在这种情况下，优化目标就是误差和偏差，它们应该一起被最小化。最近发展起来的另外一种变体称为均等赔率（Equalized Odds）[9]，这种约束算法使假阳性和假阴性都不会对任何受保护的内容产生不成比例的影响。同时，AI科学家应该根据降低偏差的业务需求，探索其他的替代方案和优化方案。

我们可以通过检查模型开发的过程和数据的使用以确保模型能够复现。机器学习试图找到误差最小的函数，但如果建模过程中没有发现全局最小值，而只发现了局部最小值，那么每个训练迭代都可以发现不同的局部最小值，并会以不同的预测结果结束。我们可以想象一位徒步旅行者正在寻找自己所在地区的最低点，他似乎到达了一个最低点，也就是所谓的最小值，如果他向任何方向走一小段路，则又在上坡了。然而，这个低点可能只是一个局部最小值，而不是一个全局最小值：在其他位置可能有比他所在位置更低的山谷（局部最小值）。在这样的算法中，模型在训练过程中可能已经找到了误差函数的局部最小值，但是没有找到全局最小值。如果重新运行训练过程发现另一个局部最小值，然后在重新训练时又发现一个不同的，从而给出不同的结果，那么重新运行训练过程可以显著地改变算法的结果。

　　模型开发过程还应该包括代码评审，以此来确保最佳实践，并确保模型或模型的一部分可以在团队中复用。

模型开发后

　　在模型构建和验证之后，执行各种模型的风险测试就变得很重要，包括合规性测试、公平性测试、灵敏性测试和边界条件测试。同时，还必须检查模型输出结果的可解释性。

　　公平性测试着眼于基于性别或种族等因素的弱势群体或受保护群体是否得到公平对待。其结果应与任何其他类型数据的偏差测试相同，从而保证最终的模型不偏不倚。它会测试模型在不同输入下的表现，例如，如果在确定抵押贷款申请的结果时使用了相同的数据，但性别发生了变化，那么输出或决策会发生变化吗？它还测试总体结果，例如，在新的数据集上，男性和女性被批准或拒绝的数量一样多吗？

　　这些技术大多可以根据各种算法的公平性指标进行评估，如均等赔率、统计均等、差异影响、预测均等、机会均等。然而，公平性指标和准备度指标都需要在建模过程中被定义，因为有些指标一起度量可能会比其他指标产生更好的效果。

　　灵敏性分析可以验证输入字段的不同组合是否表现合理。灵敏性分析及其相关的边界条件测试包括提供各种扰动输入（输入略有变化）和检查输出，以发现哪些输入因素在确定特定结果方面最重要，以及在某些输入条件下，模型是否可以通过提供潜在的无效输出而"失控"。灵敏性分析还可以说明模型的输出如何依赖于数据输入空间中不同区域的输入。

　　有很多方法可以做到这一点。首先，团队需要了解特征值的分布。假如一个企业正在处理的两个特征是年龄和身高。团队首先汇总数据，确定最小值（如最小年龄和身高）和最大值（如最大年龄和身高），再确定平均值。在此基础上，研究小组计算其他可能有用的值，通常是每个特征值的25%（低于年龄或身高数据的1/4）和75%。

　　现在，团队通过使用特征的平均值运行模型来建立参考点，之后一次改变一个特征的值（如年龄），同时将另一个特征（身高）保持在其平均值。然后，该团队可以不断将年龄更改为不同的值，如最小值、25%、75% 和最大值，并观察预测如何变化。还可以一次改变两个特征的值而不是一个，或者在更多变量的情况下，以相同的间隔尝试所有组合。

比如说，一位 AI 科学家正在利用年龄和身高的特征来预测体重。为了观察模型在不同的输入下是否能够给出合理的反应，首先在平均身高和年龄上运行模型，比如身高为 1.78 米，年龄为 45 岁。将模型与数据拟合后，模型预测一个 1.78 米、45 岁的人体重为 68 千克。为了确定模型的灵敏性，这位科学家使用相同的身高来运行它，但是将年龄值改为 44 岁，然后是 46 岁。这能够告诉这位科学家预测体重对年龄的微小变化有多敏感。同时他也可以用 25%、75%，或者其他百分位数进行测试。即使对输入进行了较大的修改，如果输出没有太大变化，那么可以得出年龄在预测体重方面并不重要的结论。如果输出确实改变了，则年龄是模型中的一个重要特征。此外，它还将揭示模型开始变得更加敏感的特殊点。

边界条件测试包括使用输入的极值作为测试用例。这可能意味着更显著地改变年龄这一特征值，例如使用 95% 和 99.9% 这些边界年龄就可能产生一个意想不到的输出，比如在这种情况下输出的体重是 1360 千克，这就表示模型出现了问题。研发团队需要找到一个更好的模型来确保极端的输入组合不会产生不合理的输出。

使用模型的可解释性来直观理解模型是十分有用的，模型解释是对 AI 模型的输出结果进行阐述的尝试。可解释性是一个有点模糊的术语，意思是以人类可以理解的方式查看计算机正在思考什么的能力。由于对可解释性没有精确的特征描述和常识性的理解，因此人们对其提出了一些定义，例如对模型的低级机械式的理解，应用于特征、参数、模型或训练算法；或者使用因果关系来证明其决策的模型。这种看待模型可解释性的方式有时被称为可证明的人工智能。

更有帮助的是，可解释性能够让用户把模型的信息和他们自己的知识结合起来。这样一来，他们就可以理解模型的输出，从而建立更好的直觉，并在此基础上对模型做一些更改，或者完善那些可能需要执行建议才能输出的解释（如为何要遵循特定的交易策略）。这可能是非常有用的，即使它没有揭示模型确切的内部工作。事实上，在实践中这些比理解算法的精确机制更有帮助。举个例子，如果模型正在预测给定客户的流失情况，则分析模型也许能够通过指向已经流失的相似客户来为使用者建立准确的直觉。这种情况可能意味着这些客户在使用服务、致电客服中心等方面的信息类似于其他已经流失的客户。或者根据分析模型，客户流失是可以预测的，因为客户致电客服中心的需求显著增加了。模型的直觉就像人们的驾驶直觉一样——驾驶员不需要知道汽车工作的详细情况，但驾驶员需要理解汽车如何对他的控制和道路做出反应。

可解释性是学术研究的一个活跃领域，一些方法正在被有效地实现出来。如今，企业正在利用这些技术来解决各种问题，这使得团队能够成功地管理模型，从而将模型部署到工业生产中。其中一种方法是使用一个本地代理模型[10]，这种模型与原始模型非常相似，尽管其没有原始模型那么准确，但更容易解释。想要理解代理模型，可以把它比作一个逼近函数，其在输入数据空间的不同部分（即 X 轴）使用线性函数来逼近复杂的多项式函数。图 10-1 显示了 5 个代理模型近似的多项式。第 1 个只对输入为 0 ～ 1 的数据（X 轴）有效，第 2 个只对输入为 1 ～ 2 的数据有效，以此类推。要注意的是，不能假设第 1 个代理函数（0 ～ 1 之间的直线）对所有数据输入都有效（如 $X=3$）。此外，每个代理模型都不如多项式精确。当然，线性函数更直观、更易于解释。

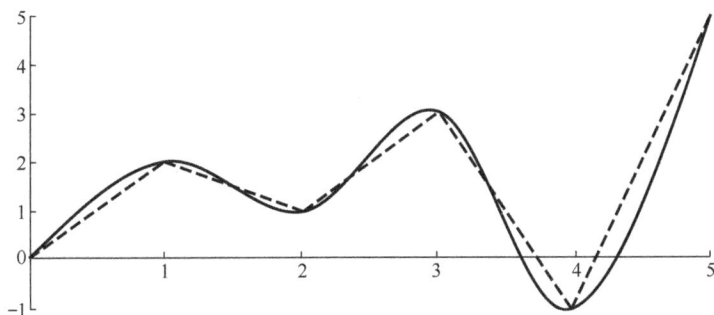

图 10-1　5 个代理模型近似的多项式

同样，适用于所有数据的机器学习模型是复杂的多维函数，不一定容易理解和解释。建立直觉的一种方法是创建多个更简单的模型，使用更容易解释的方法去理解不同的数据子集。

图 10-2 是代理模型工作示意图。这个例子显示了一个潜在的分类问题，比

如 X 代表未来 12 个月可能面临财务困境的客户，O 代表不会面临财务困境的客户。AI 模型是在一个复杂的黑盒算法上训练出来的，输出的是 X 与 O 的分类。分类模型用方框 1 中的粗线表示，其将 X 与 O 分开。

为了尝试理解如何为特定客户做出决策，我们选择案例的输入和输出值进行解释（方框 1）。现在，通过识别附近的点，围绕该点创建代理模型（方框 2），对这些数据进行少量的扰动或改变，改变后的数据被用作原始黑盒模型的输入，以获得新的输出。这些输入与其相应的输出被用来训练一个更直接的、通常是线性的模型（方框 3），其中扰动的输入以其与被解释实例（所选择的原始记录）的接近度来进行加权。然后，使用这个更简单的线性模型来识别重要特征及其对分类的排序贡献度。因此，这些参数就可以用来解释所讨论的结果了。

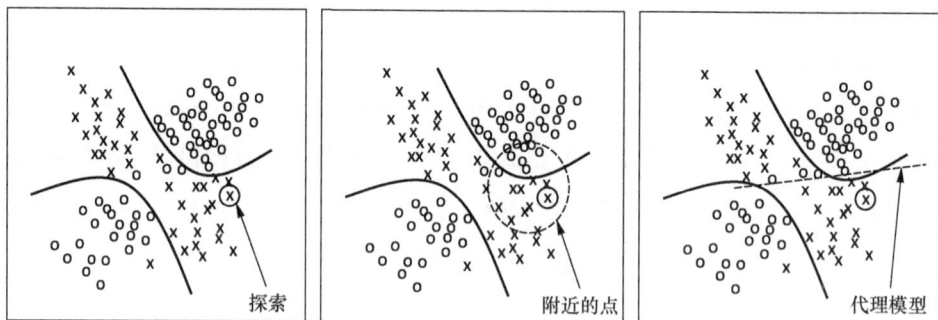

图 10-2　代理模型工作示意

值得注意的是，这个新代理模型在研究中起到了在已识别数据点附近作为 X 和 O 分类的局部边界的作用。重要的是要记住，这种模式并不在全局范围内有效。例如，如果在方框 3 中向中心或左侧移动，则代理模型的分割线和原始模型的分割线会显著偏离。在代理模型（方框 3 中的虚线）中，在原始数据点附近，线以上都被判别为 O，而线以下都被判别为 X。当向左移动时，这个代理模型会给出不正确的预测，因为它仍会将线以上的任何点都预测为 O。但是，我们可以看到实际数据在这个区域显示为 X。因此，代理模型应只在最初识别的数据点附近工作。如果你需要对图形的不同区域进行解释，则必须对不同的初始数据点重复该过程。

对于每个与可解释性有关的选项，AI 团队还应考虑通过交互式可视化来增强其易用性。这将大大有助于最终用户以启发式的方式理解模型。同时，团队还应避免对 AI 模型施加不必要的限制。他们希望该算法做出准确的预测，但这通常会超出人类的能力范围；同时，团队也不希望模型承担任何不必要的偏见、风险或不够透明。他们在这里要把握好度，保持一定的不透明度有时是合理的。牺牲部分预测能力以增加可解释性可能会限制 AI 应用程序的潜力，进而给用例带来危害。

> ## 边注栏：深度学习中的模型可解释性
>
> 深度学习网络在样本分类方面做得很好（如区分图像是不是猫）。但是，深度学习对算法的内部工作原理知之甚少。当然，深度学习的可解释性仍然是研究的活跃领域，且研究成果未来可期。如第二章所述，这些网络接受输入并将其逐层传递，距输入层越远的层越能提供更高层次的描述。有时，当靠近输出层时，这些更高级的描述可能会类似于人对它们的描述。例如，它们可能具有似乎指示毛皮、尾巴或耳朵等特征的节点或节点组。测试表明，对于特定任务，例如图像分类，查看每一层的输出有助于用户更好地了解模型的运行方式[11]。

一旦 AI 模型给出输出或做出预测，则开发团队必须考虑如何最大化地利用这个输出。以前面讨论的 Target 公司为例，Target 团队获取了一批客户之前的购买记录，以预测应该向其推荐的其他产品。然而，团队没有过滤器来防止他们产生负面新闻。使用什么样的过滤器可能并不总是显而易见的，它需要在不同的场景下确定何时从模型输出中触发（或不触发）何种类型的动作。

为了向受算法决策影响的个人提供透明度，《通用数据保护条例》（GDPR）（请参见第七章）赋予人们在面对算法决策（如贷款时被银行拒绝）时有要求其做出解释的权利。可以想象，由于输入的复杂性和 AI 算法的不透明性，这可能会带来问题。通常没有针对算法决定的现成解释。GDPR 第 22 条规定："自动化的个人决策，包括分析，是存在争议的[12]。"这意味着一家企业必须能够解释模型输出，并证明其算法没有对客户做出虚假的判断。

这种获得解释的合法权利需要透明度，因此欧洲和其他地方的一些企业已经披露了其源代码的某些部分。然而，这仅提供了代码在偏差方面能力的一小部分。此外，正如前面提到的机器学习的例子，偏差可能存在于训练数据中，而根本不在代码中。模型可解释性是对需要遵守 GDPR 法规的企业的必备要求。这些规定适用于在欧洲经营的所有跨国企业。同时，由于需要对隐私标准进行再处理，因此企业应该考虑将这些标准应用于世界各地的客户。

📟 模型风险办公室

当定义和实施模型治理方法时，需要考虑完整的 AI 模型生命周期，正如第八章讨论的那样。对于一个健康的、独立的、可重复的模型治理过程，企业必须建立一个模型治理办公室或团队。如果不这样做，后果可能很严重。举个例子，一家地方银行创建了一个有价值的 AI 模型，高管们希望立即将其投入生产，这样就能够进行更多的交叉销售和追加销售了。然而，CEO 却很担心："我不知道它要做什么。万一它不受控制了呢？这会让我们的声誉承担很大的风险。"

产生这个问题主要在于银行忽略了为 AI 创建一个治理过程。有时开发一个 AI 模型花了两个半月的时间；而建立一个治理系统，并使用它来批准模型却花了 9 个月的时间。如果他们在开发第一个算法之前就开始建立这个治理系统，那么可能只需要两天时间就可以让新模型通过治理步骤。尽早建立治理过程，并确保它们适用于所开发的任何 AI 算法，会更高效、更经济。

就治理而言，并不是每个用例都需要经历相同严格程度的测试。对于银行来说，一个用例可能是个性化网站上的内容，另一个则可能是预测现金流和利率。在前一个例子里，犯错的后果可能会不太严重，而在后一个例子里，犯错可能会给银行带来流动资产问题。团队决定模型需要经历哪些治理步骤时，应该考虑出现问题的可能性以及由这些问题导致的影响或后果的严重程度。如果每个模型都要经过级别最高的测试，则将不必要地降低低风险模型的生产速度，并可能转移我们对更高风险模型的注意力。因而，不同的特征适用于不同的业务，企业应开发一个模型风险框架，以确定其业务环境中不同类型模型的风险级别。这个框架应该考虑各种模型类型和使用场景的可能造成的后果级别，并规定在生命周期的每个步骤中，对于每个风险级别（高、中或低），不同类别的模型需要什么样的治理。该框架应该定义哪些步骤是适用于每个模型类别的，以及哪些步骤可以降低要求以提升中低风险模型的速度并降低成本。然后，企业需要决定所开发的每个模型属于框架中的什么风险类别，以及该模型需要经历什么样的治理步骤。

对于公平性测试，应该有一套标准化验证。团队必须检查该模型是否歧视受保护的个人群体（如前面提到的性别或种族因素）。同时，模型符合监管要求也很重要。

在将模型加入生产过程并投入使用之前，团队应该确保模型在上游（通常是数据）和下游（通常是使用）系统中工作良好。团队还应该验证是否有一个适当的故障保险机制，这样一来，如果生产中的模型出现问题，就可以求助于另一个模型或者某种备选的行动方案。如果发现一个模型不能很好地工作，那么团队可能会返回到一个已知有效的先前模型，或者一个暂时有效、更简单的基于规则的替代方案。根据模型的使用方式，另一种选择可能是增加决策中人工干预的频率——例如，如果模型输出在使用前被存储（批处理模型），则可以检查这些输出的不良结果并手动覆盖，直到模型被修复。如果故障保险替代方案是另一个 AI 模型，那么该模型也必须符合治理步骤。从一开始就考虑这些或者其他的故障保险机制是一个好主意。

此外，还可能需要解决其他情况，例如模型在生产中性能开始下降，或者由于输入数据的统计数据与训练数据集的不同而导致模型不再按预期工作。必须对生产中的模型性能进行持续监控以发现这些情况，包括获取模型预测的内容和可用的实际情况。这样，企业就可以快速检测并适当处理模型性能下降的问题。有时，这可能会触发前面提到的故障保险机制，有时甚至需要重新训练模型。

在企业大规模实施 AI 模型之前，这些降低风险的所有方面都需要考虑。接下来，我们将研究如何实现一个最佳的组织结构，使该组织维持和发展 AI 能力。

注释

1. 来自 Forbes。

2. 来自 *Wired*（《连线》杂志）。

3. 来自 *New Scientist*（《新科学家》杂志）。

4. 来自 Executive Office of the President（总统办公室）。

5. 来自 Reuters（路透社）。

6. 来自 Reuters（路透社）。

7. 来自第 21 届 ACMSIGKDD（知识发现与数据挖掘会议）Certifying and Removing Disparate Impactpp. 259-268。

8. 来自 ACMITCSC（计算机科学理论创新，2012 年）Fairness through Awareness. 214-226。

9. 来自 NIPS（神经信息处理系统研究进展，2016 年）Equality of Opportunity in Supervised Learning。

10. 来自第 22 届 SIGKDD（知识发现与数据挖掘会议）。

11. 来自 Cornell University（康奈尔大学）。

12. 来自 General Data Protection Regulation（《通用数据保护条例》）。

第十一章

激活组织能力

> 与之前的所有技术一样,人工智能将反映其创造者的价值观。因此,包容性很重要——从由谁设计,到谁在公司董事会任职,以及包含哪些伦理观点。
>
> ——凯特·克劳福德(Kate Crawford)
>
> 纽约大学教授,微软研究员

截至目前,我们已经研究了企业用于实施 AI 战略的核心流程和工具。然而,要发展和维持全公司范围的 AI 能力,需要的不仅仅是流程和工具,还需要有组织、有序的人。加利福尼亚大学伯克利分校的阿里·戈西(Ali Ghodsi)说过,"只有大约 1% 的企业在人工智能领域取得了成功。其余的都在与 3 个问题做斗争,第一个是让人们一起工作,彼此协作[1]"。在大多数的企业中使用 AI 存在很大的障碍,事实上,必须重新配置公司运营模式的某些方面才能成功地大规模应用 AI。为了给大规模应用 AI 做准备,企业需要帮助他们的管理团队、业务员工或是其他人建立新的、不同的思考方式。但在此之前,必须要做的一件事情是让围绕 AI 的利益相关者达成一致。

⬤ 协调利益相关者

想要在任何组织内部成功建立 AI 能力都需要董事会和管理团队的大力支持。但问题是，管理层可能会觉得它是在押注一项尚未在组织内部被证明在用的技术。这种感觉可能会令人不安，为了克服这种感觉，高管们应该花时间了解 AI 和机器学习的工作原理；这些高管需要建立自己的直觉来判断 AI 中什么是真实的，什么是炒作，并考虑在其组织中实施人工智能解决方案所需的步骤，从而做出更好的决策。这本书可以作为开发愿景的指南。

然而，任何 AI 项目成功的关键不仅在于高管的支持，还在于大多数其他利益相关者的支持。领导者们必须团结起来以实现远大目标；员工必须理解为什么 AI 对他们的公司很重要，理解 AI 将如何影响他们的工作，以及他们如何为一个以 AI 为中心的组织做出贡献；高管们需要解释工作可能会发生的变化，但是基于 AI 的新工具可以更好地完善工作；业务领导需要强调 AI 代替不了大部分工作，它只是取代了那些繁重的任务，让员工们可以专注于战略和创造力，而不是一成不变或枯燥乏味的工作。必须消除对 AI 的负面成见以减轻人们对失去权威的恐惧，同时还要促成人类和机器共同工作和繁荣健康的工作环境。

领导层应该准备好面对一些阻力。实施人工智能策略可能涉及重大改变，这也许会让人们感到不舒服。在这种情况下，最好从每个职能或部门的增量变化或试点项目开始，让团队逐渐适应 AI。这意味着接触到那些可能不经常合作交流的人员，比如市场营销、供应链、人力资源和 IT 部门的人员。此外，公司员工们必须懂得如何参与其中——如何发掘潜在用例、如何开始构思解决方案以及如何利用 AI 来更好地完成自己的工作。最后的结果应该是围绕 AI 的目标达成一致，并且对在业务的不同部分（从前台到后台，跨部门和品牌）采用 AI 解决方案的兴趣日益浓厚。

⬤ 组织规模

一旦利益相关者关于 AI 的愿景和目标都达成了一致，领导团队就需要决定 AI 团队在整个组织中的定位，以及他们与其他团队的交流方式。一个易于理解的组织化结构是必不可少的，其包含业务、IT 和 AI 团队，并且要指定能够执行和维护 AI 工程的相关成员和职责。各种职能需要在组织结构之间舒适地协作，没有这种协作，企业就无法发展。所选择的最佳结构可能是一种微妙的平衡行为，因为在实际业务中，关于 AI 和分析能力的定位或许没有达成共识。此外，最佳结构是针对某个组织的——适用于某家公司的事物，不一定适用于另一家公司，如图 11-1 所示。

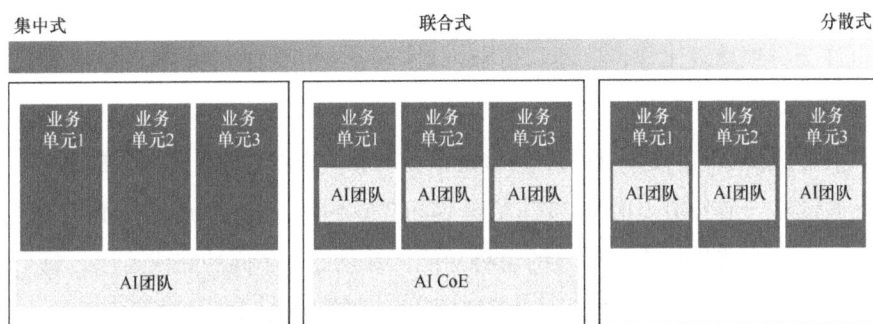

图 11-1　AI 的集中式、 联合式和分散式操作模型

第一种方法是在单独的领导层下为 AI 和分析团队建立集中式的结构体系。在这种结构中，AI 科学家向他们的首席 AI 官或首席分析官报告情况，并且根据需要分配任务。集中化的结构鼓励 AI 同事之间协作和知识共享。通过确保组中的每个人都按照相同的 AI 规则进行工作，公司的 AI 策略可以更好地被遵守，并且整个业务单元的应用程序可以实现更高的标准化。由于计划和执行过程是集中的，因此它还可以快速跟踪战略性 AI 的优先事项。

集中式的结构意味着 AI 科学家和业务用户"不在同一个房间"——业务部的决策者和操作业务的用户存在一定的距离。这可能会阻碍 AI 团队成功执行用例的能力，因为从整个业务单元获取意见是很困难的，并且当这种模式发展起来后，想及时获得使用它们的许可也很困难。集中式的结构还存在其他缺点，如果每次业务单元要发起一个 AI 工程都不得不经过中间的集中式的结构，那么计划进程就会减慢。另外，如果每次开始一个项目时都会为业务单元分配不同的 AI 科学家，则由此导致的连续性不足会让业务单元感到集中式结构无法完全满足他们的需求。

第二种方法是分散式结构体系，即各个业务单元建立自己的 AI 科学和工程能力，并雇用自己的团队。每个业务单元都独立于其他业务单元设定其议程和优先事项，并以自己的方式解决 AI 挑战。在这个模型中，AI 科学家直接从业务单元获得指令，使 AI 团队能够更深入地理解业务的需求和细微差别。它允许 AI 团队和业务团队成员有更频繁和开放的交流。这让 AI 团队觉得自己投入了这个过程。更紧密的持续互动通常会增加业务部门对 AI 团队的认同。

分散式结构也有缺点。比如，它需要每个业务单元都具备经验丰富和能力出色的管理者，去雇用正确的 AI 科学家并且引领他们的工作。此外，分散式结构也许会导致重复工作，这不利于整个组织充分利用已建立的资源，会导致各个部门之间不得不管理一系列相似的项目。还有一个缺点是，单个业务单元也许只能解决较小的问题，而没有足够的预算或能力去面对业务中更大的挑战。

假设有一个公司，它的 CTO 发现不同的业务单元正在制造 6 种不同的聊天机器人，但这些机器人有明显的重叠功能，并且处于不同的完成阶段，每个部门都只专注于解决用户问题中的意图识别这一较简单的问题，而不是利用 AI 让它自动从非结构化的文本中找到问题的答案。如果能在较早阶段处理群体规划和协调问题，就可以避免这种重复的工作。

第三种方法是采取联合结构或中心辐射模型，这种模型能充分利用集中式和分散式结构体系的优点，同时最大限度地减少它们的缺点。这种联合结构有一个中央枢纽——我们称之为 AI 卓越中心（AI CoE）和位于不同业务单元的辐条。在这样的结构中，大多数 AI 科学家都在自己的业务单元工作，但可以通过 AI CoE 互相协调，因此他们更容易洞察那些潜在的相互交叉的知识和解决方法。

AI 卓越中心

AI 卓越中心负责那些受益于集中化的 AI 工作，其关键作用如图 11-2 所示。AI CoE 对高层管理人员和业务单元负责，并为其提供指导和支持。一些组织中 AI CoE 所涵盖的功能包括如下方面。

- 培训员工并得到在他们组织内使用 AI 的支持。
- 在 AI 项目的整个生命周期内为其设立标准，并确保工程均遵守这些标准。

• 分享知识并建立 AI 社区。

• 制定培训标准并协调培训，帮助公司内部聘用 AI 人才。

• 建立并发展 AI 平台。

• 时刻保持清醒，成为公司参与外部 AI 生态系统的主力，包括那些大型技术公司、AI 创业空间和 AI 学术研究潮流。

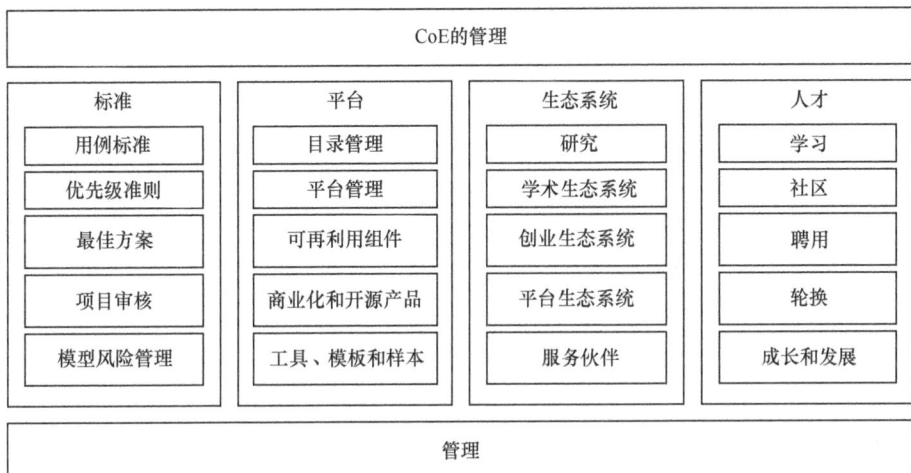

CoE的管理			
标准	**平台**	**生态系统**	**人才**
用例标准	目录管理	研究	学习
优先级准则	平台管理	学术生态系统	社区
最佳方案	可再利用组件	创业生态系统	聘用
项目审核	商业化和开源产品	平台生态系统	轮换
模型风险管理	工具、模板和样本	服务伙伴	成长和发展
管理			

图 11-2　AI CoE 的关键作用

🅰️ 标准和项目管理

一个 AI CoE 要为 AI 项目如何运行设立标准，并且确保每个项目都遵循相关的标准。

AI CoE 通常由首席 AI 官负责，这有助于为 AI 计划的发展提供动力。它由一个治理团队组成，其中包括组织中业务单元的领导，其设计目的是确保无论怎么划分角色和责任，分布在 CoE 和业务单元之间的项目团队都能进行协作并共享责任。为了使 AI CoE 正常工作，必须建立一个管理机构来确保其履行职责，使其能为每个团队提供所需的工具，从而做出良好的决策和构建可靠的解决方案。一个精心计划的管理机构可以促进成员间的协作，帮助他们在同事之间分享知识。

AI CoE 应当有权要求项目参与审查，并能证明其符合相关标准。在联合结构中，业务单元为各种 AI 项目设置优先级，而 AI CoE 以促进者的身份，为诸如管理供应商等分配 AI 相关资源的事务提供帮助。其作用的一个关键部分是，查看业务单元中可重用的部件，然后为各个项目安排最佳优先级提供建议，以便从平台共用的部件中获取最大的收益。

在企业发展的早期，大多数 AI 项目都由 AI CoE 审查，以此来确保整个团队有充足的具有合适技能的人员，并确保能考虑到所有可能使 AI 项目误入歧途的陷阱。这些早期的项目为各种 AI 应用性能设定了监控和管理的标准。每个业务单元或小组负责监控它拥有的各种应用。在模式管理方面，CoE 要设定准则并出台一系列团队必须遵从的标准，其中包括能决定任何已有项目是否合规的方法。之后，团队需要向 CoE（或另一个小组内的业务单元）展示所有正在进行的已授权的工作，包括用例收集、优先级划分、数据质量评估、AI 生命周期进程、公平性测试、基于平台的建模和管理，以及进行模型风险评估（又或是展示本身的测试结果）。

社群、知识和培训

AI 战略的成功实施，不仅需要优秀的 AI 科学家了解他们的业务，还需要从 CEO 到员工都能充分理解 AI 及其所提供的功能。这种双重理解对于促成 AI 事业成功大有帮助。AI 可以对一个过程进行深入分析，无论是顾客对一个新广告活动所做出的反应，还是运输车辆通过选择路线来节省宝贵的时间。而 AI 的这种能力需要一个环境，需要每个人，从上层的管理者到车间的员工，都参与确定 AI 的相关用例。如果员工们对 AI 有更为深刻的理解，则更容易产生那些帮助 AI 充分发挥作用的创新。他们越懂得 AI，对 AI 的使用就越得心应手，他们的公司也就越能从中受益。

AI CoE 应该鼓励构造良性循环，在循环中收集和传播整个组织所共享的知识成果，这样可以随时间推移增强业务单元的 AI 能力。这些循环可以确保所有人，包括业务单元内部的每个人，都具有关于工作原理、如何应对挑战、如何选择新工具和新产品以及如何创新实践的最新知识。

AI CoE 应当在业务单元之间协调，以此来理解和定义组织所需的培训需求。培训要具体到每个受众，它们需要包含一般的认知，包含项目如何为所有的业务员工带来效果，包含如何为 IT 团队在应用内部署和充分利用 AI 模型，以及包含 AI 团队的前沿主题和业务知识。一般员工培训要包含以下内容：如何理解 AI 项目的特征，如何确定潜在的用例，团队投入实施的初始过程，以及在项目从概念到实施再到其他阶段的过程中员工应该扮演什么角色。最合适的 AI 教育方式应该是线下培训和线上自学相结合。然而，这个计划不应该仅是训练课程要点和执行计划的临时清单，它需要成为一个全面、广泛的能力建设训练。亚马逊最近就有这样一个例子，他们计划拿出 7 亿美元培训员工[2]。企业要召集执行部门参加研讨会，并且代表们要鼓励所有人参加。这样的培训和准备工作会动员所有人充分利用 AI。

除此之外，CoE 还可以帮助公司聘用最为合适的 AI 人才，使公司成为更具吸引力的工作场所。AI 团队的成员经常可以在需要时调入和调出 AI CoE，这样他们就可以在业务单元间移动并发现各种待解决的新问题。AI 科学家和工程师们分布于不同区域和不同业务单元，在他们的帮助下，CoE 还可以维持一个更强大的实践社区。

平台和 AI 生态系统

AI CoE 和 IT 部门应该基于业务单元间的需求，共同建立、维护并增强 AI 平台。这有助于调整不同工程之间可以被重复利用的组件，以便提高效率。在某些情况下，AI CoE 可能会在业务单元需要项目之前就承担了这些项目，尤其是那些可以在业务单元间共享的复杂组件的工程。更多时候，CoE 会在平台开发加速器，使每个业务单元都可以用它们来加速自己的项目，例如风险管理模型或是自动数据检测工具。

没有一家使用人工智能的公司是独立的，它们都存在于人工智能活动的生态系统中。AI CoE 应该与这个生态系统保持联系，以确保自身能在工具、框架、方法、算法或应用程序方面做出最佳决策。这种生态系统的管理需要维持以下几种关系：和诸如微软这样的大型技术公司联系，他们通常会花费数十亿美元来增强他们的 AI 平台；和那些拥有与公司相关的应用的初创公司联系；和能提供团队成员和专业知识的咨询或服务公司联系；和那些正在研究新算法、新模型以解决新型问题的大学或其他研究机构联系。维持和大学的伙伴关系的另一个好处是，它是招募顶尖人才的另一种方式，让企业能够发现并发展与有前途的 AI 科学家的关系。关注诸如 Kaggle 这样的网站也是一个好主意，这些网站促进了业余团队和专业 AI 团队之间的竞争。Kaggle 为团队提供相同的数据，并要求他们创建解决特定问题的算法。

🅰️ 组建项目执行团队

要想成功创建支持 AI 的应用，需要大量的数据、顶尖的工程技术、丰富的业务经验和除此之外的许多东西。它还需要一个能力强大的团队。人工智能团队通常在项目建设初期就要组建，在联合结构中，这支团队会从 CoE、IT 部门和业务单元招揽人才。

当建立一个新的项目团队时，需要记住几件事情。为了使项目达到最佳运行状态，让 AI 科学家和数据工程师与其他工程师及业务分析师共同合作是十分重要的。好的团队会在这些专家中营造良好的关系。没有这种合作关系，AI 方案可能会被大大延期，并且模型性能也会下降。当数据工程师承担诸如数据准备之类的任务时，AI 科学家便可以自由地专注于他们应该做的事情了——建立和验证模型。

组织良好的团队能够更好地处理潜在的障碍。其中很多障碍发生在项目的后期——例如工具不兼容以及数据管理、部署或安全问题。团队成员还可能难以让终端用户理解和使用他们模型所预测的结果。当然，解决此类情况的最好方法是在它们出现之前就预料到并加以处理。一个好的团队在项目初期就会收录这些问题的解决方案，会与利益相关者进行协调，以确保项目计划已将他们的需求考虑在内，确保对项目的期待是现实合理的，并且确保有合适的资源可以利用。为此，需要从一开始就建立一支多技能、多元化的团队。

为了组建一支有效的项目执行团队，要充分利用领导角色中最可靠的人。这些人要能够将业务敏锐性、AI 和机器学习专业知识以及 IT 技能组合在一起，从而理解需求并提出解决方案。领导通常是那些理解业务需求并具备 IT 敏锐性的 AI 科学家，或是拥有量化能力和数据分析经验的商业人士。接下来将介绍一些 AI 项目中的关键角色。

AI 团队经理负责利用团队的经验和专业知识，使项目尽可能地高效运行。他应该具备与非技术人员沟通的技能，以及与团队成员沟通的足够的技术知识，掌握他们在做什么，并以任何必要的方式支持他们。

AI 科学家负责探索数据，开发模型和算法，以构建和部署最优的智能解决方案。他们还要评估用于检测信号的数据，并确定最适合用例的 AI 方法。这些科学家要能够理解用例的业务目标，然后将其转换为 AI 任务的目标。

AI 工程师要精于构造和部署企业级的平台和企业级的智能产品，并结合软件工程和建模能力来产生模型的概念验证（PoC）。他们在分布式的机器学习和数据框架（如 Tensorflow、Spark 等）中部署模型，并负责对已部署的模型进行再训练、监控和版本管理。机器学习工程师是机器学习环境中关于基本结构和相关操作的专家，他们能近距离与数据工程师合作来促进这些流程。一些机器学习工程师还能够对终端用户的界面原型进行设计。

数据工程师负责借助大数据技术来应对大规模提取、存储、处理和查询数据的挑战。数据工程师要理解并设计大数据的架构。他们需要在分布式的系统中设计和构建数据仓库、数据湖和数据流。此外，他们还要负责维持数据的完整性，以便 AI 科学家们能够专注于那些可以充分利用这些数据的算法。

数据分析师负责对数据进行测量、检测和迭代，并开发数据可视化和报告工具以支持数据驱动的决策。他们要确保数据被正确地收集，有时还会被要求解释数据分析结果以提取重要的信息。数据分析师还要帮助用户理解如何使用现有的模型。

AI DevOps 的工作人员通常是公司 IT 组织的一部分。目前大多数 IT 组织都已经有了各自的 DevOps 团队。该团队成员可以由机器学习或是模型操作培训得到，或是雇用其他团队中有相关 MLOps 经验的成员。要确保他们都已接受用于支持 AI 工程师或数据工程师的培训，这点至关重要。他们负责软件的快速开发、测试和发布、监督自动化持续集成与持续部署（CI/CD）管道，还要负责协助排除故障及修复错误。

技术项目经理负责缝合团队中的缺口。他们不必精通 IT 技术，但一定要有专业特长和政治敏锐性，以便在谈判桌上维持与每个职能部门间的良好工作关系，还要有管理能力来确保项目符合当前的计划。

在 AI 项目中还有一些其他更重要的角色，但在组成一个完整团队的过程中，他们的职能并不是唯一的。与其他工程项目类似，AI 项目需要包括业务分析师、全栈开发者和工程师、产品经理、SCRUM masters（敏捷专家）、解决方案架构师、商业智能分析师、数据架构师以及数据可视化工程师在内的所有成员相互协调。在平常的 IT 项目中，大多数组织都有与上述成员职能相近的角色，因此不再赘述。

(AI) 招聘与人才管理

当被问及什么是 AI 科学家时，许多企业都会这样描述其所需技能：精通机器学习技能，拥有足够的商业洞察力来探求最佳用例，具备必要沟通技巧来激励团队，数据工程知识足以构造强健的数据流水线，拥有足够的 DevOps 知识来建立并维持基础架构，能为终端用户的应用设计原型等。然而，你很难找到一个人能同时拥有这么多技能。

相反，企业应该把重点放在构建一个技能覆盖广泛且互有重叠的团队。拥有综合能力的团队会带来多方面的好处。雇用一个从事部分数据工程的 AI 科学家、一个熟悉数据工程的开发者或是一个有业务经验的数据分析师会更加容易，并且具备多种技能的团队成员在一起工作通常更加高效，因为他们的专业知识涉及不止一个领域，这会让他们彼此成为良好的合作者。比如，如果一个 AI 科学家不仅了解编程技术和数学建模，还对相关业务有一定认知，那么他就可以很好地通过权衡潜在业务来解释自己所选择的模型。

如果一个组织找不到如此全面的 AI 科学家，那么还有其他解决方案。由于很多人并不能同时精通算法和商业策略，因此企业可以考虑同时招聘两个人，一个负责算法，另一个负责商业策略，但每个人都需要具备对方领域内的一些经验。另一个选择是努力培训新的 AI 科学家，使他们掌握该组织已经具备的商业策略。考虑到日益增长的对 AI 科学家的需求，一个企业可能不得不雇用那些没有实际经验，甚至对商业运营环境有些抵触的人。毕竟，他们是 AI 方面的专家，而不是业务、IT 或者部署方面的专家。培养研究生的机构只负责教授 AI 理论和科学，而不是如何将其应用于商业实践。对于这些人来说，任何来自业务单元中 AI CoE 或其他类似职能的帮助都是十分有用的。企业可能还希望指导他们一些现有的数据工程师的 AI 艺术。许多在线课程和大学课程都获得了 AI 专家的资格认证，包括微软、Coursera（一个在线公开课平台）和其他很多大学的课程。

话虽如此，我们不得不承认，正如第七章指出的那样，精通 AI 的从业者非常稀缺，空缺的职位要远远大于人才储备，这意味着 AI 科学家们的薪资很高，并且他们有更多的选择。好消息是，他们也在追寻与大多数高水平、有才华的人相同的目标。他们希望在有意义的工作中使用各种用例，以发挥他们的才能并解决各种问题。他们希望有机会进行自己的研究，并有能力提出和实施新项目。他们想要一个可以提供给他们成功所需的一切的工作环境，包括使用大量数据的权力，并且他们不想在刚开始工作时就把大量的时间花费在清理数据上。他们需要访问自助服务 AI 平台的权力，这样就可以独立地进行操作而不需要依靠 AI 部门去设置环境或是依靠采购人员来获得软件资源。

为了雇用满足必要标准的员工，公司应该让应聘者知道，他们将会和很多聪明的人一起在一个创新、团结的环境中工作，公司对创建 AI 程序的使命是认真的，并且将为项目提供充足的预算及高管层的全力支持。公司还应该清楚其组织与其他竞争对手的差别。例如，如果公司内部的条件不支持 AI 人员下一步想做的事情（比如转向应用研究或是开发新产品），那么该 AI 人员就很可能去找其他公司。一个优秀的 AI 科学家会收到很多聘用邀请，所以公司为了赢得人才，需要明确指出本公司与其他公司相比所具备的与众不同的优势。

不幸的是，AI 科学家的短缺并不是当今组织面临的唯一问题。招募数据工程师也变得更具挑战性——这些人负责为 AI 科学家和其他组织成员提供所需的干净、可靠的数据。Glassdoor 上的一项搜索发现，空缺的数据工程师职位是 AI 科学家的 4 倍，而且年薪通常在 12.5 万美元以上。公司应为积极的人才搜索过程做好准备。

边注栏：AI 中的职业

越来越多的大学和学院开设了人工智能专业，比如卡内基·梅隆大学、斯坦福大学、麻省理工学院、哥伦比亚大学和哈佛大学。但其实像科罗拉多州立大学和东密歇根大学等州立学校也有备受好评的课程。经过 AI 培训的专业人员可以从事机器学习工程师、数据科学家、研究科学家、计算机视觉工程师和商业智能开发人员等职业。许多公司已经雇用了顶尖的学者来强化他们的 AI 项目。2013 年，Google 聘请了计算机科学家杰弗里·辛顿（Geoffrey Hinton）领导其 AI 研究工作。Facebook 聘请了机器学习和计算机视觉领域的扬·勒昆（Yann LeCun）担任其首席 AI 科学家。2015 年，优步（Uber）从卡内基·梅隆大学国家机器人工程中心挖来将近 50 名研究人员和科学家，包括顶尖的机器人和自动化专家戴维·斯泰格（David Stager），如今他是 Uber 自动驾驶汽车计划的首席系统工程师[3]。约书亚·本吉奥（Yoshua Bengio）是蒙特利尔大学的教授，也是微软的顾问。他的蒙特利尔学习算法研究所（MILA）和 IBM 建立了伙伴关系。除了这些还有很多其他例子。

🅰 数据素养、实验及数据驱动的决策

由于 AI 可能会在业务中占据更大的份额，因此健康的数据文化变得更加重要。在组织内部，如果只有 AI 或分析能力而没有与之相匹配的数据文化来充分利用它，那么它的能力就会被削弱。决策者和 AI CoE 需要共同努力，为公司向更多地以数据驱动为支撑的决策制定模式过渡做准备。在转型期，需要注意数据文化的 3 个方面。

数据素养：即便是世界上最全面、最及时的信息，如果无法获取并加以利用，那么它对于工程师而言都是毫无价值的。因此需要制订计划和工具来培训工程师，让他们能够利用那些在工作中日趋普遍的数据。人们数据素养的提高同时也会改变他们的数据文化倾向。除了培训之外，还需要为业务用户启用一致的

数据市场（请参见第九章）。当业务用户、AI 科学家和 IT 工程师都使用相同的数据市场和数据目录时，他们就会开始使用相同的数据语言。此外，在定期会议中更多地提倡数据的利用也是一种简单的提高数据素养的方法，如向与会者说明哪些领域可以通过数据驱动而做出更好的决策。

实验：正如之前提到的，在 AI 中，迭代是成功的重要组成部分。这一测试并学习的方法有助于寻找最佳的用例、数据集和预测模型。频繁的实验还可以促进以数据为中心的企业文化。最成功的数据驱动的公司都不怕"犯错"，会不断地验证想法。管理一个 AI 团队更像是监督无数次的实验，而不是简单地完成提供预期结果的任务。实验并不代表只是随便尝试一些东西，看看其是否奏效，它需要深思熟虑的实验设计，还需要控制组和测试组来从假设中学习。发展实验文化的主要驱动力是创造新知识。公司做越多的实验，那么它的学习文化就越浓厚。而"学习"不是指我们从已有的知识中获得训练，而是指我们创造和利用新的知识。"失败"不仅仅是一种选择后的输出结果，它还是学习的必要环节。亚利桑那大学心理学和认知科学助理教授罗伯特·威尔逊（Robert Wilson）与其他人最近完成的一项研究发现，当计算机有 85% 的正确率和 15% 的错误率时，学习任务的速度最快[4]。

要想在实验上获得成功，那么对待实验的思维就需要做出改变。获得成功可能进行了不到 9999 次的尝试，但在第一次尝试就找到最佳解决方案或许并不那么现实，而员工们需要习惯这一点。一次实验就是一种假说，它可能被证明是真或是假。如果不可能是假的，那么它就不能称得上是实验。举个例子，一个企业的管理团队决定改变企业文化来接受实验，这样的改变会充满挑战性。管理层本身必须学会如何以不同的方式交谈和行动，以及改变他们对员工负责的方式。这个过程会花费时间，但它最终成功了。决策者们不再谈论失败，而是开始探讨被验证或被否定的假设，那些被否定的假设并不会被视作失败，而是被当成一种用来改善未来实验的助力。该公司会明白不允许失败就意味着不允许实验和成功，并且如果没有实验，就不会开发出新的事物——包括新的成功的 AI 算法。

数据驱动的决策：在由数据和算法支持决策的公司中，可以找到成熟的数据驱动文化。这并不意味着该公司每天都会生成一堆报告，或者只使用商业智能工具。创造数据驱动文化的关键是提升对数据和模型的敏锐性。科学家们将这种决策方式称为基于证据的决策。然而，他们并不仅仅依赖数据。为了充分发挥数据对公司的作用，应该让数据与直觉、创造力、灵活性、个人经验和中立的视角相结合。

要想在整个公司内实现更有意义的数据驱动决策，数据素养和实验是十分必要的。此外，用户需要接受培训，并适应在不确定性下做出决策，因为大多数数据驱动模型都是概率性的。为此，AI CoE 和管理团队可以设计一系列措施来鼓励数据驱动的决策。首先可以让管理层要求业务团队解释在报告中呈现的数据（决策后），其次逐步要求团队回答为什么做出某一决策需要基于多种可选的数据驱动模型（决策前）。最后话题可以转移到优化问题上，例如，在所有可能的模型中，为什么某一选择是最佳的？我们已经看到，这 3 个步骤能有效地帮助公司从仅具有基本数据素养发展到以数据驱动决策。

AI 总结

在本书的这一部分，我们讨论了如何开发企业级的 AI 策略，以及如何通过适当的人员、流程和技术将其实现。在第四部分，我们将通过一个实际的模型示例进一步讨论相关流程及其所涉及的业务决策，并深入讨论该体系结构下的子组件的更多细节，以及这些组件如何在不同的解决方案中工作。

AI 注释

1. 来自 Battery（电池）。
2. 来自 CNBC（美国消费者新闻与商业频道）。
3. 来自 New York Times。
4. 来自 *Nature Communications*（学术期刊）。

第四部分
深入研究 AI 架构和建模

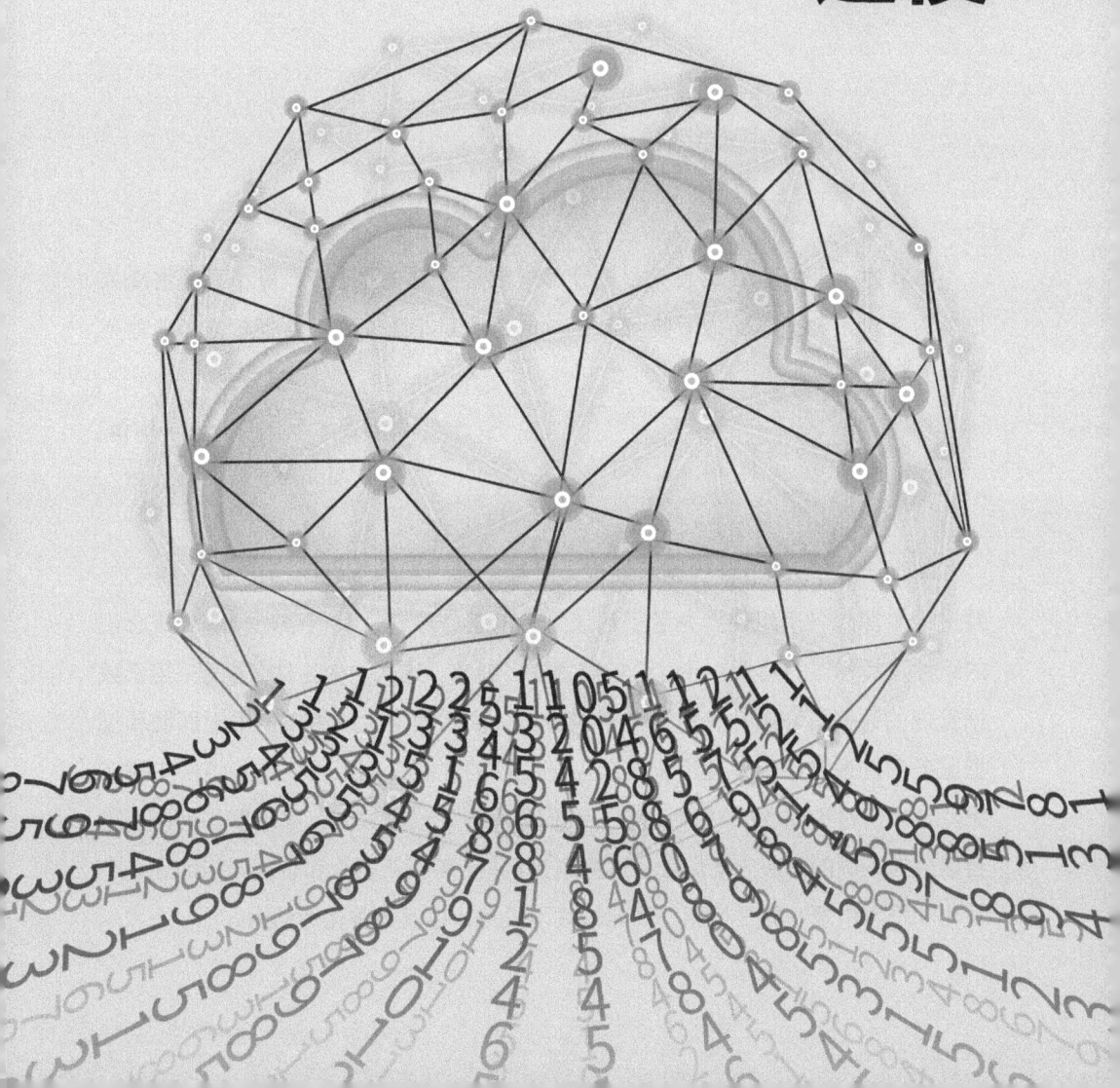

第十二章

体系结构和技术模式

在我的一生中，AI 的再兴起是计算领域最有意义的进步。每个月都有令人惊喜的新应用和变革性的新技术面世。但是，如此强大的工具也带来了新的问题和责任。

——谢尔盖·布林（Sergey Brin）

Alphabet 的联合创始人

本章涵盖了 AI 平台的技术架构，对第九章中提纲挈领的描述进行了扩充，并进一步深入各子组件。为了了解该平台的工作原理，我们会回顾 4 个核心层的组件及其各自的元素，并讨论它们的更多细节。这些层的组件分别是：用于数据管理的数据看守组件、用于模型实验和验证的模型生成组件、用于部署和模型服务的推理激活组件及用于持续生产监控的性能管理组件。这些组件支撑了第八章中所讨论的 AI 的生命周期。我们还将讨论设计模式，来了解如何使用平台以应对不同的解决方案场景。这些场景包括：聊天机器人和智能虚拟助理、个性化和推荐引擎、异常检测、物理物联网设备，以及数字化劳动力。

AI平台架构

相比从头开始组装一个 AI 平台，更常见的是使用由知名软件公司开发的基于云的商业化机器学习基础平台，比如微软的 Microsoft Azure、亚马逊的 Amazon AWS 和谷歌云等。但是，许多这种市售软件并不具有 AI 科学家在 AI 生命周期中所需的所有组件。一旦缺失这些组件，公司则可以通过内部构建缺失的部分来填补空白，也可以通过开源代码工具或购买可集成到 AI 基础平台的商业应用程序来获得它们。

数据看守组件

数据看守组件用于管理平台中的集成情况和数据，具体职能为收集和清理数据，并控制对该数据的适当访问。该层包括数据湖、数据库、数据文件和数据仓库，以及来自公司内部和外部的信息源输入。

数据源是收集第一手数据的源头，可能包括组织的客户关系管理（CRM）系统、企业资源计划（ERP）系统、订单管理系统（OMS）、来自客户网站或移动应用程序的日志、物联网设备或传感器，以及摄像机、可穿戴设备等其他任何来源。某些数据和集成层甚至可能面向外部，也就是说，它从企业外部的源中提取数据，并以批次或流式的管道流水线方式进入企业内部。

原始数据存储区是所有结构化和非结构化的未经修改的输入数据的存储位置，这些数据可能来自数据库表（包括时间序列数据）或者非结构化的数据（如来自无人机或卫星的图像文件、视频或 Word 文档）。原始数据存储旨在原封不动地存储来自源系统的数据，因此需要验证存储数据与源系统数据是否一致，验证方式包括结构和格式验证、源与目标记录计数的验证或数据分发和配置文件的验证。无效的数据会被标记并存储以供进一步分析和更正。

数据管道的创建使数据能从不同的源流向不同的目的地。之后数据会被进一步处理，包括进行净化和过滤、标准化、归一化、参照完整性检查及其他类型的处理，以使其可用于下游分析和 AI。处理完成后的数据会被存储在精选数据存储区中，在此阶段，一些数据整理或基于业务逻辑的转换使得接下来的处理更加高效。

AI 科学家从数据实验室提取整个实验和建模过程中所需的数据。然后，他们可以任意对数据进行必要的修改，包括在建模之前或建模期间所需的转换、减少偏差、缩放或其他数据准备步骤。可以将数据实验室视为建模人员的开发环境，每个实验室中至少有一个人或一个小团队进行工作。

数据治理组件负责数据治理和管理工作流程，并利用数据质量组件了解数据的质量以确定需要采取哪些措施来确保数据的使用与公司政策以及适用的法律法规一致。

数据合成器组件用于执行两项操作。一是，当尚无实际信息时，它将为模型实验合成新数据。合成数据是指通过程序生成的数据，与其相对的是收集得到的真实数据。二是，它可以在顾及真实数据隐私泄露时，根据精确控制生成的反映现实情况的统计分布创建合成数据。通常情况下，构建人工数据模型都是在模拟真实数据模型。最终在收集到真实数据后，我们可以使用真实数据对合成数据训练的 AI 模型进行再训练。

数据标记器组件用于标记现有数据集，以为监督学习做准备。标签是机器学习算法尝试预测的目标属性。该组件管理人工标记的工作流，但它也可能具备进行自动标记的组件。用户根据该组件提供的特征输入标签（自由输入或从预定义的集合中选择）。可以使用结构化数据、音频、图像和其他数据类型完成标记过程。例如，贴标签的人员可能被要求在图像中为多个物体绘制边界。

有两个数据湖用于存储处理过的数据。特征数据湖存储从精选数据中获取的任意可重复使用的计算特征，其中包括为分类数据（如客户或产品）所创建的嵌入。嵌入是分类项（如零售产品）的数学表示，它将每一个分类项及其属性转换为数值向量。洞察力数据湖存储模型批处理或实时运行所得的全部计算结果。用户通常可以通过报告或可视化查看批处理所带来的深刻见解。通过 API 调用模型时，实时模型输出的结果将通过 API 层返回，但为了监控模型性能，洞察力数据湖中也存储这些结果。

知识图是描述从非结构化文本数据（如 Word 文档和 PDF 文件）中收集的实体、关系和其他信息的图，用于更加精确、有效地定位文档中的信息。通常，根据构建目的，会有不止一个知识图，如回答虚拟助理被问及的关于公司人员的专业知识或公司政策的问题。

数据市场是 AI 科学家（和其他用户）可用的所有数据和特征的全面视图。这种形式的信息易于浏览，以使用户能够理解哪些数据可用，包括数据的描述、关联的元数据、数据元素间关联信息、数据沿袭等。在许多情况下，可用的信息还包括数据配置文件，例如数据行的计数和分布。AI 科学家以及业务分析师、业务用户和商业智能（BI）开发人员使用数据市场来了解公司中所有可用的数据。数据市场对于公司中培养数据素养、养成数据驱动决策的文化而言至关重要。

模型生成组件

模型生成组件（也称为实验层）是 AI 科学家开发、验证和迭代其假设的地方。该层需要通过训练潜在的数百个模型来帮助科学家们为特定用例找到理想的模型。它还应帮助科学家们对每个模型进行风险评估和开发必要的修正。模型生成组件中有 3 组组件供 AI 科学家使用——用于处理数据、生成模型和保障模型。AI 平台的架构组件如图 12-1 所示。

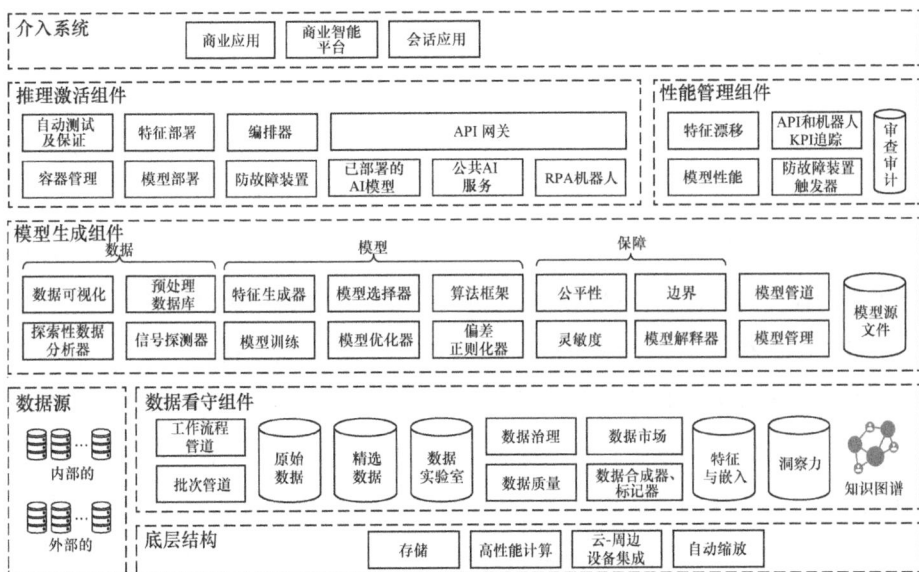

图 12-1　AI 平台的架构组件

该层中的数据子组件供 AI 科学家使用，因此他们可以在开始建模之前，使用本层的组件来理解其数据集。数据可视化子组件是一组库，允许用户轻松创建各种类型的可视化。数据准备子组件也是一组库，可以辅助为缺少的数据进行插值，并将数据转换为建模所需的适当格式。探索式数据分析器可以帮助发现模式、搜寻异常、搜寻数据中的偏差及了解数据的多种统计汇总。当给定数据湖和要预测的目标数据列时，信号浏览器会在数据集中计算相关性。它查找哪些其他特征与给定的目标数据列相关，并且可能作为目标列的指示器。自动方法相比手动方法的优势不仅在于省时，而且在于其能更容易地找到意料之外的模式。

　　AI 科学家使用建模子组件来开发他们的模型。算法框架子组件包含使用数据训练并创建模型的各种算法，例如仿真和优化、异常检测、模式识别、预测、知识挖掘及其他潜在算法。如 scikit-learn、TensorFlow、PyTorch 等框架都是在这里被创建和管理的。

　　特征生成器创建并评估派生特征，这些派生特征是通过合并现有数据特征而生成的。例如，如果有两个基本特征，一个称为开始日期，另一个称为结束日期，则特征生成器将创建一个两者之间的差异特征（持续时间）。然后，生成器将确定此派生特征是否是预测目标。特征生成器类似于信号浏览器，但它不仅处理基本特征，还生成并评估派生特征。

　　模型训练器包括配置模型的不同方法和可供利用的不同学习类型。建模包括 RPA 和推理引擎的规则配置、机器学习和深度学习模型的批处理训练、使用强化学习的在线训练、边缘设备的分布式（或联邦）学习或对上述方法和学习的组合使用。在建模过程中，偏差正则化器用于在训练过程中对高偏差和低准确性的模型进行惩罚，确保对偏差进行管控，且在模型优化预测能力时，也会将偏差考虑在内。它是第十章中讨论的模型风险管理步骤的一部分。模型选择器帮助我们比较不同实验的性能来选择最佳模型。模型优化器帮助调整 AI 模型的超参数以获得最佳性能。它多次运行模型训练和评估，同时还跟踪元数据，并通过优化找到产生最优模型性能的最佳超参数设置。如果没有此组件，则可能会花费大量时间手动调整超参数，这会使寻找最佳性能参数变得非常困难。

　　模型管理子组件可帮助跟踪模型及其改动，记录先前进行过哪些模型实验以及如何准确地复现实验结果。该组件使用配置管理工具来跟踪诸如测试和丢弃了哪些特征、对数据管道进行了哪些修改、提供了哪些计算资源来支持足量的训练之类的事情。模型管理组件与配置信息相配合，可加速 AI 服务整体上一致的部署，同时有助于减少冗余工作。模型源文件是所有模型代码的存储库。模型管道组件用于管理从数据到建模再到部署的模型管道配置。

推理激活组件

推理激活组件将模型部署到生产环境中，并在运行推理期间为 AI 提供驱动力。通常，业务应用程序的 API 把不属于模型训练数据集和测试数据集的数据输入模型中，以此来调用模型，然后模型开始执行并进行预测。持续集成和持续部署（CI / CD）的 DevOps 工作流程管道中有管理模型部署的工具，包括自动测试和模型保证。测试和保证组件执行自动化测试，包括模型验证，确保模型在每个新环境中都能达到预期的性能；端到端测试，验证数据管道是否可以访问以及模型的 API 是否有效；模型风险测试，例如公平性、边界条件和敏感性测试，这些在第十章中已经讨论过了。

模型部署子组件负责打包和部署 AI 模型，该组件通常位于容器中，需要通过 API 实时调用，也可能位于数据管道中，需要通过批处理的方式调用。容器是用于打包和分发应用程序（包括所有软件依赖项）的开放标准，使模型可以在任何环境中快速可靠地运行，其日常用途为模型部署以及部署和扩展其他类型的软件。特征部署组件为输入数据所需的任何特征转换部署代码，它可以集成到模型的 API 中，但可以与模型的 API 分离。

在 AI 运行过程中存在一个用于管理一组 API 的网关，应用程序可以通过这些 API 调用或触发预训练的 AI 模型。这些 API 包括在平台上构建的已部署 AI 模型子组件以及可以从大型云提供商处获得的公共 AI 服务子组件，例如微软认知服务、各种创业公司和许多小型公司的服务。最后，还可以根据需要通过 API 访问 RPA 机器人。这些 API 可以通过已链接的使用该模型的业务应用程序或者商业智能（BI）平台调用，在报告和可视化面板中收集和呈现信息，通常这些 API 的应用程序都有人工参与。同时 API 还可以用于不同类型的机器和系统，例如同步或异步无人工参与的自治系统。有时，应用程序本身的人机交互接口也需要 AI API，例如虚拟助理中的用户对话界面，或者手势控制、视线跟踪、生物识别和人体运动行为（基于运动）等接口请求。

当多个模型需要彼此协同工作时，我们需要对编排器子组件进行配置。该过程有时在顶层的业务应用程序内部完成，其余的则根据特定使用情况倾向于将模型交互保留在推理层中。有些"智能产品"是多个较低级别 API 的复合编排——例如，语音文件的情感分析可能包括语音文本转化 API 和各种自然语言处理（NLP）API 的复合编排结果。

故障安全子组件允许管理员为他们认为有需求的模型配置故障安全机制。容器管理子组件帮助管理模型 API 背后的已部署容器，并协调存储、组网和计算基础设施以确保应用程序的可用性。在该组件中可以管理相关配置，以根据 CPU 或 GPU 的使用量来扩展模型的容器数量，从而完成诸如重启或替换故障容器之类的任务。

性能管理组件

性能管理组件监视运行中的 AI 模型（正在使用的模型）。特征漂移子组件跟踪每个特征的所有输入数据的分布，并将其与模型训练时已知的分布进行比较。如果这些分布的差异大到无法接受（即超过某个差分阈值），则可能不得不重新训练模型。漂移是关于模型准确度的所有潜在问题的首要指标。模型性能子组件监视模型的输出和预测是否仍满足预设门限要求，例如，模型准确度是否仍在 90％ 或以上？有时，模型预测事件和发生预测事件之间存在时差，因此模型性能通常是模型适用程度的滞后指标。

截至目前，我们已经介绍了稳健的 AI 平台所拥有的所有组件和子组件。你可以将其视为架构的静态视图。接下来，我们将介绍动态视图。

🆔 技术模式

本节将更深入地研究 AI 和机器学习的一些常见应用的各种技术模式，以及如何在生产环境中实现这些应用。许多用例通常包含描述平台使用方式的技术模式，你可以将它们视为架构的动态视图。

智能虚拟助理

智能虚拟助理是具有用户对话界面或用户消息界面的软件，可帮助客户和员工执行各种任务，例如 Apple 的 Siri 和亚马逊的 Alexa。企业正在开发更多的智能虚拟助理，以帮助员工完成诸如即时解答投资问题之类的工作，或是帮助客户通过语音访问银行账户并为客户提供建议。

虚拟助理需要一些核心组件来维持正常运转。首先要具备理解用户命令或问题的能力。如果输入是语音，则需要通过语音转文本模型将输入的语音命令转换为文本。然后，需要对文本进行自然语言处理以了解用户的意图。例如，如果用户问"微软的股票价格是多少"，则虚拟助理必须能够理解用户的意图（股票价格）以及与意图相关的一个或多个实体（微软）。

对问题理解的复杂度会基于用户请求而提升。一个问题可能有多个实体，例如："Microsoft 和 Google 的股价是多少？"或者它可以有一个复合实体，例如"技术板块"。用户还可能有多个意图，例如："下一次飞往芝加哥的航班是什么时候？那里的天气如何？"

一旦系统理解了请求，那么下一步就是确定响应或找到答案。如果请求是诸如"调低音量"之类的命令，则可以调用 API 执行相关操作。如果是一个需要回答的问题，则可以采用多种方式进行处理。如果要查询结构化数据（如 Google 的股价），那么调用 API 或进行数据库搜索就可以找到答案，而若是查询非结构化数据，则必须通过知识建模的方式加以解决。知识图就是其中一种知识模型，它可以根据多个文档构造文本。如果你搜索诸如"巴拉克·奥巴马的身高是多少？"之类的信息，则可以从知识图中得到结果。尽管 Google 搜索引擎提供了包含此问题或关键字的文档链接，但它也将知识图给出的答案放在了页面顶部。知识建模要经历多个步骤，以开发构建机器可读的知识库，如图 12-2 所示。这个过程可包括：将原始的文档拆分成若干小段，这也被称为"回答单元"；提取讨论的主题并用这些主题标记该部分；对文档逐句提取实体和概念；并为这些实体和概念及其关系建立知识图。使用这种方法，你可以在知识图或回答单元中找到更精确的答案。

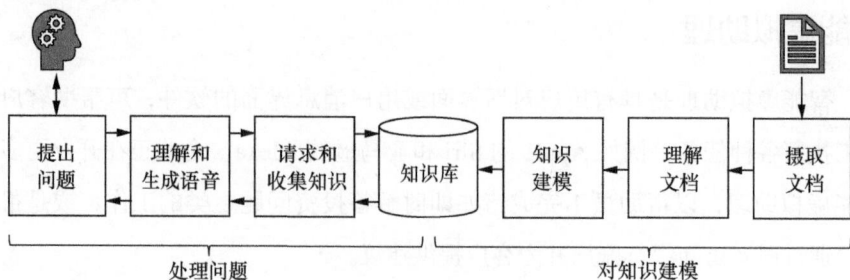

图 12-2　知识建模

最后，要使虚拟助理正常工作，需要管理用户交互。此功能包括询问澄清式问题；确认虚拟助理将如何处理请求；决定何时响应或如何呈现回应信息。在某些情况下，例如客户正在申请抵押贷款时，虚拟助理需要通过引导性的对话来帮助用户。在这些情况下，虚拟助理还需要知道目前已经完成了哪些步骤以及接下来需要做什么。

智能虚拟助理模式的目标是通过语音、文本和触控的方式，使用自然语言与用户进行自然交互。在最新的应用程序中，公司也采用手势、增强现实和视线跟踪的方式进行输入。鉴于用户可能会以多种方式询问任何类型的问题，企业需要构建解决方案，使得自然语言处理（NLP）训练可以持续不断地快速进行，而无须手动进行知识建模。解决方案中应包括系统的主动学习，以便模型可以对尚不了解的任何问题进行快速训练。

个性化和推荐引擎

个性化是指为与业务进行交互（通常是数字化）的每个用户创建独特的体验。过去个性化只是将正确的事物分发给正确的人，但是在今天，个性化有了更多的可能。现在，如果我们重新定义个性化，则它通常被描述为使用正确的渠道在正确的时间向正确的人提供正确的事物（消息、内容或产品）。

为了有效实现这种高级个性化，企业需要分步采取措施。首先，针对每个客户汇总各种类型的信息，以便可以获取关于这个客户的核心见解，从而更有效地了解该客户。这些数据可能包括个人资料和人口统计信息、历史交易数据、客户使用公司的移动应用或网站的数据、广告的展示数据以及其他潜在的第三方数据。所有这些数据都用客户的 ID 整合在一起。这种类型的数据存储被称为客户数据平台（CDP）。

其次，企业需要开发和组合多个 AI 模型，以提高对每个客户的了解程度。这些模型可能包括：有关消费者可能购买哪些产品的预测；他们对产品价格的敏感性如何；是否存在他们愿意选择的替代产品；基于他们正在购买的商品，他们是否还想要其他产品；他们对哪种推广渠道反应最好——电子邮件、广告、消息等；什么时候是给他们推送产品信息的最佳时间，什么时候他们最有可能做出积极回应；广告或电子邮件中使用哪种语言才能获得最佳的回复率？这些模型可以协调一致来使用。例如，根据要推荐的产品（模型 1）、最佳的推送渠道（模型 2），最佳的推送时间（模型 3）及消息中使用的语言（模型 4），最终向用户发送合适的消息。图 12-3 为零售业务中用于与客户进行正确交互（顶部的灰色方框）的一组模型示例（黑色模块），通过利用多种模型实现高级个性化。

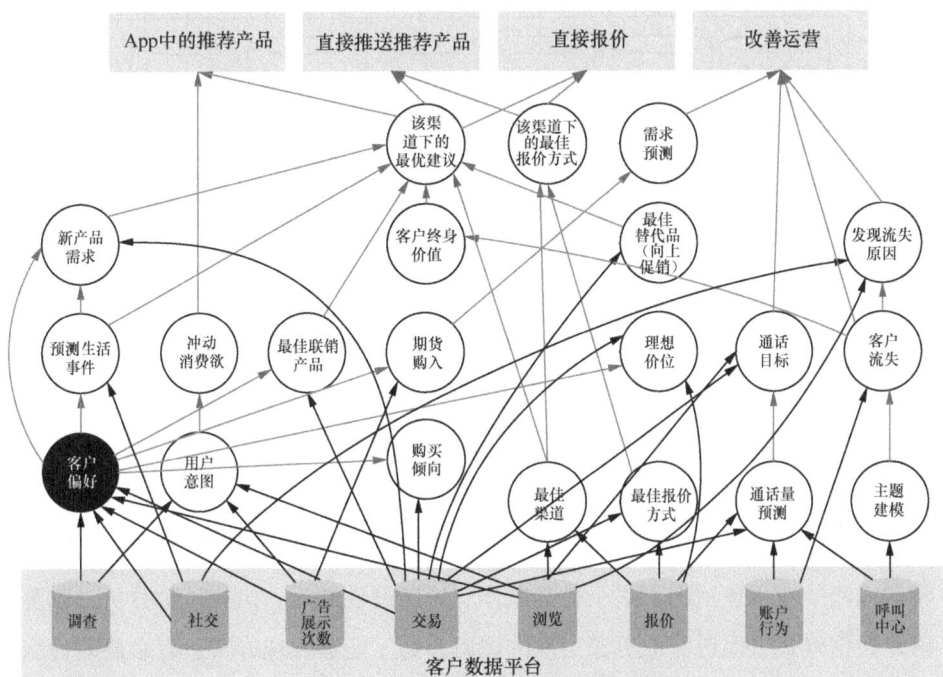

图 12-3　利用多种模型实现高级个性化

最后，通过客户操作过程规划应用程序中最相关的接触点，企业可以精心安排与客户的交互。AI 模型会产生关于客户的独特见解并为接下来的步骤给出最合适的推荐。协调器接收见解或推荐，并采取行动在另一个系统中触发适当的响应，这可能包括向客户发送带有报价的电子邮件或在客户浏览公司网站或应用程序时显示产品推荐等。考虑到许多模型通过 API 对外公开，并且需要协调许多客户操作过程中的接触点，企业需要采用协调器来对客户的操作过程进行合理的编排。如果不使用操作过程协调器，则将需要创建数百个点对点连接，长远来看这将难以维护。由于这个原因，采用操作过程协调器的方案才是比较理想的。协调个性化交互过程如图 12-4 所示。

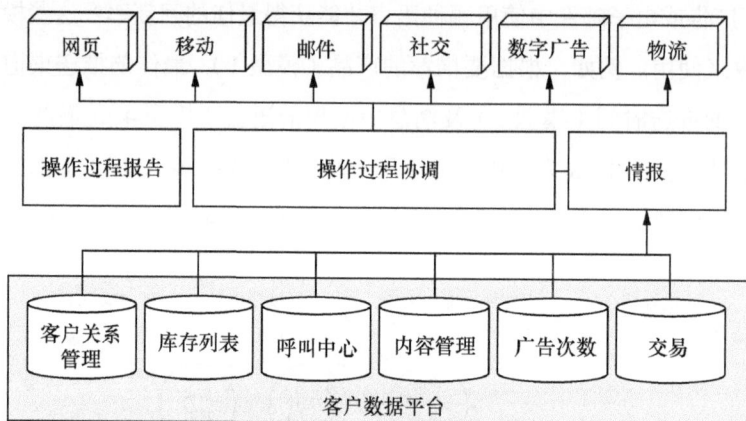

图 12-4　协调个性化交互过程

实现推荐的最常见方法是批处理。但是，其存在两方面缺点。一方面，会话之间的数据可能会失去时效性。另一方面，推荐可能会基于客户的整个历史记录，而不仅限于当前的会话，从而无法很好地表达他们当下的心态。因此，许多企业正在构建实时推荐引擎。第九章介绍了批处理与实时问题。

异常检测

通常使用异常检测来识别与数据集中的其余数据有显著差异的特定数据。异常检测的应用包括但不限于检测欺诈、诊断恶性肿瘤、执行风险分析，以及确定数据模式以促进获取更深层次的理解。为了能够发现异常，有必要对什么是"正常"数据进行具体详细的描述。然后，通过将每个新数据样本与模型规范进行比较，为该样本计算异常分数。如果偏差超过预定义的阈值，则将该数据样本视为离群或异常。

由于异常是由未知数据模式引起的，因此初始状态下的异常检测是非监督学习任务，没有可供学习的带标签数据。但是，在许多业务实例中，非监督异常检测的检测率通常不达标，此时就需要通过标记数据来完善模型。这可能是极其重要的，因为在某些情况下，例如癌症检测，高度准确的模型可能意味着生死之间的差异。

成功检测异常的关键在于使用工作流，该工作流从非监督学习开始，将不同的数据组聚集在一起，并在集群或簇中识别和标记某些事物，如图 12-5 所示。快速迭代此过程可提供足够的带标签数据，从而能够对先前识别和标记的异常模式进行监督学习，而非监督学习的过程则是继续寻找新的异常模式。能够快速进行数据标记、实验和模型部署（理想情况下是自动运行）的平台对于成功扩展异常检测至关重要。

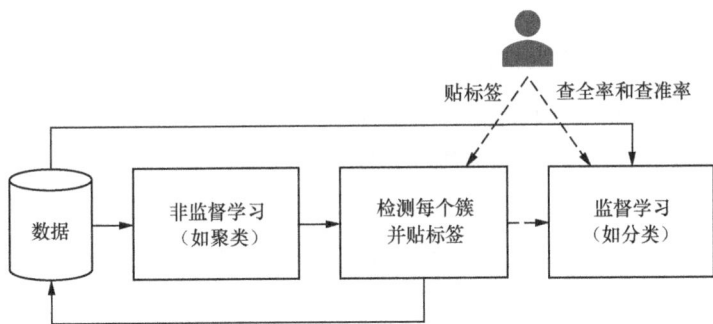

图 12-5　异常检测的流程活动

异常检测的目标之一是在避免错误警报的条件下尽可能多地识别合法异常。为了统计检测的准确性，我们使用两种方法：查全率（预测正确的异常点数除以真实异常点的总数——包括真阳类和假阴类）和查准率（预测正确的异常点数除以预测的总异常点数——包括真阳类和假阳类）。查全率和查准率的测量都需要随着时间的推移进行校准，以有效检测异常。为了将其扩展为实时异常检测，我们创建了"异常分数"，该分数或分值显示了输入数据与标准数据以及异常数据之间的"距离"（在数据空间中），可以根据该距离将传入的数据预先标记为异常或正常，例如，在交易时检测信用卡欺诈。

环境感知和物理控制

当前，环境感知有许多用例，其在控制物理系统方面更是发展迅速。在制造业中，我们可以将此类功能用于健康和安全场景，例如对过于接近危险状况的人进行标记来保证人身安全；或者标记丢失物品的可能位置并提供搜寻指示，从而减轻丢失带来的麻烦。但是此功能的用途不只局限于工业环境，它也可能会为人们带来令人兴奋的零售体验，比如"随拿随走"的购物方式；或者根据需要提供现场帮助。这种新兴模式催生出许多引人注目的场景。

与其他由企业建立的 AI 系统相比，企业在实现用于环境感知和物理控制方面的 AI 时需要经历的步骤更多，这是因为它要求数字操作和物理操作之间更紧密地整合。该模式使用了机器学习和其他 AI 方法，有关系统利用物联网（IoT）以某种方式与物理世界进行交互。物联网是一系列硬件设备和软件的集合，其中硬件包含电子设备、传感器、执行器；软件则负责连接、收集和交换数据。包括 Nest 温控器等配件的家庭自动化设备群就是关于 IoT 的一个很好示例。

物联网系统由边缘设备组成——靠近机器的设备（如汽车制造厂中的机器人）而不是靠近公司核心网络中服务器的设备，它们具有可检测温度、湿度、压力、气体、光线、声音的传感器，能够从物体标签上读取信息的射频识别（RFID）传感器，可以实现智能设备与其他电子设备间通信的近场通信（NFC）功能，系统还可能会用到诸如超声波传感器、流量计和摄像机等其他设备。

信息流可能是单向的，例如现场（在网络边缘）进行面部识别的智能相机；也可能是双向的，例如同时测量和调节环境温度的 IoT 恒温器设备。边缘设备还可以包括用于控制机械的执行器，这些执行器与开关、继电器、适用于控制制造过程的工业计算机及发动机配合工作。有时，边缘设备既充当传感器又充当执行器。

此模式最常见的用途是使系统在最少的人工干预下完成任务，实现目标或与周围环境进行交互。这种模式可通过自主地控制系统硬件来最大限度地减少人力劳动，或者在人反应不及的场景中快速做出智能决策或调整。智能恒温器、自动驾驶汽车、制造工厂内的自动化机械以及其他机器和机器人都是基于这种模式的用例。除了已经被制造出的、小到生活中的智能产品（如宠物饲养器），大到令人惊叹的像外星科技的人类外骨骼，每年还有越来越多的设备（无论大小）加入物联网世界。

此模式的关键是根据给定的结构化或非结构化数据（包括图像、视频、音频或物联网传感器数据）确定对象的自然性质，目标是通过识别、辨认或分类来对数据的某些方面进行标记，例如物体和图像识别、面部识别、声音和音频识别、手写和文本识别、手势检测及任何基于运动的行为分类。

整个物联网架构分为 3 层，边缘层、IoT 服务层和企业层，如图 12-6 所示。边缘层由边缘设备（如传感器）和 IoT 网关组成：设备或软件程序将云连接到控制器、传感器和智能机器上。根据使用情况，设备可以分布在各种位置上，由于连接性、处理能力和功率的限制，它们的通信距离相对较短。

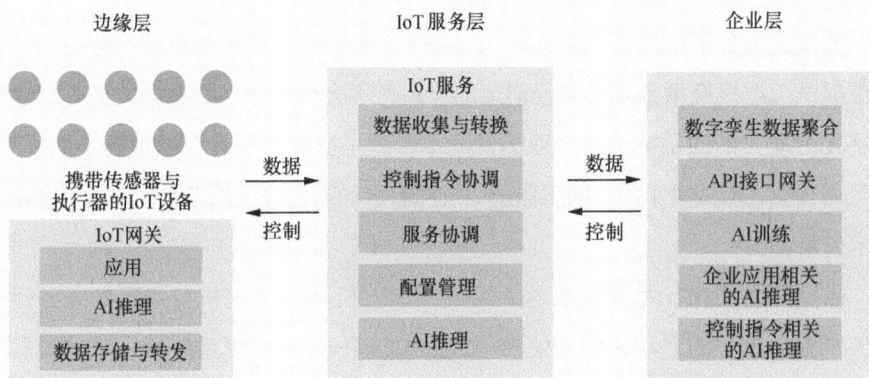

图 12-6　物联网架构

当设备需要与外界世界其他地方通信时，IoT 网关就会发挥作用。IoT 网关通常包含一个用于存储 IoT 设备数据的数据存储区；一个或多个服务用来分析直接来自设备或来自数据存储区的数据；基于传入数据的控制操作。物联网层还可能具有不同处理能力级别的边缘智能，允许机器学习模型在有足够计算能力的情况下进行推断。

IoT 服务层对边缘层的数据进行整合、处理和分析，并管理设备、物理资产和面向边缘层处理转发来自企业层的控制命令。边缘数据和物联网服务层数据由前几章中重点介绍的企业层接收。然后，在企业层中经过训练的模型会对传入的传感器新数据做出反应，并将触发信号发送回执行器。警报就是一种简单的触发信号，而更复杂的触发信号包括向其他两层发出控制命令，以修改主系统或子系统的指令、任务或进程。

一旦将数据汇总到企业层，机器学习模型通常就会在企业层进行训练。如前所述，模型推理也可以在此层中发生，或者还可以将模型安装在边缘设备上以响应本地环境。当前正在探索一种称为联邦学习的新方法，它能使用不同边缘设备的数据对机器学习模型进行训练，但不需要将全部数据发送到中心节点。在企业层，确保元数据的准确性至关重要。例如，传感器与组件之间的关联性、哪些组件属于同一台机器以及哪些机器属于同一家工厂，掌握以上信息对于开发数字孪生系统是非常必要的。

数字劳动力

此模式结合了机器人流程自动化（RPA）和机器学习来创建虚拟劳动力。这些虚拟员工严格遵循预定义和已记录的流程，不会出现错误、遗漏或偏差。这种数字化劳动力的使用减少了企业运营成本和返工次数，并且可以根据不同季节、天气和其他客观因素下的不同工作量，按照需求动态创建虚拟工人，以满足变化的供求关系。

数字劳动力由一系列的机器人组成，这些机器人通过执行特定的业务活动来实现业务流程的自动化。在使用用户虚拟机登录企业 IT 系统后，这些机器人可以同时执行多个并行业务流程。数字劳动力机器人通常执行 3 种类型的工作：动作自动化、分析自动化和决策自动化。

动作自动化有时也被称为"按键上的手指"。执行动作自动化的机器人通常可以通过前端屏幕连接到其他软件系统，例如企业资源规划（ERP）系统。这些机器人专注于数字化触发的大批量、重复性和基于规则的活动，例如在收到发票文件后完成相关工作。这可能发生在商品贸易机构工作日活动结束时，例如，机器人可以执行和监视跨系统的多项工作，包括估值、模拟、生成报告和核对数据。

分析自动化是对信息的收集和解释，例如交易系统中自然语言的自由格式注释。机器人可以从不同的非标准化来源中获取结构化（如来自网络或输入的数据）或非结构化（如经纪人的电子邮件、Word 文档、PDF 附件）的市场数据。然后，机器人提取数据并将其转换为标准信息模板，输入下游系统。在某些情况下，机器人可以根据需要调用 AI API 进行图像识别、光学字符识别（OCR）

或自然语言处理。

决策自动化是指机器人基于某些已定义策略规则来代表用户进行自动决策，或者是机器人向用户提出决策建议，然后由用户做出最终决策。例如，当通过邮件收到商品交易方的电子发票时，机器人将发票金额与其交易系统中的金额进行比较。如果二者的差小于特定的金额（由决策规则设置），则它将进行现金调整并对付款发票进行标记。否则，它就将发票留给分析人员进行审核。上述只是"决策"的一个小示例，但是在更复杂的情况下，机器人也可以调用机器学习 API 来帮助做出决策，例如在批准小额贷款申请的场景中。

图 12-7 显示了基于 RPA 的数字劳动力架构，包括机器人服务器存储 RPA 机器人配置及其在系统中应当执行的任务。机器人控制室管理和控制多个机器人以完成与该机器人组相关联的自动化业务流程。控制室根据机器人的可用性和在控制室中定义和配置的流程计划，将需要执行的业务流程分配给组内的一个机器人。存在两种类型的机器人触发器——前台和后台。用户在需要时触发前台办公机器人，前台将得到的信息发送回控制室，控制室会触发后台办公机器人，后台同时也会将状态报告给控制室。

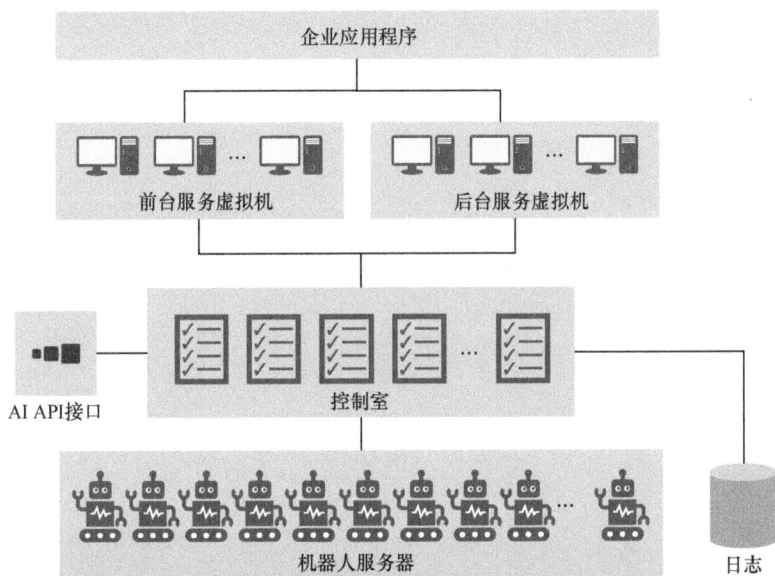

图 12-7　基于 RPA 的数字劳动力架构

🅰 总结

　　现在我们已经回顾了 AI 平台的架构，下一章将专门说明模型建立过程的工作原理。我们将通过考察一个特定的机器学习应用程序来进行说明，设计该应用程序旨在了解电信行业的客户流失，但是相同的方法也适用于其他用例。

第十三章

AI 建模过程

重要的是要将 AI 解释清楚，做到公平、安全、可追溯，这意味着任何人都能简单地看到 AI 应用的发展过程及原因。

——罗睿兰（Ginni Rometty）

IBM 董事长、总裁兼 CEO

本章通过一个简单的机器学习应用示例来帮助读者更好地理解模型构建过程，以扩展第八章中讨论的 AI 生命周期相关内容。在本章的用例中，我们假设一个电信公司通过建立 AI 模型来解决特定的客户流失问题。本章将逐步讲解构建模型的过程、特定步骤的必要性及避免潜在陷阱的方法。本章不是为了向读者展示如何成为 AI 建模专家，而是帮助监督 AI 团队或与 AI 团队交互的经理和高管们更好地理解 AI 团队的工作内容及工作原因，以及建模过程涉及哪些业务决策。

🔲 定义用例与AI任务

如果要定义一个 AI 用例，则需要先回答 3 个关键问题。第一个问题是，AI 模型或模型序列应该输出什么，即模型应该做出什么样的预测或完成什么样的任务？第二个问题是，为了对业务有所帮助、实现其价值，AI 任务将在工作流程中启动哪些决策和行为？通常情况下，AI 项目团队只会回答第一个问题，但只有采取具体行动措施才能保证项目继续进行。数百家公司中激增的废弃的概念验证表明人们并没有对启动 AI 在具体业务上的应用问题给予太多关注。

企业花费大量精力和金钱，通过组建维护营销团队、支付广告费用、采取激励手段（如提供折扣）来招揽新客户。因此，大多数行业中的企业都普遍发现，留住老客户的成本比招揽新客户的成本低。然而，随着提供优质服务和优质产品的数量激增，大多数公司都面临着客户流失的问题。

客户流失指的是一些客户不再使用公司的产品或服务，其通常以特定时间段（如一年）内的百分比来衡量。事实证明，预测如何才能留住客户是现代机器学习的早期关键性成果之一。客户流失是一个存在于我们假定的电信公司内部的问题；高管们想知道哪些客户可能会抛弃本公司转而选择竞争对手，然后想办法以比招揽新客户更低的成本留住老客户。因此，在本用例中，电信公司 AI 的任务是通过已知的客户数据来以足够高的精度预测某一时间段内（如未来 3 个月）客户流失的阈值。

该问题可被当作分类问题（某客户是否会流失）或回归问题（每个客户流失的概率）来处理。值得注意的是，此 AI 任务（模型）的功能是预测客户是否会流失，而并非给出留住潜在流失客户的最佳做法。本用例采取的行为是，获取极有可能流失的客户的名单，并针对这些客户发起营销活动，通过发送短信或提供服务的方式说服他们留下来。例如，企业为这些客户提供一次性的消费折扣来激励他们继续选择本公司，具体做法可以是直接发送电子邮件，也可以通过呼叫中心拨打客户电话，还可以通过电信公司 App 的计费支付模块给客户发送消息，这样客户仅需一次点击就能获得优惠。

在实现任意 AI 用例时，团队常常会针对用例产生一些新的想法——以本人的经验来看，平均每个用例会产生 4 个新想法。在本文的电信场景中，额外用例可能包括：预测每个客户对哪种类型的激励最敏感，例如，今后的折扣率、周末折扣或关于本公司支持环保的消息；预测每个客户最喜爱哪种沟通方式，即哪种方式会提升客户反馈概率，例如电子邮件、客服电话或信件；预测客户的终身价值，这样就可以只针对那些有长远价值的客户施加激励措施。对任意项目而言，我们在明确了新用例后应该将它们加入需求清单。

第三个需要回答的问题与价值有关：我们正在创造哪些业务价值，或者说我们正在服务于哪个业务目标？在定义用例期间进行高层次的价值识别十分重要，这既是为了确定相对优先级（请参见第八章），也是为了确保实现用例能产生实际价值，从而有助于项目的推进。在本例中，假设电信公司拥有 1000 万名客户，年流失率为 15%，且招揽一名新客户需要花费 200 美元广告营销费用，那么降低 2% 的年流失率意味着每年留住 20 万名客户，相当于节省 4000 万美元。平均下来，留住一名客户需要 50 美元的激励资金，那么留住 20 万名客户则需要 1000 万美元的成本，计算下来每年净节省 3000 万美元。此案例进行了许多简化，不足以详细描述某个业务案例；对于实际的业务案例而言，在进行重大投资之前我们应该收集足够多的详细信息。

🅰️ 选择所需数据

在 AI 建模过程初期，我们可能不清楚应该收集哪些数据来开发模型。一种较为有效的做法是列出客户流失的潜在原因并将其作为获取数据的指标。例如，客户可能是因为收费过高转而选择其他公司（获取收费数据）或是由于其服务出现了问题（获取服务中断数据或呼叫客服中心的频率数据）。我们最好不要将这些想法当作客户流失的真实原因——它们只是为应该收集什么样的数据这类问题提供了一些思路，不过可以通过选择相应的数据进行测试来检验上述的想法。一旦有了数据，就可以通过数据来提取特征值，解决相关问题。

本章将使用一个匿名电信公司[1]的客户公开样本数据集。这些数据很可能来自多个系统，在此基础上通过客户的身份信息相互关联组织在一起。Kaggle 就是一个很好的公共数据集。我们的数据集中大约有 3500 行数据（观察结果），其中每行都代表一个客户。各列含义如下。

1. CUSTOMER_ID：客户的识别号。

2. STATE：客户所在的州。

3. AREA_CODE：客户的电话区号。

4. PHONE_NUMBER：客户的电话号码。

5. ACCOUNT_LENGTH：客户拥有此账户的时长（月）。

6. INTL_PLAN：客户是否订阅国际服务。

7. VMAIL_PLAN：客户是否订阅语音邮件服务。

8. VMAIL_MSG：某月客户收到的语音邮件数量。

9. DAY_MINS：某月客户日间使用时长（分钟）。

10. DAY_CALLS：某月客户日间通话次数。

11. DAY_CHARGE：某月客户日间通话总费用。

12. EVE_MINS：某月客户晚间使用时长（分钟）。

13. EVE_CALLS：某月客户晚间通话次数。

14. EVE_CHARGE：某月客户晚间通话总费用。

15. NIGHT_MINS：某月客户夜间使用时长（分钟）。

16. NIGHT_CALLS：某月客户夜间通话次数。

17. NIGHT_CHARGE：某月客户夜间通话总费用。

18. INTL_MINS：某月客户国际业务使用时长（分钟）。

19. INTL_CALLS：某月客户国际通话次数。

20. INTL_CHARGE：某月客户国际通话总费用。

21. CUST_SERV_CALLS：某月客服电话数。

22. CHURN：是 / 否，指客户是否在其他列中数据所涵盖的 3 个月内退订。

🅰️ 创建Notebook环境并导入数据

我们将使用开源的 Jupyter Notebook 环境和 Python 编程语言来开发模型，Python 是目前 AI 和数据科学领域中最流行的编程语言。本项目可以调用许多现有的库——数据处理库、矩阵代数库、图形库等。我们将使用 scikit-learn

（sklearn）开源机器学习库。图 13-1 展示了导入 sklearn 中的多个库以及其他开
源库（如 SMOTE）的过程。

```
1  # import math and data libraries
2  import pandas as pd
3  import numpy as np
4  from scipy.stats import uniform, randint
5
6  # import visualization libraries
7  import matplotlib.pyplot as plt
8  import seaborn as sns
9  from mpl_toolkits.mplot3d import Axes3D
10
11 import missingno as msno
12
13 from imblearn.over_sampling import SMOTE
14
15 # import sklearn machine learning libraries
16 from sklearn.preprocessing import LabelBinarizer, label_binarize, Imputer, \
17         LabelEncoder, OneHotEncoder, StandardScaler
18
19 from sklearn.compose import ColumnTransformer
20 from sklearn.pipeline import Pipeline
21 from sklearn.impute import SimpleImputer
22
23 from sklearn.model_selection import train_test_split, cross_val_score, \
24         GridSearchCV, KFold, StratifiedKFold, RandomizedSearchCV
25
26 # import the necessary model types
27 from sklearn.linear_model import LogisticRegression, LinearRegression
28 from sklearn.naive_bayes import GaussianNB
29 from sklearn.svm import LinearSVC
30 from sklearn.ensemble import RandomForestClassifier
31 import xgboost as xgb
32
33 # import model performance tools
34 from sklearn import metrics
35 from sklearn.metrics import precision_recall_curve, roc_curve, auc, \
36         accuracy_score, make_scorer, recall_score, \
37         precision_score, confusion_matrix
```

图 13-1　导入将要使用的库

我们利用图 13-2 中的代码将逗号分隔值（CSV）文件中的数据导入 C 盘
下的一个文件夹中，并使用 Python 中的 DataFrame（数据框）数据结构来存储
该数据，将该变量命名为 imp_data（导入的数据）。图 13-2 底部的两个数字表
示导入的数据有 3333 行 22 列，其中前 21 列是各种特征，最后一列（目标列）
代表客户是否会流失，即我们希望预测的目标。我们可以在图 13-3 中看见前
5 行数据。

```
1  # set the folder and file names from where you want to get data
2  folderName = 'gdrive/My Drive/Colab Notebooks/Data/'
3  fileName = 'customer_churn.csv'
4
5  # create dataframe and read file into dataframe
6  imp_data = pd.read_csv(folderName + fileName)
7  imp_data.shape
```
(3333, 22)

图 13-2　为预测客户流失导入数据

```
1  imp_data.head()
```

	CUSTOMER_ID	STATE	AREA_CODE	PHONE_NUMBER	ACCOUNT_LENGTH	INTL_PLAN	VMAII
0	10001	KS	415	382-4657	128	no	
1	10002	OH	415	371-7191	107	no	
2	10003	NJ	415	358-1921	137	no	
3	10004	OH	408	375-9999	84	yes	
4	10005	OK	415	330-6626	75	yes	

5行×22列

图 13-3　查看前 5 行数据

清洗并准备数据

我们要做的第一步是一项通常很耗时的操作：数据清洗（请参见第八章）。在此期间，我们要确定如何处理缺失数据这一关键问题。不同的模型对缺失数据的敏感度不同，进而决定了在数据不完整的条件下模型预测的可靠性，因此我们首先要寻找缺失数据。图 13-4 中的热图将示例数据集内所缺失的数据可视化了，可以看出，在示例数据集中，PHONE_NUMBER 列缺失了部分数据。我们不会选择修复此列的数据缺失，而是直接舍弃此列。但如果更关键的特征中出现数据的缺失，那么我们可以通过多种方法加以解决。

```
1  #missing data check
2  sns.heatmap(imp_data.isnull(), cbar=False, xticklabels=True)
```

<matplotlib.axes._subplots.AxesSubplot at 0x7f2e3700c160>

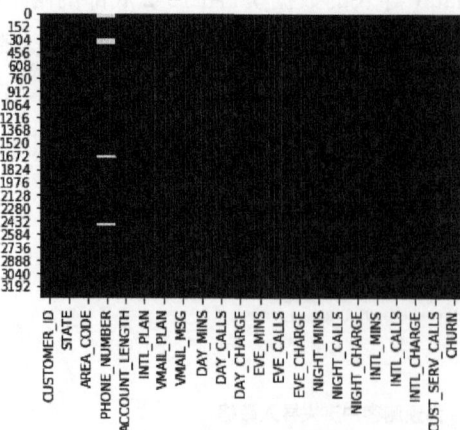

图 13-4　缺失数据的热图　（图中白色部分为缺失数据）

一种做法是删除所有具有缺失数据的行（例如，如果某些行中出现了目标列数据的缺失，则最好删除整行数据），但这种做法有丢失关键信息的风险。使用从数据集中获得的默认值替换缺失值可能是一种更好的做法：在某些情况下我们可以使用上一行或下一行的值进行替换；其他情况下我们可以进行数据插补——运用整个数据集进行插补（如使用平均值），但插值不一定总是该数据集的平均值，也可以是另一个机器学习模型的输出值。本例中，我们将使用sklearn 框架中的缺失值处理器（imputer）。

准备数据的下一步是将类别值转换为数值。许多机器学习模型不能使用文本数据值，因此必须将其转换为数值。本例中，我们使用了一种称为"标签编码"的技术，它通过使用 sklearn 库中的 Label Encoder 函数（参见图 13-5）将"是 /否"值转换为"0/1"值。但是，只有在处理两个分类问题时才能完成这种转换。例如，美国各州名称是类别数据，彼此之间没有任何关系，因此我们很难将各州名称编码成数值。当 AI 模型假设同列中分配的数值之间存在关系或顺序时，问题就会显现——例如，模型判断 0 小于 1，其中 0 可能指阿拉斯加州，1 可能指佛罗里达州。

```
1  # drop features that are low impact
2  proc_data = imp_data.drop(columns=['AREA_CODE','PHONE_NUMBER'])
3  proc_data.shape
4
5  # transforming categorizal data to numerical values
6  target_features = ['INTL_PLAN', 'VMAIL_PLAN', 'CHURN']
7  for i, target_feature in enumerate(target_features):
8      print(target_feature + " : ", proc_data[target_feature].unique())
9
10 # use encoder and transform
11 encoder = LabelEncoder()
12 for i, target_feature in enumerate(target_features):
13     encoded_values = encoder.fit_transform(proc_data[target_feature].values)
14     proc_data[target_feature] = pd.Series(encoded_values, index=imp_data.index)
15     # proc_data[target_feature] = proc_data[target_feature].astype('float64')
16     print(target_feature + " : ", proc_data[target_feature].unique())
```

```
INTL_PLAN : ['no' 'yes']
VMAIL_PLAN : ['yes' 'no']
CHURN : ['False.' 'True.']
INTL_PLAN : [0 1]
VMAIL_PLAN : [1 0]
CHURN : [0 1]
```

图 13-5　将分类文本数据转换为数值

本文使用独热编码来解决上述问题。独热编码将标签编码分类数据的列拆分成多个列，各列数据的取值为"0/1"，这种转换使我们可以更加有效地利用数据。例如，本例中我们创建了 3 个新列：纽约州、加利福尼亚州和密歇根州。

对于纽约州客户所在的数据行来说，其对应于纽约州列的值为 1，对应于其他州列的值为 0。而加利福尼亚州客户的数据行中，对应于加利福尼亚州列的值为 1，纽约州列和密歇根州列的值为 0。我们使用 Python 中 get_dummies 函数将原 STATE 列改为 51 个列（美国 50 个州加上哥伦比亚特区），对于每行数据而言，客户所在州对应的列值为 1，其余州对应的列值均为 0。通过这样的转换，我们可以更充分地利用数据。图 13-6 底部显示了转换过后数据变为 71 列——从之前的 22 列中删除 2 列（AREA_CODE 与 PHONE_NUMBER）并添加了 51 列。

```
1 # one hot encode categorical values that have more than 2 categories
2
3 proc_data = pd.get_dummies(proc_data, columns=['STATE'])
4 proc_data.shape
```

(3333, 71)

图 13-6　美国各州独热编码

🅰 利用探索性数据分析来理解数据

要想做出好的 AI 预测，你就必须对（高质量的）训练数据集进行深入理解。如果机器学习模型不能准确预测未来值——这在 AI 项目中并不少见——那么通常是因为我们对数据的理解有缺陷。AI 模型输出结果的质量与训练数据集的质量和我们对数据集的理解程度直接相关。上述问题可以通过不断迭代加以解决，但更加简便高效的做法是真正理解数据、规划好所需的数据转换并迭代进行建模过程。"探索性数据分析"可以帮助我们加深对数据的理解，而对数据的理解程度往往是区分优秀 AI 科学家与平庸 AI 科学家的标准。理解数据既不涉及技术也不涉及编程，它涉及对数据做出正确决策的能力，以及针对特定情况选择最合适的模型的能力。

一种进行探索性分析的技巧是计算数据相关的基本统计信息，例如，求出每个特征的平均值与标准差。图 13-7 展示了绘制某些列数据分布情况的代码。图 13-8 展示了代码的运行结果，可以看出，除 VMAIL_MSG、INT_CALLS、CUST_SERV_CALLS 外，其余列数据似乎满足正态分布。

```
1  # look at distribution of numeric data sets
2  col_names = ['ACCOUNT_LENGTH','VMAIL_MSG', 'DAY_MINS', 'DAY_CALLS', \
3               'DAY_CHARGE', 'EVE_MINS', 'EVE_CALLS', 'EVE_CHARGE', \
4               'NIGHT_MINS', 'NIGHT_CALLS', 'NIGHT_CHARGE', 'INTL_MINS', \
5               'INTL_CALLS', 'INTL_CHARGE', 'CUST_SERV_CALLS']
6
7  fig, axs = plt.subplots(5,3, figsize=(14,17))
8  for i, col_val in enumerate(col_names):
9      sns.distplot(proc_data[col_val], hist=True, ax=axs.flat[i])
10     axs.flat[i].set_xlabel(col_val, fontsize=8)
11     #axs.flat[i].set_ylabel('Count', fontsize=8)
```

图 13-7　绘制某些列数据分布情况的代码

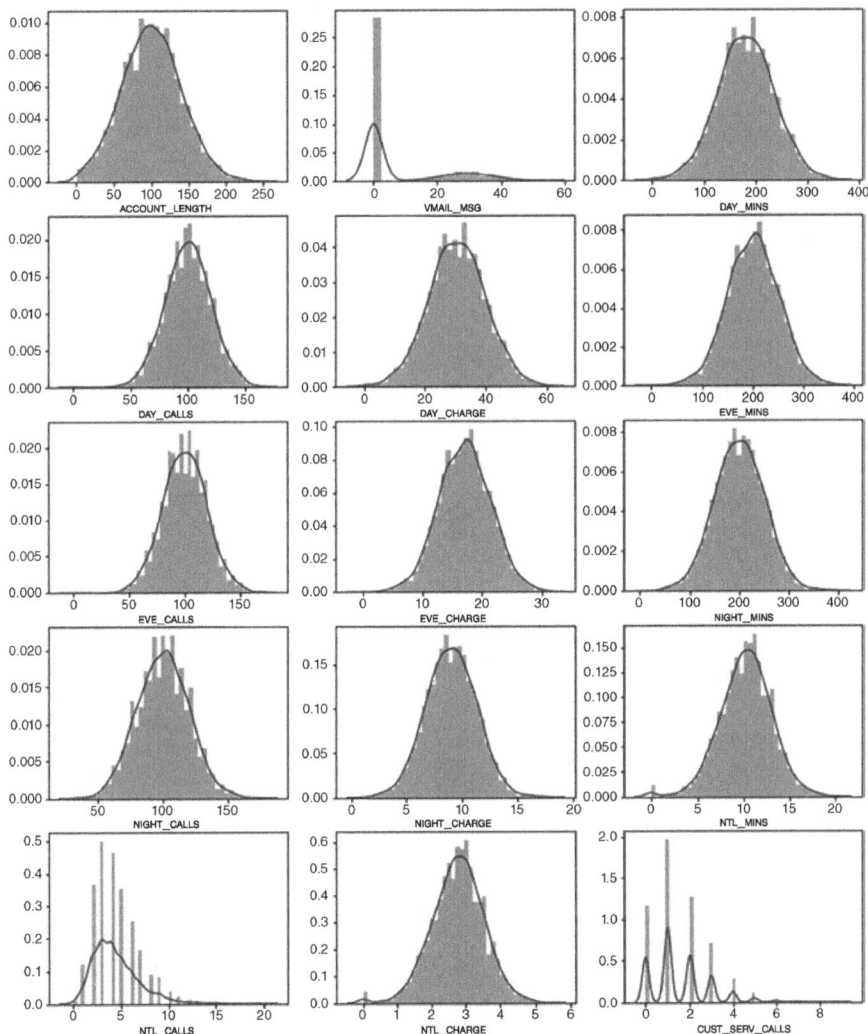

图 13-8　代码的运行结果

　　接下来，我们观察一下特征之间的相关性。在图 13-9 所示相关矩阵中，我们可以观察到每个特征与其他特征的差异程度以及某个属性与目标属性之间的关联程度，如图 13-9 最后一行所示。例如，VMAIL_MSG（纵轴）与 VMAIL_PLAN（横轴）相交的单元格为深色，代表语音邮件订阅计划与语音邮件数量高度相关。这种相关性很合理——你如果没有订阅语音邮件服务就无法接收语音邮件消息。因此，该相关矩阵在研究特征工程时是必要的。

```
1  # Create data subset for visualization
2  states = ['CUSTOMER_ID', 'STATE_AK','STATE_AL','STATE_AR','STATE_AZ', \
3           'STATE_CA','STATE_CO','STATE_CT','STATE_DC','STATE_DE','STATE_FL',\
4           'STATE_GA','STATE_HI','STATE_IA','STATE_ID','STATE_IL','STATE_IN',\
5           'STATE_KS','STATE_KY','STATE_LA','STATE_MA','STATE_MD','STATE_ME',\
6           'STATE_MI','STATE_MN','STATE_MO','STATE_MS','STATE_MT','STATE_NC',\
7           'STATE_ND','STATE_NE','STATE_NH','STATE_NJ','STATE_NM','STATE_NV',\
8           'STATE_NY','STATE_OH','STATE_OK','STATE_OR','STATE_PA','STATE_RI',\
9           'STATE_SC','STATE_SD','STATE_TN','STATE_TX','STATE_UT','STATE_VA',\
10          'STATE_VT','STATE_WA','STATE_WI','STATE_WV','STATE_WY']
11 viz_data = proc_data.drop(columns=states)
12 viz_data.shape
13
14 # Compute the correlation matrix
15 corr = viz_data.corr()
16
17 # Generate a mask for the upper triangle
18 mask = np.zeros_like(corr, dtype=np.bool)
19 mask[np.triu_indices_from(mask)] = True
20
21
22 # Set up the matplotlib figure
23 f, ax = plt.subplots(figsize=(11, 9))
24
25 # Generate a custom diverging colormap
26 cmap = sns.diverging_palette(220, 10, as_cmap=True)
27
28 # Draw the heatmap with the mask and correct aspect ratio
29 sns.heatmap(corr, mask=mask, cmap=cmap, vmax=.3, center=0,
30             square=True, linewidths=.5, cbar_kws={"shrink": .5})
```

`<matplotlib.axes._subplots.AxesSubplot at 0x7f2e37da4198>`

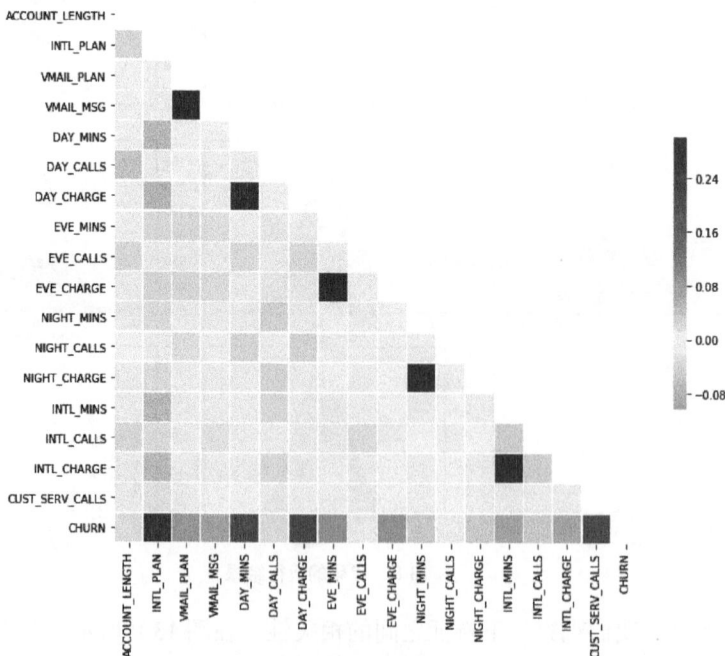

图 13-9　一些关键列之间相关性的热图

在本例的探索性分析过程中，我们还可以使用箱线图寻找异常值，其中每个箱线图都显示了某一列数据的中位数，如图 13-10 中每个深色矩形中间的横线所示。矩形显示的数据范围为第 1 个四分位数（即数据集按大小排序后的前半部分的中位数）到第 3 个四分位数（即数据集按大小排序后的后半部分的中位数）。顶部与底部的点代表可能是异常值的端点值。在本例的第 1 个建模实验中，我们不去关注数据中的异常值，而采用所有数据进行实验。

```
1  # exploring for outliers
2  col_names = ['ACCOUNT_LENGTH','DAY_MINS', 'DAY_CALLS', 'DAY_CHARGE', \
3              'EVE_MINS', 'EVE_CALLS', 'EVE_CHARGE', 'NIGHT_MINS', \
4              'NIGHT_CALLS', 'NIGHT_CHARGE']
5
6  fig, ax = plt.subplots(1, 10, figsize=(11,5))
7
8  for i, col_val in enumerate(col_names):
9      sns.boxplot(y=proc_data[col_val], ax=ax[i])
10     ax[i].set_ylabel('')
11     ax[i].set_xlabel(col_val, fontsize=8)
```

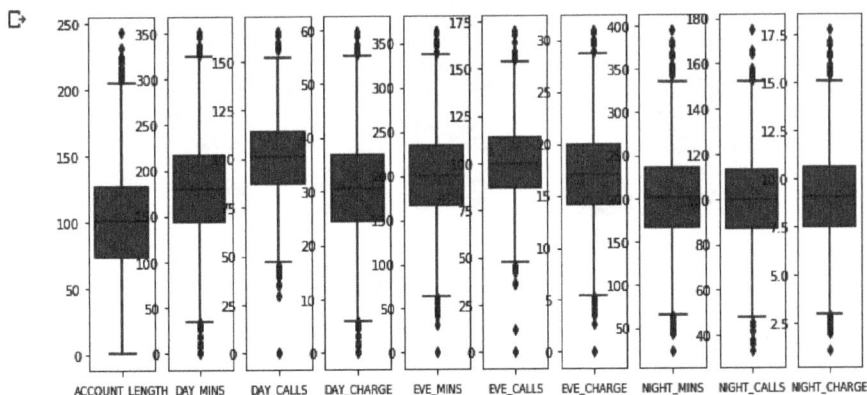

图 13-10　寻找异常值

探索性分析还需要研究数据失衡现象。从图 13-11 中，我们可以看出有大约 14.5% 的电信客户流失，85.5% 的客户留了下来。这意味着如果我们创建一个在任何输入条件下输出均为非流失的模型，则它的正确率为 85.5%，错误率为 14.5%。但是，即便正确率高达 85.5%，这也不是一个有用的模型。数据失衡警示我们应注意：模型需要预测哪些客户会流失，而非简单地预测 15% 的客户会流失，这有助于判断已训练的模型是否可用。

另一件事是确保同一数据集中不同特征的值都能被正确地缩放。通常，数据集中总是会有多个特征，AI 模型会判定较高的值比较低的值更重要，从而导致数量级较大的特征在模型中处于主导地位。如果 VMAIL_MSG 取值范围为 0 ~ 51，DAY_MINS 取值范围为 0 ~ 351，则模型会判定 DAY_MINS 比 VMAIL_MSG 更重要，尽管事实可能并非如此。

```
1  # look at distribution of categorical data sets
2  num_col_names = ['INTL_PLAN','VMAIL_PLAN', 'CHURN']
3
4
5  fig, ax =plt.subplots(1, len(num_col_names), figsize=(11,6))
6  for i, col_val in enumerate(num_col_names):
7      sns.countplot(proc_data[col_val], ax=ax[i])
```

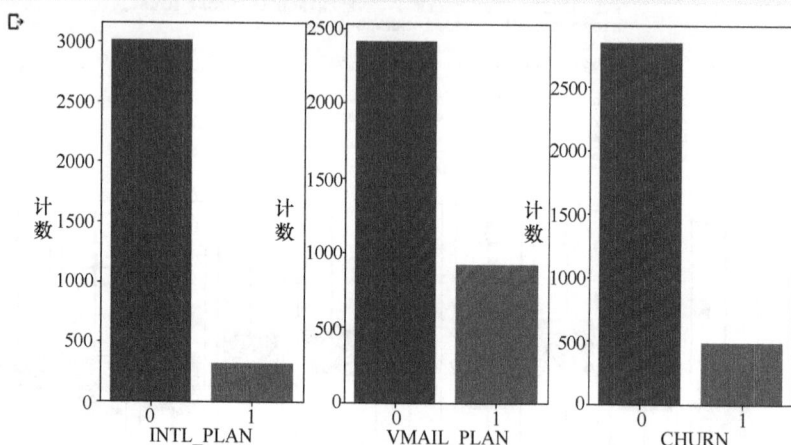

图 13-11　数据失衡现象

数据缩放使我们能够平等对待所有特征。正如第八章所示，有两种方法对特征进行缩放：将数字归一化到 0 和 1 之间，标准化则是缩放数字使得特征数据服从均值为 0、标准差为 1 的正态分布。本例中，我们使用标准化，如图 13-12 所示，它能保留异常值，使得处理后的数据能包含我们不想丢失的重要信息。

正如图 13-13 所示，我们标准化了除 CUST_SERV_CALLS 外所有的数值特征，因为满意的客户往往不会定期拨打客服电话，客服电话数量很可能与客户流失高度相关。由于我们没有对此特征进行缩放，模型会把它当作更为重要的特征，但此特征平均值约为 1.56，并没有高到会过度支配模型的程度。如果某特征具有更高的平均值（例如 7），那么它会显著支配模型。

```
 1  # scaling the features
 2  scaler = StandardScaler()
 3  scale_cols = ['ACCOUNT_LENGTH','DAY_MINS', 'DAY_CALLS', 'DAY_CHARGE', \
 4                'EVE_MINS', 'EVE_CALLS', 'EVE_CHARGE', 'NIGHT_MINS', \
 5                'NIGHT_CALLS', 'NIGHT_CHARGE',
 6                'VMAIL_MSG', 'INTL_MINS','INTL_CALLS','INTL_CHARGE']
 7  scaled_data = scaler.fit_transform(proc_data[scale_cols])
 8  scaled_data = pd.DataFrame(scaled_data, columns=scale_cols)
 9  scaled_full_data = proc_data.drop(scale_cols, axis=1)
10  scaled_full_data = pd.concat([scaled_full_data, scaled_data], \
11                axis=1, sort=False)
12  scaled_full_data.shape
13
14  fig, (ax1, ax2) = plt.subplots(ncols=2, figsize=(12, 5))
15
16  ax1.set_title('Before Scaling')
17  sns.kdeplot(proc_data['ACCOUNT_LENGTH'], ax=ax1)
18  sns.kdeplot(proc_data['DAY_MINS'], ax=ax1)
19  sns.kdeplot(proc_data['DAY_CALLS'], ax=ax1)
20  sns.kdeplot(proc_data['DAY_CHARGE'], ax=ax1)
21  sns.kdeplot(proc_data['EVE_MINS'], ax=ax1)
22  sns.kdeplot(proc_data['EVE_CALLS'], ax=ax1)
23  sns.kdeplot(proc_data['EVE_CHARGE'], ax=ax1)
24  sns.kdeplot(proc_data['NIGHT_MINS'], ax=ax1)
25  sns.kdeplot(proc_data['NIGHT_CALLS'], ax=ax1)
26  sns.kdeplot(proc_data['NIGHT_CHARGE'], ax=ax1)
27
28  ax2.set_title('After Standard Scaler')
29  sns.kdeplot(scaled_data['ACCOUNT_LENGTH'], ax=ax2)
30  sns.kdeplot(scaled_data['DAY_MINS'], ax=ax2)
31  sns.kdeplot(scaled_data['DAY_CALLS'], ax=ax2)
32  sns.kdeplot(scaled_data['DAY_CHARGE'], ax=ax2)
33  sns.kdeplot(scaled_data['EVE_MINS'], ax=ax2)
34  sns.kdeplot(scaled_data['EVE_CALLS'], ax=ax2)
35  sns.kdeplot(scaled_data['EVE_CHARGE'], ax=ax2)
36  sns.kdeplot(scaled_data['NIGHT_MINS'], ax=ax2)
37  sns.kdeplot(scaled_data['NIGHT_CALLS'], ax=ax2)
38  sns.kdeplot(scaled_data['NIGHT_CHARGE'], ax=ax2)
39
40  plt.show()
```

图 13-12　缩放相关数据列

🅰 特征工程

有时，有些特征并不像我们最初认为的那样重要，而其他特征反而很重要。添加不必要的特征不仅会降低训练速度，还会导致机器学习模型的过拟合（请参见第八章）。此外，如果模型中存在两个高度相关的特征，那么它们会对结果产生极大的影响。

从图 13-9 的相关矩阵中，我们可以观察到需要处理哪些高度相关的列。在此基础上，我们丢弃 DAY_CHARGE 保留 DAY_MINS、丢弃 EVE_CHARGE 保留 EVE_MINS、丢弃 NIGHT_CHARGE 保留 NIGHT_MINS、丢弃 INTL_

CHARGE 保留 INTL_MINS，如图 13-14 所示。必要的话，我们可以分别构建保留和丢弃这些列的模型，对比观察这些列对模型性能的影响。通常而言，我们会使用特定技术（如主成分分析）来完成上述工作，这里不做详述。

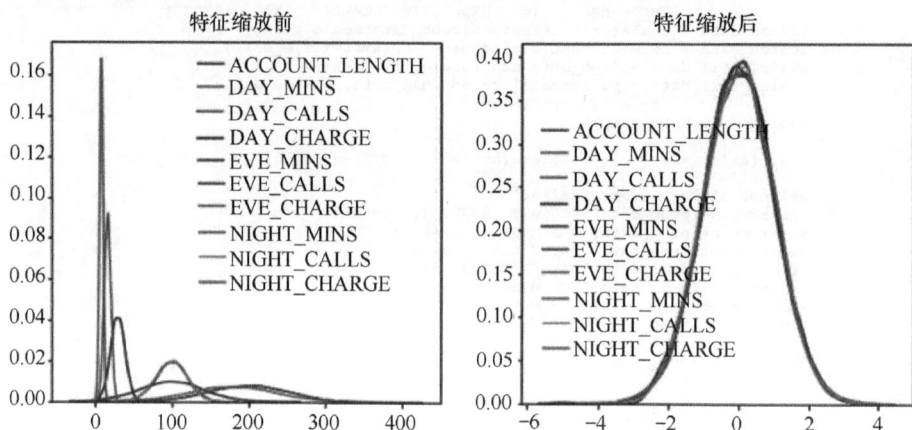

图 13-13　可视化缩放前后的数据分布　（左图为缩放前，　右图为缩放后）

```
1  # churn by state, not using the one hot encoding
2  churn_by_state = pd.crosstab(imp_data.STATE, imp_data.CHURN, normalize='index')
3  churn_by_state = churn_by_state.sort_values(by='True.')
4  churn_by_state["True."].plot.bar(title="Churn by State", figsize=(11,3))
```

<matplotlib.axes._subplots.AxesSubplot at 0x7f2e37667208>

图 13-14　丢弃单项 / 子费用列，　添加总费用列

我们还可以通过观察数据的可变性来决定模型中应包含哪些特征。如果你确定某特征的改变对目标属性（本例中为流失）没有影响，那么最好丢弃该特征以消除模型训练算法需要处理的噪点。例如，我们如何确定 AI 模型中 STATE是否对模型有帮助？我们可以判断一名客户流失概率的增加是否与其所属的STATE 相关。如果流失的客户中纽约客户占比很高，则我们可能会认为纽约客户比其他客户更容易流失。在此情况下，STATE 对于预测而言是有用属性，应当保留。如果 STATE 与客户流失不相关，那么我们可能会丢弃 STATE 特征。如图 13-15 所示，不同 STATE 的流失率间存在足够大的差异，即 5% ~ 25%，因此 STATE 为有用特征，我们将其保留。

具有低可变性的特征可能也是你想要删除的特征。如果你查看 STATE 和AREA_CODE 的统计数据，则会发现尽管有 51 个不同的 STATE 列，但 AREA_

CODE 列只有 3 个。一种可能的原因是为了保护客户的隐私（电话号码），他们的区号在数据集中被省略了。这表明你可能应该删除 AERA_CODE 和 PHONE_NUMBER，因为虚构的数据不会影响结果的准确性。

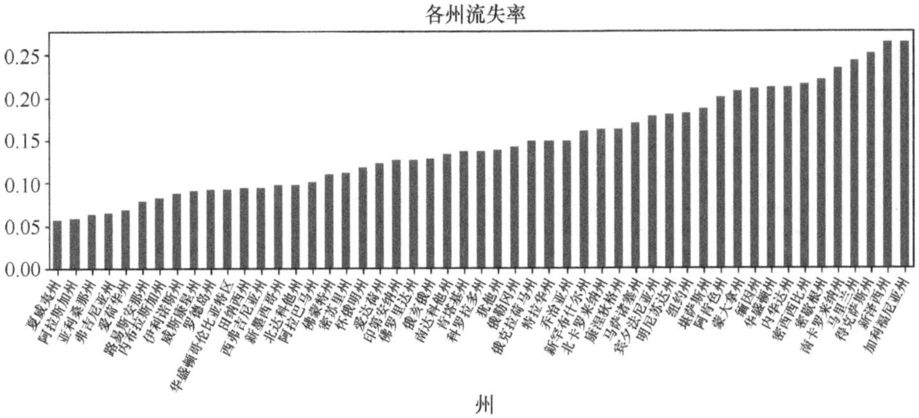

图 13-15　分析各州的流失率

有时，从数据集中已经存在的一个或多个特征中创建新的特征是十分有效的做法。例如，由于客户流失可能是由总费用而非日间费用导致的，因此我们可能会合并 4 个 CHARGE 特征来创建一个新的特征。我们还可以通过原始特征间的乘除来进行总结并创建一个新特征，例如，将 DAY_MINS 除以 DAY_CALLS，得到新特征 DAY_AVG_CALL，即一次日间通话的平均时长。

🅰️ 创建与选择最佳模型

模型利用数据集进行训练，而在训练之后你需要利用另一个数据集对模型进行测试。回想一下，机器学习的目标是创建一个对未知数据具有最高预测精度的模型。如果训练数据集和测试数据集相同，那么模型可能会记住训练数据而不能推广至新数据，这也就是一种称为过拟合的极端情况。将训练数据集与测试数据集分离就是为了检测过拟合现象。通常，数据应当被随机划分。Sklearn 库下的 Model Selection Library 中有一个名为 train_test_split 的类，能将数据集按照给定比例划分为训练数据集和测试数据集，对我们很有帮助。

类 train_test_split 的使用方式相对简单。参数 test_size 为占比量，决定了测试数据所占比例。例如，如果 test_size 为 0.5，那么 50% 的数据会被划分为测试数据。如果没有指定 test_size 参数，你也可以使用 train_size 参数，使用方式相同。如果 train_size 为 0.5，那么 50% 的数据会被划分为训练数据。如果要确定哪些数据被随机选为训练数据或测试数据，那么你可以选择一个整数作为 random_state 参数充当划分数据时随机数生成器的种子。本例中，我们将 75% 的数据划分为训练数据，25% 数据划分为测试数据，如图 13-16 所示。

```
1  # split the features from the target variable
2
3  sourcevars = scaled_full_data.drop(['CHURN', 'CUSTOMER_ID'], axis=1)
4  targetvar = scaled_full_data['CHURN']
5
6  # split the training and validation datasets
7
8  xTrain, xTest, yTrain, yTest = train_test_split(sourcevars, targetvar, \
9          test_size = 0.25, random_state = 0)
10
11 sourcevars.shape, targetvar.shape
```

```
((3333, 65), (3333,))
```

图 13-16　以 75∶25 的比例划分训练数据与测试数据

我们选择逻辑回归模型作为训练初始 AI 模型的算法。回想一下，当我们使用"算法"这一术语时，我们指的是一种通用算法，例如线性回归算法。当我们使用"模型"这一术语时，我们指的是使用特定数据进行训练得到特定输出的模型，例如我们的客户流失模型。该模型将使用已有的客户流失数据进行训练，并根据输入数据（特征）预测客户是否会流失，它基于逻辑回归算法——一个通用的二元分类器或多元分类器。你应该根据想要解决的问题来决定选择回归算法还是分类算法：如果我们想预测哪些客户可能流失，则应该选择分类算法；相反，如果我们想预测每位客户的终身价值，则应该选择回归算法来获得连续型输出变量。

从图 13-17 中可以看出，我们的模型预测准确率为 84.4%。虽然看起来相当不错，但回想一下，我们之前指出源数据集中 14.5% 的客户流失，85.5% 的客户未流失（全数据集中包含 3333 个客户），即如果模型预测不存在客户流失现象，其准确率为 85.5%，因此，我们模型的性能只会比预测的模型还要糟糕。我们注意到，由于测试数据为总数据的一个子集，如果我们使用只会预测未流失客户的模型对测试数据（总数据的 25%）进行预测，则准确率为 86.2%，而非 85.5%，如图 13-18 所示。

```
1  # try classification models
2  model = LogisticRegression(solver = 'lbfgs')
3
4  # train the algorithm on training data and predict using the testing data
5  model.fit(xTrain, yTrain)
6  predictions = model.predict(xTest)
7  print("Accuracy : ",accuracy_score(yTest, predictions, normalize = True))
```

Accuracy : 0.8477218225419664

图 13-17　为二元分类问题创建逻辑回归模型

```
1  # this is the accuracy if you assume NO customers will churn
2  1 - yTest.mean()
```

0.8621103117505995

图 13-18　测试数据集中未流失客户所占比例

我们来更加详细地观察一下模型的性能指标。首先我们观察用于描述分类模型性能的混淆矩阵，如图 13-19 所示。本例包含存在两种可能的预测类别（"预测未流失"与"预测流失"）与两种数据的真实类别（"真未流失"与"真流失"）。混淆矩阵显示，687 名"真未流失"客户被准确预测为"预测未流失"客户，而 32 名"真未流失"客户被错误预测为"预测流失"客户。与此同时，20 名"真流失"客户被正确预测为"预测流失"客户，而 95 名"真流失"客户被错误预测为"预测未流失"客户。模型的准确率为总正确预测数（687+20）除以总用户数（687+20+32+95），结果为 84.8%。正如之前所说，这个 84.8% 不具有实用性。为解决此问题，我们应该着眼于准确率之外的性能指标。

```
1  # print(metrics.confusion_matrix(yTest, predictions))
2  print(pd.DataFrame(confusion_matrix(yTest, predictions),
3                     columns=['pred_no_churn', 'pred_churn'],
4                     index=['actual_no_churn', 'actual_churn']))
```

	pred_no_churn	pred_churn
actual_no_churn	687	32
actual_churn	95	20

```
[173]  1  # look at performance metrics
       2  print(metrics.classification_report(yTest, predictions))
```

	precision	recall	f1-score	support
0	0.88	0.96	0.92	719
1	0.38	0.17	0.24	115
accuracy			0.85	834
macro avg	0.63	0.56	0.58	834
weighted avg	0.81	0.85	0.82	834

图 13-19　观察混淆矩阵

其他的重要度量标准包括召回率、精确度和 F1 分数，它们在数据失衡的情况下尤为有效。召回率，也称为灵敏度或真阳率，为真阳类数量（20）除以所有实际阳性类数量（20+95=115）。在本例中召回率为 17%（20/115），这意味着我们仅成功预测了 17%（极低）的流失客户。如果模型的目标为准确预测哪些客户会流失，则该模型远未达到可用级别。精确度为预测为正（即"预测流失"）时预测正确的比例，也就是真阳类数量（20）除以预测为阳性的数量（20+32）。在本例中，精确度为 38%（20/52），这意味着我们的预测结果为"预测流失"时，只有 38% 的预测是正确的。

F1 分数是召回率与精确度的加权平均数：即召回率乘以精确度除以召回率与精确度之和，它代表了精确度与召回率之间的权衡。F1 分数通常用于召回率与准确度都很重要的情况下，我们需要在二者之间寻求平衡。本例中，前面讨论的业务案例追求更高的召回率而非准确率、精确度或 F1 分数。召回率会告诉我们要努力留住哪些客户，因此更为重要。如果召回率较低，那么我们将无法找到足够多的应该挽留的客户，案例也就失去了意义。这种度量标准的选择也正是在一开始就应该对业务案例进行整体描述的另一个原因：定义 AI 模型的功能与输出数据的使用方法十分重要。现在我们明白了，即便模型有相当高的准确度，它仍不足以满足我们的业务目标。

理解一个模型表现如何的另一种方法是观察它的接受者操作特性（ROC）曲线，如图 13-20 所示。ROC 曲线是真阳率与假阳率的关系曲线。理想模型的真阳率为 100%，假阳率为 0。曲线下方面积（AUC）是衡量模型质量的标准，面积越接近于 1，模型性能越好。在本例中，AUC 为 0.81。

通过应用上述技术，我们确定所用的模型存在一些问题。尽管它在预测客户流失率方面表现很好，但在预测哪些客户会流失方面做得很差。之前使用直方图分析数据显示，客户流失数据存在失衡，这表明其在预测具体的流失客户方面可能存在问题。我们可以采用多种技术解决数据失衡问题，其中一种方法是数据增强。图 13-21 显示了使用合成少数类过采样技术（SMOTE）得到的结果，SMOTE 使我们能够生成与已有未充分体现的数据（本例中为流失客户）相似的其他样本，以生成额外的流失客户数据来训练模型。我们对选定的多个列施加小幅随机扰动来产生新的行数据。我们可以看到，采用数据增强后，模型准确率下降为 73.9%，但召回率从 17% 显著提升至 75%，精确度从 38% 略微降为 31%，F1 分数从 0.24 提升至 0.44。

```
1 # create ROC curve
2 plt.style.use('ggplot')
3 y_predict_probabilities = model.predict_proba(xTest)[:,1]
4
5 fpr, tpr, _ = roc_curve(yTest, y_predict_probabilities)
6 roc_auc = auc(fpr, tpr)
7
8 plt.figure()
9 plt.plot(fpr, tpr, color='darkorange', lw=2, \
10        label='ROC curve (area = %0.2f)' % roc_auc)
11 plt.plot([0, 1], [0, 1], color='navy', lw=2, linestyle='--')
12 plt.xlim([0.0, 1.0])
13 plt.ylim([0.0, 1.05])
14 plt.xlabel('False Positive Rate')
15 plt.ylabel('True Positive Rate')
16 plt.title('ROC Curve')
17 plt.legend(loc="lower right")
18 plt.show()
```

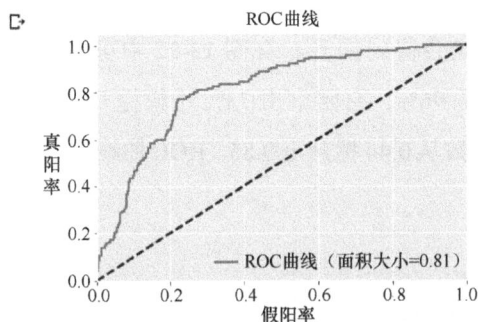

图 13-20 接受者操作特性（ROC）曲线与曲线下方面积（AUC）

```
1 # data augmentation
2
3 sm = SMOTE(random_state = 2)
4 xTrainBal, yTrainBal = sm.fit_sample(xTrain, yTrain.ravel())
5 predictions = model.fit(xTrainBal, yTrainBal).predict(xTest)
```

```
[183] 1 print("Accuracy : ",accuracy_score(yTest, predictions, normalize = True))
```

Accuracy : 0.7386091127098321

```
[184] 1 # print(metrics.confusion_matrix(yTest, predictions))
      2 print(pd.DataFrame(confusion_matrix(yTest, predictions),
      3              columns=['pred_no_churn', 'pred_churn'],
      4              index=['actual_no_churn', 'actual_churn']))
```

	pred_no_churn	pred_churn
actual_no_churn	530	189
actual_churn	29	86

```
[185] 1 # look at performance metrics
      2 print(metrics.classification_report(yTest, predictions))
```

	precision	recall	f1-score	support
0	0.95	0.74	0.83	719
1	0.31	0.75	0.44	115
accuracy			0.74	834
macro avg	0.63	0.74	0.64	834
weighted avg	0.86	0.74	0.78	834

图 13-21 增强少数数据

正如第八章所言，在建模过程中尝试多种算法是一个不错的选择。如上文中使用了逻辑回归算法，其他还可以用两层神经网络或深度神经网络；还有高斯过程回归模型和集成模型。其中高斯过程回归模型以高斯曲线或钟形曲线绘制所有特征，使我们能利用特征间的相关性来建立预测模型。集成模型综合考虑多种算法的输出结果来提升预测的准确率。

本例中，我们将尝试另一种近期流行的机器学习方法：极端梯度提升，或称 XGBoost。事实证明，当我们更改代码，将之前的模型从逻辑回归转换为XGBoost 分类器时，模型的性能会得到提升。在图 13-22 中可以看到，使用XGBoost 后，准确率从 74% 跃至 96%，召回率由 75% 小幅提升为 79%，精确度从 31% 显著提升为 91%，F1 分数从 0.44 提升至 0.85。ROC 曲线也得到了改善，AUC 为 0.93，如图 13-23 所示。

```
1  # try classification models
2  # model = LogisticRegression(solver = 'lbfgs')
3  model = xgb.XGBClassifier(objective="binary:logistic", random_state=42)
4
5  # train the algorithm on training data and predict using the testing data
6  model.fit(xTrain, yTrain)
7  predictions = model.predict(xTest)
8  print("Accuracy : ",accuracy_score(yTest, predictions, normalize = True))
```
```
Accuracy :  0.960431654676259
```

```
[189]  1  # print(metrics.confusion_matrix(yTest, predictions))
       2  print(pd.DataFrame(confusion_matrix(yTest, predictions),
       3              columns=['pred_no_churn', 'pred_churn'],
       4              index=['actual_no_churn', 'actual_churn']))
```

	pred_no_churn	pred_churn
actual_no_churn	710	9
actual_churn	24	91

```
[190]  1  # look at performance metrics
       2  print(metrics.classification_report(yTest, predictions))
```

	precision	recall	f1-score	support
0	0.97	0.99	0.98	719
1	0.91	0.79	0.85	115
accuracy			0.96	834
macro avg	0.94	0.89	0.91	834
weighted avg	0.96	0.96	0.96	834

图 13-22　尝试不同的算法——改变模型只需要修改第一块中的第二行和第三行代码

这个模型现在看起来非常有效，我们可以通过查看最终模型中权重最大的特征来更好地理解模型。图 13-24 展示了模型中重要性排前十的特征——

这些特征对模型预测结果的影响最大。在这个模型中，使用时长和费用是最
主要的驱动因素。

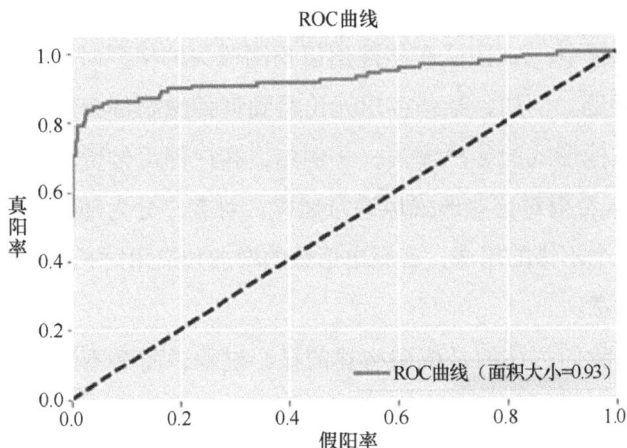

图 13-23　使用 XGBoost 后的 ROC 曲线与 AUC

```
1  # explore feature importance
2  fig, ax = plt.subplots(1,1,figsize=(9,6))
3  xgb.plot_importance(model, max_num_features=10, ax=ax)
4  plt.show()
```

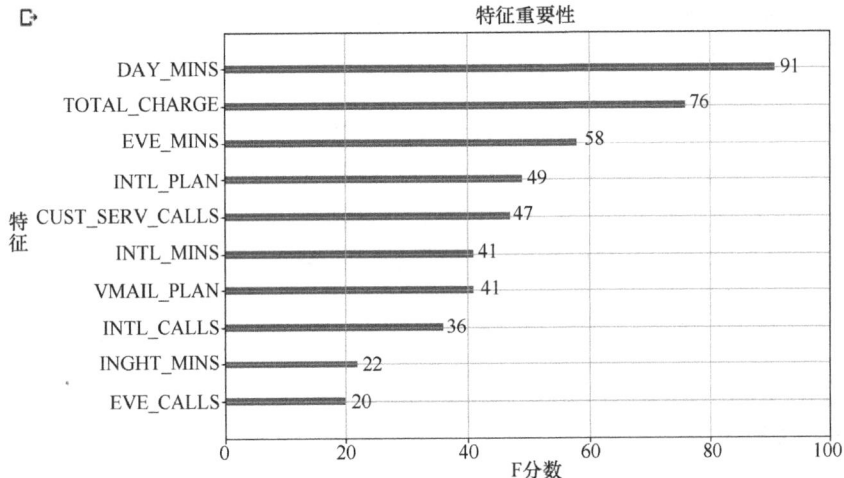

图 13-24　模型中重要性排名前十的特征

我们要做的另一件事是使用线性回归算法，该算法会输出 0~1 的连续值而
非二进制值。为此，我们必须设置一个超参数阈值（0~1），大于阈值判定为“流
失”，小于阈值判定为“未流失”，我们可将其初始值设置为 0.5。在建模过程中

使用超参数优化（请参见第八章）能够提高模型的准确率，减少假阳性数量与假阴性数量。超参数优化可以应用于 XGBoost，用以潜在地提高准确率和召回率；感兴趣的读者可以将其作为课后练习。

在现实场景中，AI 团队在构建用以预测流失的模型时，还应当考虑其他几个潜在的问题。例如，某些客户无论得到何种激励都会选择离开（流失）。此外，还有其他形式的客户流失——例如，客户停用付费功能或改选低价业务——AI 团队希望对这些形式也进行建模。对客户分为随时间发生的变化进行建模也是一个不错的想法，客服电话数的增加和使用时长的下降可能表明客户对服务不满意。

本例中，我们关注的是模型构建的核心过程，而并不深入研究模型构建前和模型构建期间应当解决的模型风险和模型公平性问题。一旦模型（如 XGBoost 流失模型）满足性能指标要求（如召回率 >0.70，AUC>0.90），我们就可以部署模型并通过 API 提供模型接口，然后将 API 集成到业务工作流中，供使用者来发挥模型的优势。

这个例子使用了经典机器学习。与此相比，使用深度学习或自然语言处理来预测结果的过程会更加复杂，也会使用到不同的算法和 AI 框架。一旦完成了模型的构建与验证，我们就应当通过第八章所讲的 API 完成剩余部署步骤，并将 API 集成到业务系统中，根据模型输出采取适当的措施。

尽管 AI 模型的构建过程很复杂，但理解这一过程可以帮助经理和高管们更好地了解 AI 团队的工作内容及工作原因。这也将帮助他们更好地进行决策，并了解不同度量标准与不同模型输出类型之间的关联。

第十四章将着眼于未来，关注新兴的 AI 技术及其对工作和社会的一些影响。

🅰️ 注释

1. 来自 Kaggle。

第五部分
展望未来

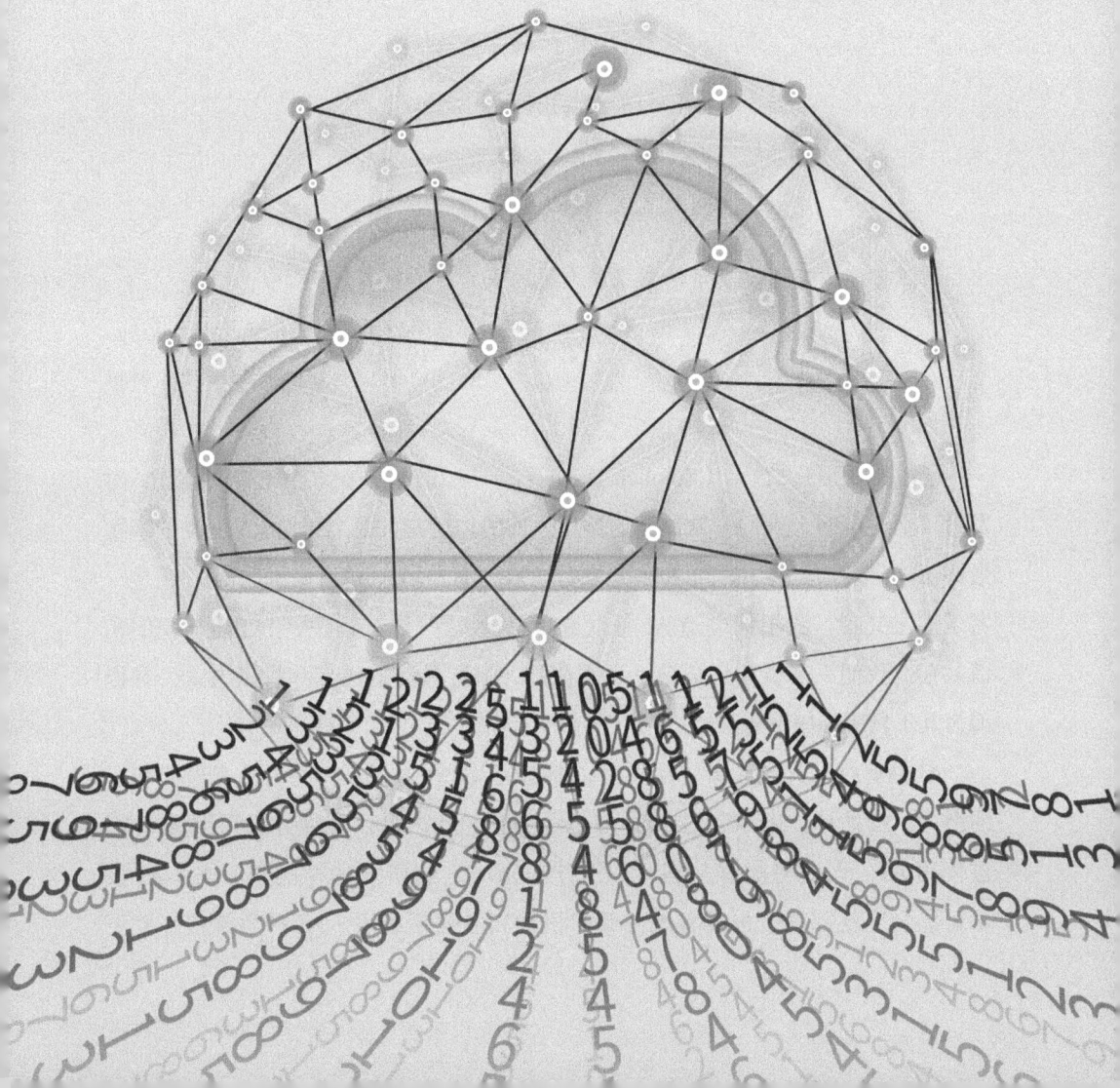

第十四章

未来的社会、工作与 AI

人工智能的全面发展可能意味着人类的灭亡。

——斯蒂芬·霍金（Stephen Hawking）

剑桥大学数学系教授

已故的斯蒂芬·霍金（Stephen Hawking）在 2014 年接受 BBC 新闻采访[1] 时发表了上述声明。人们常常认为这略显恐怖的声明指的是 AI 机器人之类的事物最终可能会统治世界。然而许多人没有注意到 Hawking 接下来说的话："我是一名乐观主义者，我相信创造 AI 可以造福全世界，"他继续说，"AI 能与我们和谐共存。我们只需要留意危险、识别危险，采取最佳的措施和管理方式，并提前为其不良后果做准备。"

AI 拥有帮助人们改善生活质量、提高收入水平、延长寿命并改善健康状况的潜力。据估计，未来超过 90% 与企业交互的客户会以某种方式利用 AI。通过使用 AI，人们将能够从银行、医疗等领域定制所需的产品与服务。AI 技术可能会广泛部署于世界各地的政府机构和立法系统中。AI 科学家将开发更复杂的软件用于车辆的自主控制，AI 控制的机器人与其他设备也将变得更加复杂。

与此同时，随着 AI 技术的不断普及，我们也将面临诸多挑战。第十章中提到的治理问题是我们在未来的 AI 领域中将要面临的重大障碍之一；我们需要务实且有效的政策法规来保证 AI 不会威胁人类的自主性、管理与能力。我们还可以通过监管来促进 AI 行业健康发展。Hawking 列举了一些欧洲正在进行的立法工作，特别是治理 AI 和机器人的相关法规，他认为这些工作对 AI 的发展有积极意义。

为了让 AI 有光明的未来，也为了让我们从 AI 中获得最大的收益，并以适当的方式进一步推动 AI 技术的发展，我们有许多工作要做。我们必须应用现有的以及新兴的 AI 技术；我们必须管控 AI 固有的风险，包括潜在失业、编纂偏见、AI 的恶意使用（如通过深度伪造或网络攻击等手段操纵社交网络）与其他意想不到的后果；我们必须通过积极的基础研究和应用研究来改进和发展 AI 技术。

在前面的章节中，我们已经讨论了如何将现有的 AI 技术应用于业务的方方面面。本章将着眼于社会与工作的未来，以及 AI 近期的发展——即在通用人工智能时代到来之前 AI 的发展——将如何作用于我们所期待的发展与将要面临的挑战。

AI 与社会的未来

未来几年人们会将 AI 应用于许多领域，从提高生产力的机器人到新兴的量子计算技术。在机器人领域，Intuitive Surgical 等公司正在为外科手术研发机器人辅助的技术、工具和服务。Keyence 和 Daifuku 公司正在研发工厂自动化的 AI 方案，Nvidia 和其他公司正在研发无人驾驶汽车 [2]，Microsoft、Google、IBM 等公司正在量子机器学习 [3] 领域进行研究。

AI 改变生活一定会体现在医疗保健方面。智能机器人的动作将更加迅速准确，未来医生可能会在机器人的辅助下完成复杂的手术，而这是现在不可能发生的事情。AI 机器人将照顾老人；科学家们正在研发一种"机器猫"来提醒生病的老年人吃药。

AI 将协助宇宙飞船飞往其他星球，并可能帮助缓解地球的气候变化。为推动环境科学的发展，Microsoft 近期承诺为其新创建的"AI 为了地球"项目[4]投资 5000 万美元。非营利组织 AI for Good Foundation[5]也致力于将 AI 应用于非商业领域，"帮助解决社会、经济和环境问题，尽最大可能造福社会"。

尽管对 AI 在未来究竟会取得什么成就这一问题存在争议，但人们对 AI 的普遍使用的担忧是毫无争议的。责任制就是一种具体体现。目前，因算法"错误"[6]造成 2000 万美元投资损失的诉讼案正在法庭审理中。由于无法起诉那台超级计算机，该投资者试图起诉超级计算机的售卖者，要求其为损失负责。另一个案例是，2018 年 3 月在亚利桑那州 Tempe 市一辆自动驾驶的 Uber 车撞死了一名推自行车过马路的女士。一年后，Uber 被判决免除一切刑事责任[7]。相反，坐在驾驶位上的驾驶员将面临指控。在这两起事件中，人们认定 AI 算法及其创造者不应承担责任。

如果所谓的算法治理合法化，例如允许警察监视所有公民并自动追踪其行为，将会发生什么？尽管这种监视行为越来越普遍[8]，但仍有一些地区（如旧金山）已经禁止警察使用面部识别技术[9]。在一个不断缩小的世界里，这些对立的规则将如何共存？

另一个存在争议的问题是 AI 能否解决其存在的环境问题。现有的机器翻译算法对计算资源的需求非常大，其碳排放量相当于 5 辆汽车在使用寿命期间所消耗的燃料量[10]。AI 的广泛使用还存在其他的潜在缺陷。例如，随着在基础科学领域越来越多地依赖机器学习，我们面临着在没有真正理解结果而只是预测结果的风险，忽视了应该率先发展具有可解释性的基础理论。该隐含成本造成了 Jonathan Zittrain 所谓的"AI 知识债务[11]"，它与软件工程中的技术债务类似：实现更好的方法比实现"容易"的编程路线需要更长的时间，但其在未来会更加有效，节省了因维护和敏捷性造成的额外返工。

🅰️ AI与工作的未来

本书已经讨论了 AI 在当今与未来的工作场所中的许多积极方面，包括 AI 能够避免人为失误、具有提升工作场景安全性的潜力；AI 能完成重复枯燥的任务，让员工去做更加具有创造性、更加令人满意的工作；AI 能更有效地利用聊天机器人为客户提供更好的服务，从而帮助面向客户工作的团队。

在 AI 的驱动下，工作场所一定会发生变化。机器间将通过 AI 算法进行交互，在不需要人工干预的情况下对生产链做出决策就像个人计算机和智能手机一样，AI 已经成为我们日常生活的一部分，我们不能抹杀它。我们如果要成功应对 AI 的崛起，就要了解不同技术如何改变工作场景以及它们产生的影响。

当汽车面世后，马不是唯一被取代的，铁匠、美容师、马车夫、饲料商、马厩主人、马具商、车轮修理工、马鞭制造商、街道清洁工和兽医也都失业了。但同时，汽车制造厂、汽车代理商、停车场、汽车修理厂和汽车零部件（如轮胎、电池）的制造厂也创造了新的就业机会。

20 世纪初的工人们对工厂自动化颇有微词，但后来的工人们因此收获了两天的周末休息时间。20 世纪 70 年代，人们认为自动取款机（ATM）的出现对银行业的员工们来说是一场灾难。但随着分支机构成本降低，银行分支机构的工作岗位逐渐增加。从本质上讲，这些工作岗位不再是交易性的，而是更多偏向于经营客户关系。

现如今的情况也十分类似。Goldman Sachs 总部曾经有 600 名股票交易员，但现在该公司使用 AI 交易程序自动化货币和期货交易，使得股票交易员仅剩 2 名[12]。该公司还利用 AI 完成了首次公开募股 146 个步骤中的许多步骤。然而，总的来讲 AI 还是有助于就业的，许多工作并没有消失，而是转变为其他工作。事实上，根据 McKinsey 全球研究所的数据，在 20 世纪 40 年代后期，汽车工业为美国创造了 690 万个就业岗位，取代了 62.3 万个就业岗位[13]。IT 咨询公司 Gartner 预测，至 2020 年，AI 会创造 230 万个就业岗位，同时取代 180 万个工作岗位[14]。随着工作场所变得更加高效，人们将释放精力，专注于使用 AI 设备来完成供应链效率提升、产品研发和其他任务。效率的提升可能会导致商品价格降低，从而更有利于低收入人群。此外，如果 AI 和自动化能够减少所有人的工作量，那么或许是时候考虑将周末改为 3 天了[15]。

在这个过程中肯定会出现一些需要解决的问题。无论净工作岗位数是增加还是减少，某些类别的工作都将受到严重影响。尽管我们之前也面临过此类问题，但 AI 正在加速事情的演化。为应对这一转变，我们需要采取全面措施重新培训劳动力，使人们从被自动化取代的工作岗位转移至新增的工作岗位。人们也很容易忽视 AI 产业劳动人员所面临的难题：为训练数据贴标签和对算法进行再训练都是费时费力的过程。此外，随着 AI 模式扩展至其他行业，可能也需要对其劳动力状况进行监管[16]。

🔲 监管数据与人工智能

当考虑到监管和 AI 时，我们有时只会想到算法。我们当然需要监管算法来保护员工与客户，但相比之下监管数据的使用规则同样重要甚至更加重要。鉴于目前大量数据由个人持有且缺乏有关保密或责任的规定，未来几乎一定会出现共享信息方面的问题，从而阻碍医疗保健等领域的突破性技术的发展。更糟糕的是，收集并使用这些数据可能会导致数据滥用或其他严重的问题。

2019 年 5 月，经济合作与发展组织（OECD）中的 42 个国家同意为 AI 系统的发展制定一套新的政策指南，被称为"AI 委员会的建议[17]"。其就如何负责任地发展 AI 的问题提出 5 项原则。

1. 包容性增长、可持续发展和福利——造福人民。

2. 以人为本的价值观与公平——遵守法制、人权和民主原则。

3. 透明度和可解释性——确保人们能够在交互的过程中理解 AI 及其输出结果，并在必要时提出质疑。

4. 鲁棒性、安全保护和安全防范——在 AI 整个生命周期内持续性评估并降低 AI 风险。

5. 责任制——让开发和部署技术的公司或个人对系统的正常运行负责。

在 2018 年于法国举行的七国集团（G7）（加拿大、法国、德国、意大利、日本、英国和美国）年度峰会上，法国总统马克龙和加拿大总理特鲁多宣布，仿照"国际气候变化小组"成立一个名为"国际人工智能交互小组"的国际专家小组。2019 年 5 月举行的七国集团数字事务部长会议披露了关于该小组的更多信息。

美国首批 AI 监管法案之一——"算法责任法案"，是 2019 年 4 月由参议员 Cory Booker 和 Ron Wyden 提出的，其众议院对等法案由众议员 Yvette Clarke 提出。它要求审查机器学习系统中的偏见和歧视，并审查所有涉及敏感数据的操作过程。当在审查过程中发现此类问题时，相关企业要确保在合理的时长范围内采取纠正措施。任何人的身份、生物和遗传信息都受到保护。美国联邦贸易委员会（FTC）一直负责消费者保护和反垄断监管，因此它还要负责监督 AI 数据操作的合规性。2019 年 4 月，美国的另一项法案提出将禁止操纵性的设计行为，他们指控脸书和谷歌等科技巨头有时会使用这些设计行为来让用户放弃个人数据。

其他国家已经起草或通过了类似的法案，旨在让科技公司从法律层面对其算法负责。由于硅谷和纽约硅巷均在美国，美国在 AI 国际法规的制定过程中发挥着重要作用，美国的立法者和政策制定者更应该细致、深入地了解 AI 技术。

美国还对虚假信息监管和"深度伪造"深感担忧。"深感伪造"是一种 AI 技术，它能简单地创造出看起来十分真实的虚假图片或视频——也就是说，以一种日益复杂的方式处理图像来创造出关于从未真实发生过的事件的视觉效果。深度伪造问题涉及两个方面。一方面，它能生成从未发生过的事情，例如伪造公众人物的尴尬场面。另一方面，它的特殊存在让一些人对历史事件产生怀疑。例如，对 1969 年登月计划持怀疑态度的人们可能以美国深度伪造月球之旅为由来证实自己的观点。有些人声称深度伪造只是为了娱乐目的被创造出来的，有些人也确实仅将深度伪造用于娱乐，但这种有时可以骗过大多数人的极端复杂能力，在网络犯罪等领域有着令人不寒而栗的影响。

早在 2018 年美国就出台了控制深度伪造的立法，但对于该立法是否有效、是否可执行，尚无定论。AI 技术的监管可能受到政治议程的推动，因此个人必须深刻理解 AI 和法律并小心应对。根据《哥伦比亚新闻评论》（*Columbia Journalism Review*）上的一篇文章，电子自由基金会担心，目前正在国会审议的《深度伪造责任法案》会带来一些潜在的第一修正案问题[18]。

监管 AI 还面临许多其他挑战。例如，关于 AI 到底是什么这一问题仍存在争议。信息技术利于传输；数据可以位于一个国家 / 地区，算法可以位于另一个国家 / 地区，而用户可以位于第三个不同的国家 / 地区。国家层面的监管会起作用吗？ AI 监管是否需要区域联盟，就像前面提到的法国和加拿大那样？还是要听从像经合组织一样的超国家实体提出的建议？美国医疗协会（AMA）于 2019 年 6 月发布了新的政策建议[19]，确保了增强智能在医疗保健上的监督和责任制，同时该政策也可能需要其他机构的政策来扩充完善。电气与电子工程师学会

（IEEE）提出了"针对自主和智能系统中道德的全球倡议"，并于最近撰写了《符合道德的设计，第一版：用自主和智能系统优先服务于人类福祉的愿景》[20]。他们称其为"当今有关自主和智能系统伦理的最全面、最大众化的面向全球的专著"。

该专著提出了一些需要长期研究的问题，包括利益相关者的透明性和确保此类系统不侵犯人权的必要性。在此类问题上有很多工作要做。最近的一项研究[21]指出，"尽管人们一致认为 AI 应该是'道德的'，但人们仍在争论'道德的 AI'的构成及其所需的道德要求、技术标准和最佳实践方式"。

🅰️ AI的未来：不断进步的AI技术

经济增长是由技术创新驱动的，尤其有赖于那些被称为通用技术的发明：诸如产生蒸汽和电能的装置及内燃机。AI 被认为是最新的通用技术。为了促进其使用，我们需要通过基础研究和应用研究来继续改进和发展技术本身。

随着 AI 能力的发展，将会有越来越多的应用出现在企业中和我们的日常生活中。将来可能会广泛使用的 AI 类别包括强化学习、生成对抗学习、联邦学习、自然语言处理、胶囊网络和量子机器学习。

强化学习

除了监督、非监督或半监督的机器学习（请参见第二章）之外，机器学习还存在另一种方法：强化学习（RL）。强化学习类似于巴甫洛夫（Pavlov）在训练老鼠时所做的事情。就像巴甫洛夫用食物奖励那些成功通过迷宫的小动物一样，机器学习系统中的最佳动作或行为也会受到奖励的强化——在特定时间采取特定动作会获得数值奖励。该算法的任务是尝试一系列不同的动作，以找到将其奖励最大化的最佳动作。该奖励与算法想要成功实现的目标相关联，例如，使机器人能够成功行走或使汽车安全行驶。

有趣的是，强化学习不需要用预先存在的数据来创建模型。使用少量指令就能使计算机分析情形，然后根据该情形通过反复试错生成数据。如果问题很复杂，则必要时强化学习算法可以随时间调整，以增加奖励。但是，除非问题具有清晰且可量化的奖励结构，并且 RL 的运行环境易于描述，否则强化学习很难发挥作用。

深度强化学习将深度神经网络与强化框架相结合，在某些活动中几乎可以达到人类水平[22]。Google 报告称，使用奖励游戏行为的深度强化学习，计算机已经学会了在雅达利 2600 控制台上打游戏。在该算法参与的所有游戏中，有近一半的游戏表现达到了人类水平。由于 Google Deep Mind 的 AlphaGo 和 AlphaZero 系统的成功，强化学习变得很流行。RL 在游戏和模拟领域取得重大成功的原因是在这些环境中，它可以轻易地通过反复试错来进行学习。如果不是模拟而是与实际的客户、患者或物理机器进行交互，那么强化学习的学习成本将非常高。

强化学习是当前的研究热点之一，最近才出现商业用途。随着公司开始将强化学习用于不易获得带标签的历史数据的特定的应用中，它的实用性还将继续提高。同时，强化学习也具有强大的现实意义。Google 使用类似的模型将其数据中心的能耗降低了 40%[23]。其他一些公司已经将 RL 应用于流程配置和顺序决策两大领域。例如，通过分析和优化序列，RL 可以确定最佳的交通配置，精准地决定何时何地更改交通信号。该模型还用于优化数据中心的资源并控制网络流量。我们的终极目标是希望 RL 能够解决各种各样的业务问题。但是，想要实现这个目标，业务应用程序需要低成本反复试错的场景，同时最好使用真实的模拟环境来训练和测试 RL 智能体。

生成对抗学习

最近，研究人员开发了一种新型机器学习，该机器学习能够生成与训练数据中实际图像难以区分的新图像、语音或文本。这种新型机器学习被称为生成对抗学习，所使用的模型被称为生成对抗网络（GAN）。

GAN 由 Ian Goodfellow 于 2014 年首次提出，它的作用体现在提供了一种非监督学习的新方法。生成对抗网络由两个神经网络组成——一个生成器，它接收输入并产生新的样本；一个鉴别器，它学习真实数据的特征，并负责区分真实数据和生成数据。当我们使用鉴别模型进行分类或回归学习时，一般通过带标签的样本进行学习，然后为无标签样本确定标签。或者，鉴别模型可以决定这些无标签的样本是否属于某类标签。另一方面，生成模型使用训练数据进行学习，然后生成与训练数据相似的数据。它将特征进行组合，从而使得生成的组合特征数据尽可能地与训练数据相似。生成对抗网络的挑战（通常被表示为一种博弈）是让生成器去欺骗鉴别器，使鉴别器认为生成的数据是真实的；而鉴别器的任务则是将生成的数据与真实的数据区分开来（因此称为"对抗性"）。随着时间的推移，生成器会获得更好的性能，得以欺骗鉴别器。例如，GAN 模型可以获取由人脸图像组成的训练数据，并生成类似于真实人脸但并非真实存在的合成图像[24]。有许多使用 GAN 的学术应用，该技术也正在迅速发展，但是到目前为止，还没有出现更为广泛的商业应用。

联邦学习

典型的机器学习应用程序要求在一台计算机或一个数据中心（相对较小的集中式环境）中收集数据。边缘计算使我们能够在数据源附近处理和分析数据。边缘设备（如智能恒温器）在本地使用数据会减少数据流传输，从而减少网络流量并缩短响应时间。联邦学习是一个术语，指的是诸如手机或无人机之类的物联网设备无须通过云端共享数据就能分享见解。这使得边缘设备可以训练模型，而不是只能使用预先训练好的模型。从某种意义上讲，联邦学习以一种前所未有的方式将机器学习带入边缘计算。边缘设备模型（如恒温器）将下载最新软件，然后使用所收集的数据进行学习，它仅将训练得到的模型加密上传到云端，而原始数据一直保留在恒温器中。然后，从每个恒温器获得的这些模型被汇总（如平均）为一个模型，重新发送给边缘设备。以这种方式迭代，模型会随着时间的推移而不断改进。

未来会产生许多联邦学习的应用，使联邦学习在各个领域发挥作用。移动设备将需要更少的时间来产生新的见解并采取相应的行动。由于可以在不共享原始数据的条件下共享见解，安全性将得到改善。因为用户将不再需要通过服务提供商的网络将敏感信息发送给各个公司，所以数据隐私将得到保护。由于边缘设备将会执行最合适的任务，效率将得以提升，这也会催生出更多私密的高性价比机器学习应用。

随着个人用户对数据隐私的关注变得越来越普遍，移动设备和边缘设备变得越来越强大，联邦学习正在变得越来越重要。

自然语言处理

自然语言处理（NLP）使计算机能够从自然语言文本中提取和分析信息，然后回答问题、检索信息、生成文本并将一种语言翻译成另一种语言。由于 AI 的主要目标是使计算机和智能设备能够理解和应用口语和书面语言并解决问题，因此 NLP 已成为一个重要的研究领域。世界上有太多的非结构化文本数据，因此快速而轻松地对其进行解析已成为当务之急。此外，诸如手机之类的小型智能设备鼓励使用自然语言作为最简单、最直观的输入和输出形式。

NLP 面临的主要障碍是语句可能具有多种含义。当前的 NLP 方法主要是将单词和文本表示为向量，每个向量都是一组实数。这样可以获得一个单词与其他单词的关系，例如哪些单词会成对出现，哪些单词会出现在特定单词旁边以及对应的出现频率。这些向量（称为词嵌入）支持语言翻译、信息搜索和信息检索。但是，使用词嵌入确实有一些缺点。其中一个问题是它对上下文缺乏敏感性，即单词的位置对其表述不产生影响。计算机科学家最近使用神经序列编码器添加上下文信息，大大改进了传统的词嵌入。

在过去的几年中，语言模型取得了很大的进步，不仅可以支持数据挖掘，而且能够模拟非常基本的推理，从而使相关程序能够理解素材并以有意义的方式呈现给人类。最近的技术进步使得名为 AristoBERT 的 AI 系统能够通过八年级的科学测试[25]。然而，即使 NLP 技术有了巨大进步，其也仍然没有达到与当前计算机视觉或图像识别技术相同的性能水平。NLP 仍然是研究热点，其研究领域包括新的神经网络结构、迁移学习、如何在自然语言理解中利用知识和常识以及数据增强方法，例如引入领域知识或使用词典和同义词来提高性能。

胶囊网络

深度神经网络需要大量的数据进行训练。在许多情况下，这些数据可能不可获取或者获取成本过高。为了克服上述困难，Google 的 Geoffrey Hinton 和他的学生提出了胶囊网络的概念[26]。胶囊网络利用多个小型神经元组（称为胶囊）来更好地建模层次关系。胶囊网络解决的问题之一是图像识别中的"毕加索问题"。如果将人脸的图像分割并拼贴回去（就像毕加索画的人脸），那么深层神经网络可能仍会将其归类为"人脸",这是因为即使训练数据再多也不会完全概括鼻子、眼睛、嘴巴、眉毛、脸、头发和头的层次关系。

而因为学习了头部各部分与头部本身的层次关系,胶囊网络可以通过较少的训练数据就将上述拼接的头部图像与真实的头部图像区分开,同时它也仍然能够从不同视角识别头部图像。目前,这些胶囊网络的处理速度比传统的神经网络要慢一些,但是 Hinton 指出,胶囊网络最终可能会提供一种使用更少数据进行训练的方法,从而更有效地解决问题。

量子机器学习

量子计算是一项前沿技术,如果成功实现的话,它不仅可以从根本上改变某些计算的速度,甚至可以改变计算模式本身。量子机器学习基于量子力学:关于物理世界如何运转的最新、最广为接受的理论,它支撑着许多现代技术,从计算机芯片到 DVD 播放器再到核电站。Erwin Schrödinger 和 Werner Heisenberg 对量子力学的发展做出了巨大贡献。"薛定谔的猫"更是使量子力学被大众熟知,它描述了一个盒子里的猫可能同时既是死的(0)又是活的(1)。

当前的计算是基于比特的,这些比特有定值 1 或 0。在量子计算中,某个比特不是绝对的 1 或 0,而是两者的结合,就像薛定谔的猫。量子计算称其为量子比特(qubits),有趣的是它们可以同时以多个状态存在。为了在神秘的量子领域中进行操作,分子必须被冷却到接近绝对零度,这比在外层空间中还要冷。当量子比特发生纠缠时,即使相互不靠近,它们也仍然会影响彼此的行为。

量子计算机使用量子效应(如量子相干性)来处理信息。从理论上讲,量子计算在解决一些问题(包括搜索无序数据库和求稀疏矩阵的逆)方面可以比目前的计算机做得更好。当前,量子计算仅能在实验室中以几个量子比特的规模运行,并且只能解决一些特定的问题。Google 最近发表了一篇论文,指出他们的量子处理器完成一项任务花费了大约 200 秒,而基准测试表明当前最先进的超级计算机完成相同的任务大约需要 10 000 年 [27]。如果相关实验能够不断地取得成功,那么它将对 AI 及整个计算领域产生深远影响。使用量子计算进行机器学习是一个新兴的领域。IBM 的一个团队已经进行了简单的机器学习测试,首先不使用纠缠量子比特,随后使用纠缠量子比特。在第一次测试中,错误率为 5%；在第二次测试中，错误率为 2.5%[28]。这差异可能不是很显著，但这表明量子计算可能会在未来改变 AI。

🅰️ 这仅仅是开始

鉴于对人工智能的高度关注，基础研究、应用研究和改进工具集方面将取得更多进展，并且 AI 将继续被应用于其他不同的场景中。我最近观摩了一个深度学习的博士学位高级别课程，有 120 名学生选了这门课，这对于任何研究生院系来说都是一个巨大的数字。由此可见，人们已经对 AI 领域产生了足够的兴趣。

未来，AI 将减少对数据的依赖，变得更加透明，更加易于解释[29]，更加公平。胶囊网络和知识建模等领域将继续发展，并且与其他技术（如机器人技术、量子机器学习、增强现实和物联网）相结合，开发出更先进的 AI 解决方案。它会更频繁地用于高速决策，并朝着自主操作的方向发展。在未来，AI 所能带给我们的不仅仅是简单地将模型输出展现在报告上或者集成到应用程序中帮助我们消费和决策，它还会感知正在发生的事，做出决策并采取行动。由于 AI 的存在，我们最快在 2030 年就可能享受到长达 3 天的周末，每个人的健康状况都会有所改善，生活水平也会有所提高[30]。

由于许多涉及 AI 技术的领域都将面临种种问题和挑战，无论是作为商业和技术的领导者，还是作为普通百姓，我们都必须克服这些困难。也许我们需要做出许多改变，但 AI 已准备好推动人类历史上伟大的商业变革。AI 的应用可以对我们的商业和生活产生巨大的积极作用，能够在当前这个时代投身于这项工作中，我们非常幸运。现在是时候加入 AI 并调整你的企业发挥 AI 优势了。

🅰️ 注释

1.　来自 BBC News。

2.　来自 US News。

3.　来自 The Next Web。

4. 来自 MIT Technology Review。

5. 来自 AI for Good Foundation。

6. 来自 Bloomberg。

7. 来自 *New York Times*。

8. 来自 *New York Times*。

9. 来自 *New York Times*。

10. 来自 MIT Technology Review。

11. 来自 Boing Boing。

12. 来自 MIT Technology Review。

13. 来自 McKinsey Global Institute。

14. 来自 Gartner。

15. 来自 The Economist。

16. 来自 The Guardian。

17. 来自 Organisation for Economic Co-operation and Development。

18. 来自 Columbia Journalism Review。

19. 来自 American Medical Association。

20. 来自 Institute of Electrical and Electronics Engineers。

21. 来自 Nature Machine Intelligence。

22. 来自 Google DeepMind。

23. 来自 Google DeepMind。

24. 这些人像是由生成对抗网络合成的，而非真实存在的。

25. 来自 *New York Times*。

26. 来自 MIT Technology Review。

27. 来自 *Nature*。

28. 来自 MIT Technology Review。

29. 来自 Wired。

30. 来自 Inc.com。